JN425208

한일회담 청구권 교섭 핵심 자료집 V

청구권 문제 교섭과 과거사 현안

한일회담
자료총서 23

한일회담 청구권 교섭 핵심 자료집 Ⅴ

청구권 문제 교섭과 과거사 현안

동북아역사재단 편

동북아역사재단
NORTHEAST ASIAN HISTORY FOUNDATION

발간사

한일관계에서 한일협정만큼 민감하고 논쟁적인 주제는 없을 것입니다. 한일 양국은 1951년 10월 국교정상화를 위한 회담을 시작하였습니다. 이후 회담은 13년 8개월에 걸쳐 중단과 재개를 되풀이하였고, 1965년 6월 한일 양국은 협정에 조인하였습니다. 한일회담은 광복 후 한일관계뿐만 아니라 한국현대사의 기본 틀을 만드는 과정이었습니다. 최근 한일 양국이 첨예하게 대립하는 근본 원인도 한일회담에 있다고 할 수 있습니다. 2018년 10월 30일 일제 강제동원 피해자 손해배상소송 판결과 2021년 1월 9일 일본군'위안부' 피해자 손해배상소송 판결은 1965년 한일협정이 지나간 과거가 아닌 현재진행형의 문제라는 사실을 확인시켰습니다.

한국 정부와 법원은 1910년 강제병합조약은 원천 무효이고 반인도적 범죄에 대한 배상 문제는 1965년 한일청구권협정으로 해결되지 않았다고 주장합니다. 하지만 일본 정부와 법원은 강제병합조약은 합법이고 청구권협정으로 모든 배상 문제가 해결되었다고 주장합니다. 한일협정에 대한 평가와 해석을 둘러싸고 이처럼 첨예하게 대립하는 근본 원인은 무엇일까요? 한일협정 해석을 둘러싼 갈등은 해결할 수 있는 것일까요?

이 문제들에 대한 해답을 찾기 위해서는 한일협정 조문 해석뿐만 아니라 협정이 어떤 과정을 거쳐 체결되었는지, 당시 양국 정부가 어떠한 역사인식과 전략을 토대로 협상하였는지를 한일회담 당시 관련 일차 자료에 근거하여 파악할 필요가 있습니다.

한일회담 외교문서가 공개된 계기는 강제동원 피해자들이 2002년 한국 정부를 상대로 문서공개요구소송을 한 것이었습니다. 강제동원 피해자들은 일본에서 제기한 소송에서 일본 법원이 1965년 청구권협정으로 모든 배상은 해결되었다는 판결을 내리자, 청구권협정에서 강제동원 피해자 문제가 어떻게 다루어졌는지 공개하라며 한국 정부를 상대로 소송을 하였습니다. 이후 2004년 강제동원 피해자들이 승소하였고, 한국 정부는 2005년 약 3만 5,000장의 관련 문서를 공개하였습니다. 일본에서도 시민단체인 '일한회담문서 전면공개를 요구하는 모임'이 문서 공개를 요구하자, 일본 정부는 2008~2015년까지 약 9만 장의 문서를 공개하였습니다.

동북아역사재단은 한일 양국에서 한일회담 외교문서가 공개된 이후 국민대학교 일본학연구소와 협력하여 방대한 분량의 외교문서를 체계적으로 정리하는 작업을 해왔습니다. 그 첫 작업으로 한국외교문서를 체계적으로 분류·해제한 『한일회담 외교문서 해제집』 5권을 2008년에 발간하였습니다. 이후 소송을 통해 추가로 공개된 문서를 포함한 일본외교문서 약 9만 장을 체계적으로 분류하여 그 결과물을 2021년 『한일회담 일본외교문서 상세목록』 5권으로 발간하였습니다. 한국외교문서 원본은 〈동북아역사넷〉에서 제공하고 있으며, 일본외교문서 원본도 순차적으로 공개하고 있습니다. 또한 미국 국무성 문서도 국사편찬위원회의 협력을 받아 〈동북아역사넷〉에서 공개하고 있습니다.

이렇게 외교문서의 원문을 제공하는 작업은 한일회담의 전모를 밝히는 데 크게 기여하고 있지만, 외교문서를 찾아보는 일반 대중과 연구자, 정책 입안자들이 필기체로 된 방대한 문서에서 필요한 자료를 찾아내는 것은 쉬운 일은 아닙니다. 이에 우리 재단은 국민과 학계, 관계 기관에서 한일회담 관련 자료를 폭넓게 활용할 수 있도록 한일회담 관련 핵심 문서를 자료총서로 발간하는 작업을 하고 있습니다. 이 자료총서가 한일회담의 전모를 파악하고 핵심 쟁점이 어떻게 논의되었는지를 이해하고 한일회담에 대한 객관적인 이해를 토대로 현재 한국과 일본이 직면한 문제를 해결하는 데에 기여할 수 있기를 기대합니다. 나아가 앞으로 진행될 북일 국교정상화 관련 대응에도 도움이 될 것입니다.

한일회담 자료총서 발간 작업은 연구자들과 활동가들의 열정적인 노력이 있었기에 시작할 수 있었습니다. 외교문서가 공개될 수 있도록 노력하신 많은 분들과 방대한 분량의 외교문서를 한 장 한 장 검토해 주신 분들께 감사를 드립니다.

2025년

동북아역사재단 이사장

책머리에

1965년 한일협정 체제를 통해 한국과 일본은 국교를 정상화하며 새로운 시대를 열었다. 그러나 60여 년이 지난 오늘날, 한국 사회에서 청구권협정만큼 민감하고 소모적인 논쟁의 대상도 드물 것이다. 2018년 강제동원 피해자 손해배상 판결과 2021년 일본군'위안부' 피해자 배상 판결은, 이 협정이 단순한 과거의 기록에 머무는 것이 아니라 오늘날 우리 사회가 직면하고 있는 현재적 과제임을 다시금 확인시켜 주었다.

과거사 문제를 둘러싼 한일 양국의 입장은 평행선이다. 한국 정부는 2005년 8월, '위안부', 사할린동포, 원폭 피해 문제는 청구권협정으로 해결되지 않았으며, 강제동원 피해 배상 문제는 해결된 것으로 보아야 한다는 입장을 표명하였다. 한국 사법부는 2018년 10월, 강제동원 피해 또한 청구권협정으로 완전히 해결되지 않았다는 판결을 내렸다. 반면 일본 정부는 청구권협정으로 모든 청구권이 최종적·완전하게 해결되었다는 주장을 고수하고 있다. 이처럼 양국 간 대립의 근본을 이해하기 위해서는 1965년 또는 그 이전으로 거슬러 올라가 '한일청구권협정'이라는 최종 결과물 뒤에 가려진 협상 과정을 살펴볼 필요가 있다.

한일 국교정상화 교섭 과정은 길고도 험난하였다. 13년 8개월이라는 시간은 한국 외교사상 유례없는 오랜 협상 기간이었으며, 양국 간에 놓인 역사적 앙금과 현실적 이해관계의 간극이 얼마나 컸는지를 웅변한다. 특히 청구권 교섭은 치열한 논쟁과 감정 대립의 연속이었다. 비록 청구권 교섭이 식민지배 피해에 대한 배상이 아닌 한국의 독립으로부터 발생한 '법적·청산적 성질'의 청구권 해결로 귀착되었지만, 그 본질은 식민지배의 불법성 여부를 둘러싼 역사인식의 충돌에서 시작하여 국제법적 해석, 피해자 개인의 권리와 국가 간 조약의 상관관계 등 여러 가지 문제가 복잡하게 얽힌 고차

방정식이었다.

이 『한일회담 청구권 교섭 핵심 자료집』은 이처럼 복잡한 청구권 문제의 교섭과 관련한 한일 양국의 외교사료를 정리하여 한데 모은 것이다. 제1차~제7차 회담까지의 교섭 기록, 양국 정부의 대표단에 대한 훈령, 자체 회의 기록 및 국내 대응책 등 각종 자료를 알기 쉽게 정리하여 수록하였다. 교섭 당시의 국제 정세는 물론, 교섭에 영향을 미친 외부적 요소, 즉 미국의 관여 기록 등도 함께 담았다. 제3차 한일회담 결렬의 빌미가 되었던 구보타 간이치로(久保田貫一郎) 대표의 '역청구권' 주장과 '식민지 시혜론' 망언에 대해 한국 대표단이 어떻게 대응했는지, 파국으로 치닫던 교섭이 어떤 과정을 거쳐 타협에 이르게 되었는지, 논란의 중심에 놓였던 '김종필-오히라 메모'의 내용은 구체적으로 무엇이었고 어떠한 배경과 의미 속에서 작성되었는지 등 독자들은 이 자료집을 통해 역사 속에 파편처럼 흩어져 있는 주요 사건의 실체와 내막을 직접 확인할 수 있다. 이와 함께 현재까지도 최대 쟁점으로 남아 있는 청구권자금의 성격 규정 문제에 대해서도 입체적인 해석의 단초를 발견할 수 있다. 박정희 정권에게 청구권자금은 어떠한 의미였는지, 일본의 이케다 하야토(池田勇人), 사토 에이사쿠(佐藤栄作) 정권이 한일회담 말미까지 '청구권'이라는 용어 사용을 철저히 회피하고 '경제협력'을 주장한 이유는 무엇인지, 양국의 내부 문서가 각각 그들의 논리와 전략을 명확히 보여준다.

청구권 문제 교섭에서 신생 독립국이었던 한국 협상단은 시종일관 도덕적 우위와 인내심을 가지고 일본을 설득하려 했으며. 일본은 법리 논쟁을 통해 한국의 청구 범위를 최소화하는 데 집중했다. 협상자들의 발언과 주장에는 양국이 처한 현실을 바탕으로 국가의 미래를 염두에 둔 전략이 집약되어 있었다. 이러한 양국 대표단의 태도와 발언 내용도 이 자료집을 통해 확인할 수 있다.

현재의 한일 관계에서 청구권 문제를 비롯한 과거사 현안은 양국 관계를 불안정하게 만드는 요소다. 이 자료집은 이러한 현실 속에서 단순히 과거의 기록이라는 일차원적인 기능을 넘어, 과거를 성찰하고 현재를 직시하며 미래를 예견하기 위한 다차원적인 도구로 기능하고자 한다. 이 자료집은 '약속 위반'이나 '역사 왜곡'과 같은 단순한 정치적 구호를 넘어, 1965년 협정을 맺기까지 이를 둘러싼 첨예한 대립과 복잡한 계산, 그리고 고뇌에 찬 타협의 실체를 있는 그대로 보여준다. 우리는 이 기록을 통해

‘그렇게 합의되었기를 바라는’ 역사가 아니라 ‘실제로 무엇이 합의되었고 무엇이 미해결로 남았는지’를 바라보아야 한다. 지난 수십 년간 비공개로 묶여 있던 외교문서가 공개되면서 우리의 이해는 더욱 깊고 정교해졌다. 이 자료집은 지적 탐구의 연장선에서 보다 포괄적이고 체계적인 사료를 제공함으로써 논의의 수준을 한 단계 끌어올리는 것을 목표로 한다.

미래지향적 한일 관계는 과거에 대한 상호 배타적 해석 위에 세워질 수 없다. 그것이 고통스럽고 지난한 과정일지라도, 분쟁의 기원에 대해 증거에 기반한 공동의 이해를 모색하는 노력 위에서만 가능하다. 이 자료집은 정치적 편의가 아니라, 기록 그 자체에만 기반한 새로운 대화의 시작을 제안한다. 역사의 진실을 마주할 용기, 그리고 그 토대 위에서 새로운 관계를 모색하려는 의지를 가진 모든 이들에게 이 자료집이 귀중한 길잡이가 되기를 희망한다. 이 자료집이 학계와 시민사회, 정책 현장에서 두루 활용되어, 한국과 일본이 과거를 넘어 미래로 나아가는 길에 의미 있는 마중물이 되기를 기대한다.

마지막으로, 이 자료집이 발간되기까지 노고를 아끼지 않으신 유의상 전 외교부 대사(현 광운대학교 겸임교수)께 깊은 사의를 표한다. 유 대사는 이 자료집의 자료 정리부터 해제, 번역 및 감수에 이르기까지 전 과정을 혼자서 묵묵히 수행해 내셨다. 아울러 발간을 흔쾌히 허락해 주신 박지향 이사장님께도 감사의 말씀을 드린다.

2025년 가을
조윤수

차 례

청구권 문제 교섭에서 다루어진 한일 과거사 현안

강제 동원(피징용) 피해자 배상 문제

일본군 '위안부' 문제

여타 과거사 문제(1) 한인원폭 피해자 문제

여타 과거사 문제(2) 사할린 한인 문제

여타 과거사 문제(3) 한인 B · C급 전범 문제

북한지역에 대한 청구권 문제

일러두기

이 자료집의 원문과 구성 원칙은 다음과 같다.

- 원문은 2005년 외교부에서 공개한 한일회담 외교문서이며, 동북아역사넷(contents.nahf.or.kr) 및 외교부 외교사료관, 국회도서관, 국가기록원에서 확인할 수 있다.
- 이 자료집은 공개된 문서 중 사료 가치가 크지 않은 일부 문서를 제외한 대부분의 문서를 수록하였다.
- 이 자료집에 수록된 문서의 문서명에 '전문', '공문', '내부 재가 문서', '훈령안', '보고서' 등을 첨기하여 문서의 종류를 구분할 수 있도록 하였다.
- 원문과 비교할 수 있도록 본문 왼쪽에 마이크로필름 프레임 번호를 제시하였다.
- 내용은 원문대로 표기하는 것을 원칙으로 하였다.
- 원문에는 없지만 편집 과정에서 추가한 내용은 [ ]로 처리하였다.
- 원문 상태가 좋지 않아 판독이 어려운 일부 단어는 □로 표기하였다.
- 이 자료집에 수록된 일본어 및 영어 사료는 감수자가 번역한 한글 번역본을 함께 수록하였다.

가독성을 고려하여 다음과 같이 수정하였다.

- 띄어쓰기와 맞춤법은 국립국어원 표준어 규정에 맞추었다.
- 원문의 명백한 오기 및 현대어 문법에 맞지 않는 단어는 일부 바로잡았다.
- 한자는 한글로 표기하되, 필요한 경우 원문을 병기하였다.
- 한자식 고어 일부와 고유명사는 현대어로 수정하였다.
- 『 』와 「 」는 서명, 신문·잡지명, 문서, 조약, 법령, 안을 제외하고 큰따옴표, 작은따옴표로 수정하였다.
- 문서의 제목과 번호, 날짜 위치는 문서의 유형에 따라 임의로 왼쪽, 오른쪽, 또는 중앙으로 편집하여 정렬하였다.

외래어 표기는 다음과 같은 규정을 적용하였다.

- 일본어 고유명사(인명, 지명 등)는 일본어 독음으로 표기하고 [ ]에 원문을 병기하였다.
- 고유명사와 보통명사가 결합된 일본어는 고유명사만 일본어 독음으로 표기하였다.
- 인명, 지명, 국명 중 주요한 것은 국립국어원 외래어 규정에 맞춰 표기하였다.

청구권 문제 교섭에서 다루어진 한일 과거사 현안

한일 간에는 일제의 불법적인 한반도 강점과 침략전쟁을 위한 동원에서 기인한 ① 강제 동원 피해배상 문제, ② 일본군'위안부' 문제, ③ 한인 원폭 피해 문제, ④ 사할린 한인 문제, ⑤ B·C급 한인 전범 문제 등 여러 사안이 아직 완전하게 해결되지 않은 채, '과거사 현안'이라는 이름으로 남아 양국 관계의 발전을 저해하고 있다. 이 책에서는 이러한 한일 간 과거사 문제들이 한일회담 청구권 문제 교섭 과정에서는 어떻게 다루어졌는지를 살펴보고, 한일 양국 외교문서에 남아있는 관련 사료들을 한곳에 모아 보고자 한다.

강제 동원(피징용) 피해자 배상 문제

일제 강점기에 이루어진 '강제 동원'이라 함은 '일제가 전쟁 수행을 위해 국가권력으로 제국 영역에서 실시한 인적·물적·자금 동원'을 의미한다.[1] 2004년 3월 5일 한국에서 제정된 '일제강점하 강제 동원 피해 진상규명 등에 관한 법률'(법률 제7174호)은 '만주사변(1931년) 이후 태평양전쟁(1941~1945년)에 이르는 시기에 일제에 의하여 강제 동원되어 군인·군무원·노무자·위안부 등의 생활을 강요당한 자가 입은 생명·신체·재산 등의 피해'(제2조 제1항)를 '일제강점하 강제 동원 피해'로 규정하고 있다. 전쟁 기간 중 자신의 의지와 무관하게 일제에 의해 끌려가 어떤 분야에서든 강요된 생활을 해야 했던 사람들의 모든 피해를 뜻하는 것으로 해석할 수 있다. '대일항쟁기 강제 동원 피해조사 및 국외 강제 동원 희생자 등 지원위원회'의 2015년 『활동 결과보고서』에 따르면 일제에 의해 군인·군무원·노무자('위안부' 제외)로 강제 동원된 한인의 숫자는 총 7,804,376명으로 추산된다.[2] 이 가운데 한반도 내 동원은 6,552,885명, 한반도 외(국외) 동원은 1,251,491명이다.[3]

2018년 10월 30일 한국 대법원은 강제 동원 피해자 손해배상 청구 소송 최종심에서 피해자들의 손을 들어주었다. 대법원 판결문에 따르면, 강제 동원 피해자들의 피해는 '(일본 기업의) 반인도적 불법행위'로 인하여 입은 정신적 고통을 의미하며, 식민 지배의 불법성을 전제로 하고 있다. 피해자들은 이 정신적 고통에 대한 손해배상, 즉 위

---

1 대일항쟁기 강제 동원 피해조사 및 국외 강제 동원 희생자 등 지원위원회, 『위원회 활동 결과보고서』, 2016, 120쪽.

2 대일항쟁기 강제 동원 피해조사 및 국외 강제 동원 희생자 등 지원위원회는 강제 동원 인원수를 정확히 산출하는 것은 사실상 불가능한 일이라고 하였다. 일본 정부가 작성한 통계가 자료마다 다르고, 일본 패전이라는 혼란 속에서 통계자료에 오류가 발생했거나 소각, 은닉되었을 가능성 또한 크기 때문이다. 『위원회 활동 결과보고서』, 122쪽.

3 대일항쟁기 강제 동원 피해조사 및 국외 강제 동원 희생자 등 지원위원회, 『위원회 활동 결과보고서』, 135쪽.

자료를 요구하였으며 대법원이 이를 인정한 것이다.[4] 한일회담 외교문서에서는, 대법원 판결에 명시된 '식민 지배의 불법성을 전제로 하는 반인도적 불법행위'로서의 '강제 동원(또는 강제 노동)' 피해(손해) 배상(위자료) 문제와 관련된 교섭 기록은 찾아볼 수 없다. 한일회담, 특히 청구권 문제 교섭은 일제에 의한 식민 지배의 불법성이나 반인도적 불법행위 등을 전제로 하여 개최된 것이 아니기 때문이다.

하지만, 한일회담 청구권 문제 관련 교섭 기록에서 단순한 '피동원' 혹은 '피징용' 피해에 대한 위자료 또는 보상금 문제를 다룬 기록은 숱하게 발견된다. 한국 정부는 한일회담이 시작되기 전부터 피동원 또는 피징용 한인에 대한 피해를 생각하고 있었다. 1949년 9월에 제2권(제2~4부)을 완성한 『대일배상요구조서』에는 '제3부 중일전쟁 및 태평양전쟁에 기인하는 인적·물적 피해' 가운데 인적 피해로 피동원 한국인의 사망자 조의금(1인당 5,000엔), 사망자 장례비(1인당 평균 1,000엔), 유가족 위자료(1인당 평균 1만엔), 상이자 위자료(1인당 5,000엔) 및 일반 노무자 위자료(1인당 1,000엔)가 포함되었다.[5]

한일회담이 시작되자 한국 정부는 1952년 2월 20일 개최된 제1차 한일회담 청구권위원회 제1차 회의에서 일본 측에 '대일청구요강안' 8개 항목을 제시하였다. 이어 2월 27일의 제3차 회의에서 동 청구 요강 안 8개 항목에 대한 상세 설명을 하면서 제5항목에 '태평양전쟁 중의 피징용자 미수금'과는 별도로 '태평양전쟁 중의 한인 피징용자 위자료'를 포함시키고, 이를 문서로 전달하였다.[6] 한국 측은 청구권 문제 교섭에서 식민 지배 피해배상 문제를 다룰 수 없게 되자, 『대일배상요구조서』상에 포함되어 있던 피동원 한국인 위자료 등을 식민 지배 피해가 아닌 전쟁 피해로서 '대일청구요강안' 가운데 개인 청구권에 해당하는 제5항(한국 법인 또는 한국 자연인의 일본국 또는 일

4 대법원판결 2013다61381 손해배상(기), 2018. 10. 30, 13, 14쪽.

5 대한민국 정부, 『대일배상요구조서』, 1949, 113쪽.

6 한국 측 회의록에는 8개 항의 세목을 일본 측에 참고로 전달하였다는 내용만 기록되어 있을뿐 세목 자체는 첨부되어 있지 않다. 한국 외교문서 86, 제3차 청구권위원회 경과보고, 1952. 2. 27. 일본 측 회의록에는 세목이 첨부되어 있으나, 일부는 먹칠로 가려져 있다. 日本外交文書 1177, 日韓會談 第3回請求權委員會議事要錄, 1952. 2. 27. 전체가 공개된 문서는 다른 곳에서 발견된다. 日本外交文書 382, 韓日間請求権協定要綱韓国側提案の細目.

본 국민에 대한 일본 국채, 공채, 일본은행권, 피징용 한인 미수금, 기타 청구권의 변제)에 포함하는 지혜를 발휘한 것으로 보인다.

한일회담은 일본 측의 한국에 대한 역청구권 주장과 식민지 시혜론 발언 등으로 3차 회담까지 아무런 진전을 이루지 못하였다. 재일한국인 북송 문제로 파행을 거듭한 제4차 회담을 거쳐, 1960년 10월 장면 정부하에서 시작된 제5차 회담에 이르러서야 청구권 문제에 대한 본격적인 협상이 시작되었다. 일본의 역청구권 포기로 제5차 회담 일반청구권소위원회 회의에서는 한국의 대일청구권에 관해서만 토의가 진행되었다. 1960년 11월 18일 개최된 일반청구권소위원회 제2차 회의에서 한국 측은 1차 회담 이후 교섭이 중단되었던 '대일청구요강안' 8개 항목에 대하여 일본 측에 상세히 설명하고 관련 자료를 일본 측에 전달하였다. 일본 측에 전달된 8개 항목의 제5항에는 '전쟁으로 인한 피징용자의 피해에 대한 보상'이 포함되었다. 제1차 한일회담에서 전달한 '태평양전쟁 중의 한인 피징용자 위자료'가 이처럼 수정된 것이다.[7] 이 세항에 대한 일본 측과의 본격적인 토의는 1961년 5월 10일 개최된 제13차 회의에서 이루어졌다. 한국 대표단은 제5항 토의를 앞두고 1961년 4월 17일 외무부 본부에 다음 사항에 관한 입장을 문의하였다.

> 피징용자의 피해에 대한 보상 청구는 (한일회담 제 문제)[8]에 의하면 사망자, 부상자에 한하여 청구 대상으로 삼고 있는 듯 생각되오나 확대하여 피징용 생존자(군속 포함)에 대하여도 정신적 고통에 대한 보상을 청구하고자 함.[9]

이에 대해 본부는 4월 24일 대표단 건의대로 "피징용자에 대한 보상 청구 중에 생존

7 한국 외교문서 718, 제5차 한일회담 예비회담 일반청구권소위원회 회의록, 제1-13차, 1960-61, 일반청구권소위원회 제2차 회의 회의록, 1960. 11. 18.

8 회담에 앞서 한국 정부가 준비한 회담 대비 자료인 것으로 추정되나 외교문서상에는 남아있지 않다.

9 한국 외교문서 718, JW-04144 한일회담 일반청구권소위원회 관계 청훈의 건, 1961. 4. 17.

자에 대한 것도 포함"하라는 지시를 내렸다.[10] 대표단은 5월 10일 제13차 회의에서 본부 지침대로 일본 측과 생존 귀환자를 포함한 피징용자에 대한 보상 문제를 토의하면서, "다른 국민(조선인)을 강제적으로 동원함으로써 입힌 피징용자의 정신적, 육체적 고통에 대한 보상"을 일본 측에 요구하였다. 한국 측의 요구에 대해 일본 측은 "보상 여부는 상부에서 결정할 문제이나 그 방법이 있으면 방법을 생각하지 않으면 안 되고, 방법으로서는 역시 개별적으로 해결하지 않으면 안 된다"[11]고 대응하였다. 회의 말미에 양측은 일주일 뒤 차기 회의를 속개하기로 하였으나 제5차 회담의 일반청구권소위원회는 이 회의를 마지막으로 중단되었다. 1961년 5월 16일 박정희에 의한 군사 정변이 발생하면서 한일회담 자체가 중단되었기 때문이다.

1961년 10월 20일 한일회담이 제6차 회담으로 속개되었다. 한국 측은 제6차 회담을 앞두고 10월 17일 박정희 최고회의 의장이 직접 참석한 회의에서 대표단에 대한 훈령을 확정하였다. 훈령에는 일본에 대한 청구권 종합청구액이 포함되었는데, 징용자 보상금(한국 내에서 동원된 자 제외)의 경우 생존자(93만 명)에 대해서는 1인당 200불씩 1억 8,600만 불, 사망, 부상, 행방불명자(10만 명)에 대해서는 1인당 2,000불씩 2억 500만 불로 총 3억 1,900만 불이 상정되었다.[12] 제6차 회담 일반청구권소위원회는 1961년 10월 27일~1962년 3월 6일간 총 11차례에 걸쳐 개최되었다. 한국 측은 지난 제5차 회담에서 일본 측에 설명한 '대일청구요강안' 8개 항목에 대하여 재차 설명하였고, 일본 측이 이에 관한 입장을 표명하는 식으로 회의가 진행되었다. 피징용자 보상과 관련해서는 소위원회 산하에 '피징용자 전문위원회'를 별도로 설치하고, 1962년 2월 13일부터 27일까지 네 차례의 회의를 통해 피징용자 숫자에 대한 대조 작업을 진행하였다. 한일 양국이 제시한 피징용자 수는 〈한일 양국 제시 피징용자 수 대비표〉와 같다.

---

10 한국 외교문서 718, WJ-04214, 1961. 4. 24.

11 한국 외교문서 718, 일반청구권소위원회 제13차 회의 회의록, 1961. 5. 10.

12 한국 외교문서 726, 외정(아) 제118호 제6차 한일회담 진행 방법, 1961.10.16.

한일 양국 제시 피징용자 수 대비표

구분		한국 측 숫자[13](명)	일본 측 숫자[14](명)
노무자	생존자 (부상자)	655,081 (7,000)	자유 모집(39. 9-42. 2): 148,549 관 알선 (42.2-44.8): 약 32만 국민 징용(44.9-45.4): 약 20만
	사망자	12,603	
	계	667,684	667,684
군인·군속	생존자 (부상자)	300,000 (18,300)	220,159 (부상자 불명)
	사망자	65,000	22,182
	계	365,000	242,341 (남북한 미구분, 일본 거주자 포함)
총계	1,032,684	910,025	

일반청구권소위원회 회의를 거쳐 한국이 일본에 최종적으로 제시한 청구권 요구 총액은 12억 1,760만 불(1불: 15엔)이었다. 이중 '전쟁으로 인한 피징용자 피해에 대한 보상'(생존자, 부상자, 사망자를 모두 대상으로 함)은 생존자 1억 8,600만 불, 사망자 1억 2,800만 불, 부상자 5,000만 불로 합계 3억 6,400만 불이었다.[15] 이와 같은 한국 측 요구액에 대해 일본 외무성이 인정한 금액은 101억 8,400백만 엔(일본은 1불: 360엔의

---

13 한국 측 숫자는 일반청구권소위원회 제7차 회의에서 제시된 것이다. 이 회의에서 한국 측은 노무자의 부상자 및 사망자를 합친 숫자가 18,603명이라고 했는데(한국 외교문서 750, 일반청구권소위원회 제7차 회의 회의록, 1961. 12. 16, 383-384쪽), 그 뒤 개최된 '피징용자 등 관계 전문위원회' 제1차 회의에서는 사망자가 12,603명, 부상자가 7,000명, 계 19,603명으로 언급되어(한국 외교문서 750, 일반청구권소위원회 피징용자 등 관계 제1차 전문위원회 회의록, 1962. 2. 13, 511쪽) 양쪽 숫자가 일치하지 않는다.

14 일본 측 군인·군속 숫자는 피징용 등 관계 전문위원회 제1차 회의에서 제시한 것이며(한국 외교문서 750, 518쪽), 노무자 숫자는 같은 위원회 제3차 회의에서 제시한 것이다. 한국 외교문서 750, 일반청구권소위원회 제3차 전문위원회 회의록, 1962. 2. 22.

15 한국 외교문서 750, 제6차 한일회담 청구권위원회 회의록, 제1-11차, 1961. 10. 27-62. 3. 6, 일반청구권소위원회 제7차 회의 회의록, 1961. 12. 16.

환율 적용을 고집하였으며 이 경우 미화로는 2,800만 불 정도)에 그쳤다.[16] 청구권소위원회를 통한 양국 간 실무 교섭은 한국이 요구한 청구권의 증거자료 부실(오랜 시일의 경과 및 6·25 전쟁으로 인한 소실, 상당수의 증거는 일본에 존재하나 일본이 증거 전달에 소극적), 양국이 적용코자 하는 환율의 상이, 청구권 항목과 금액에 대한 양국 간 인식 차 등으로 타협점을 찾을 수가 없었다.[17] 결국 양국은 1962년 11월 12일의 '김종필-오히라 합의'를 통해, 한국이 주장하는 청구권에 대해 일본이 총액으로 5억 불(무상 3억 불, 유상 2억 불)을 제공키로 하는 '포괄적·정치적 일괄(lump-sum) 타결'을 이루게 된 것이다.

한일회담이 종료된 후, 한국의 재무부는 1966년 1월 8일 자 외무부 앞 공문을 통해 개인 관계 청구권에 대한 (국내) 보상 방안을 수립하기 위한 목적으로 일본과의 교섭을 담당한 외무부에 관련 자료를 요청하였다.[18] 이에 대해 외무부는 같은 해 1월 29일 자 회신 공문을 보내면서, '대일청구요강' 8개 항목에 대한 한일 양국의 입장이 명기된 '청구권 문제에 관한 한·일 양측 입장 대조표'를 참고자료로 송부하였다. 동 자료에는 5항[한국인(법인 포함)의 일본국 및 그 국민에 대한 ① 일본국채, ② 공채, ③ 일은권, ④ 피징용 한인 미수금, 보상금 및 ⑤ 기타 청구권] 네 번째 세항에 '피징용자의 피해에 대한 보상'에 관한 기록이 다음과 같이 남아있다.[19]

> 강제 징용된 한인(노무자, 군인, 군속)이 받은 피해에 대한 보상 3.64억 불을 청구한다. 전쟁 수행의 희생이므로 사망, 부상자는 물론 생존자에게도 보상금 청구. 산출 근거 사망 부상은 일본 현행 보상의 평균, 생존자는 정신적 육체적 고통을 고려. 인원수는 일본, 미국 및 국내 자료로 산출.

---

16 유의상, 『대일 외교의 명분과 실리』, 324쪽.

17 유의상, 『대일 외교의 명분과 실리』, 326, 490쪽.

18 한국 외교문서 1944, 한·일 간의 청구권 및 경제협력협정 제1 의정서 제7조 및 제1 의정서의 실시 세목… 협정 및 제1조의 합동위원회… 협정, 1966, 전3권 V.3 추가 합의사항 체결 국내 조치, 자료 송부 의뢰, 1966. 1. 8, 6쪽.

19 한국 외교문서 1944, 청구권 문제에 관한 한·일 양측 입장 대조표, 1966. 1. 29, 14, 15쪽.

생존: 노무 648,081명, 군인·군속 282,000명, 계 930,081명× 200불=1억 8,000만 불
사망: 노무 12,603명, 군인·군속 65,000명, 계 77,603명×1,650불=1억 2,800만 불
부상: 노무 7,000명, 군인·군속 18,000명, 계 25,000명×2,000불=5,000만 불

인원수는 앞서 제6차 회담 당시 일본 측에 제시한 숫자와 약간 다르나, 보상 청구 금액은 동일하다. 이러한 협의가 바탕이 되어 한국 정부는 1975년부터 피징용 사망자 8,552명에게 1인당 30만 원씩 총 25억 6,560만 원을 지급한 것으로 이해할 수 있다.

한국 외교문서	일본 외교문서
1. 『대일배상요구조서』, 1949. 9, 제3부 중일전쟁 및 태평양전쟁에 기인하는 인적·물적 피해	
2. 86, 제1차 한일회담(1952. 2. 15-4.21) 청구권분과위원회 회의록, 제1-8차, 1952. 2. 20-4. 1, 제3차 청구권위원회 경과보고, 1952. 2. 27	3. 382, 한일 간 청구권협정요강 한국 측 제안의 세목(韓日間請求権協定要綱韓国側提案の細目)
4. 718, 제5차 한일회담 예비회담 일반청구권소위원회 회의록, 제1-13차, 1960-61, 일반청구권소위원회 제2차 회의 회의록, 1960. 11. 18	
5. 718, 제5차 한일회담 예비회담 일반청구권소위원회 회의록, 제1-13차, 1960-61, JW-04144 한일회담 일반청구권소위원회 관계 청훈의 건, 1961. 4. 17	
6. 718, 제5차 한일회담 예비회담 일반청구권소위원회 회의록, 제1-13차, 1960-61, WJ-04214, 대표단 건의에 대한 본부 입장 통보, 1961. 4. 24	
7. 718, 제5차 한일회담 예비회담 일반청구권소위원회 회의록, 제1-13차, 1960-61, 일반청구권소위원회 제13차 회의 회의록, 1961. 5. 10	8. 95, 제5차 일한전면회담 예비회담 일반청구권소위원회 제13회 회합(第5次日韓全面会談予備会談の一般請求権小委員会の第13回会合), 1961. 5. 10

한국 외교문서	일본 외교문서
9. 726, 제6차 한일회담 본회의 회의록 및 종합 보고, 1961-62.2, 외정(아) 제118호, 제6차 한일회담 진행 방법, 1961. 10. 16	
10. 750, 제6차 한일회담 청구권위원회 회의록, 제1-11차, 1961. 10. 27-62. 3. 6, 일반청구권소위원회 제7차 회의 회의록, 1961. 12. 16	
11. 750, 제6차 한일회담 청구권위원회 회의록, 제1-11차, 1961. 10. 27-62. 3. 6, 일반청구권소위원회 피징용자 등 관계 제1차 전문위원회 회의록, 1962. 2. 13	
12. 750, 제6차 한일회담 청구권위원회 회의록, 제1-11차, 1961. 10. 27-62. 3. 6, 일반청구권소위원회 피징용자 등 관계 제2차 전문위원회 회의록, 1962. 2. 20	
13. 750, 제6차 한일회담 청구권위원회 회의록, 제1-11차, 1961. 10. 27-62. 3. 6, 일반청구권소위원회 피징용자 등 관계 제3차 전문위원회 회의록, 1962. 2. 22	
14. 750, 제6차 한일회담 청구권위원회 회의록, 제1-11차, 1961. 10. 27-62. 3. 6, 일반청구권소위원회 피징용자 등 관계 제4차 전문위원회 회의록, 1962. 2. 27	
15. 1944, 한·일 간의 청구권 및 경제협력협정 제1 의정서 제7조 및 제1 의정서의 실시세목… 협정 및 제1조의 합동위원회… 협정, 1966, 전3권 V. 3 추가 합의사항 체결 국내조치, 자료 송부 의뢰, 1966. 1. 8	
16. 1944, 한·일 간의 청구권 및 경제협력협정 제1 의정서 제7조 및 제1 의정서의 실시세목… 협정 및 제1조의 합동위원회… 협정, 1966, 전3권 V.3 추가 합의사항 체결 국내 조치, 청구권 문제에 관한 한일 양측 입장 대조표, 1966. 1. 29	

1. 제3부 중일전쟁 및 태평양전쟁에 기인하는 인적·물적 피해
『대일배상요구조서』, 1949. 9

1949년 9월에 작성한 『대일배상요구조서』 제2권(제2~4부)에 수록된 제3부 중일전쟁 및 태평양전쟁에 기인하는 인적·물적 피해 가운데 인적 피해 부분이다.

이곳에 담은 사료는 『대일배상요구조서』 제1부(현물 반환 요구, 1949년 3월 15일 작성)와 『대일배상요구조서(속)』(제2부~제4부, 1949년 9월 1일 작성)을 합본하여 1954년 8월 15일 발간한 『대일배상요구조서』에서 옮겨온 것이다.

第三部

中日戰爭 및 太平洋戰에 基因한 人的 物的 被害

一 中日戰爭與太平洋戰爭에基因한人的物的被害調書

款	項	目	金額	添附證書號數	備考
二、人的被害				五	四二七九年九月末日現在의調査額임
	一、被動員韓國人諸未收金		五六五、一二五、二四一	(社)	申告勞務者数 一〇五、一五一名?
		一、死亡者弔慰金	六三〇、一五〇、〇〇〇		一二、六〇三名에對하여 一人當 五〇、〇〇〇円(申告額平均)
		二、〃 葬祭料	一、二六〇、三〇〇		〃 一〇〇円(〃 〃)
		三、遺家族慰藉料	一二六、〇三〇、〇〇〇		〃 一〇、〇〇〇円(〃 〃)
		四、傷痍者及一般勞務者慰藉料	一一三、〇五三、〇〇〇		傷痍者 一人當 五、〇〇〇円 一般勞務者 〃 一、〇〇〇円
		五、負傷者傷痍手當	三六、一〇五、九四一		
		六、退職手當總額	五一、一六一、八三八		申告額
		七、賞與金總額	五、三五九、六四〇		〃
		八、現金其他保管金	四五、三九七、〇二〇		〃

三三

款	項	目	金額	涉外說明書號數	備考
		九、未受賃金	二九、三〇八、五四二		申告額
		一〇、家庭送金額	八一、五七三、五六〇		一人當一個月平均八〇円(申告額平均)
		一一、徵用期間延長手當額	一二、九六〇、四〇〇		〃 四〇〇円(〃)
			一一、三三六、〇二三、一〇五	六	
二、物的被害	一、日軍占有使用에依한被害		三三二、三九八、八八三	(文)	
		一、文教本部關係	一六、〇六七、七一四	〃	
		二、서울市學務局關係	八、八五一、三二〇	〃	
		三、京畿道 〃	五四二、七二四	〃	
		四、江原道 〃	一、二〇八、五〇〇	〃	
		五、忠清南道 〃	七五、六四〇、四九〇	〃	
		六、全羅北道 〃	一五、七八〇、五五七	〃	

2. 제3차 청구권위원회 경과보고, 1952. 2. 27

한국 외교문서 86, 제1차 한일회담 청구권위원회 회의록 제1~8차

한국 측이 일본 측에게 '대일청구요강안' 8개 항목의 세목을 정식이 아닌 참고용으로 제출한다는 내용이 적혀 있는 청구권위원회 제3차 회의 경과보고서다.

보고서에는 일본 측에 전달한 세목이 첨부되어 있지 않다.

第三次 請求權委員會 經過報告

一、開會日時

二月廿日(水) 午後 二時 十五分 於日本外務省

二、參席者

韓國側 - 林代表、洪、金[illegible]、李相德、李一雨、韓奎永 各委員

日本側 - 大野代表、上田、重光、齊藤、服部、廣田 各委員

三、會議經過

討議에 들어가기 前에 日本側은 前日 約束한 關係法令集을、韓國側은 韓國側提示要綱 各項에 亘하는 具体的 細目表(一)을 各々 提出한 後、(韓國側은 前記細目表는 正式提出하는 것보다 參考에 供코저 提出함이라는 것을 附言하였음) 韓國側提示要綱 第一項 및 第二項에 對하여 左와 如한 質疑應答이 있

大韓民國駐日代表部

以下、

(一) 第一項에 對하여 日本側으로부터

「前記 細目表와 「所藏된 文庫」라 함은 어떠한 種類의 것을 말함인지 韓國側의 說明을 듣기 바란다」하야、我側「方今 提出한 項目表를 보면 잘 알 수 있을 것이다、要컨대 第一項의 返還에 對해서는 過般 말한 바와 如히 韓國側으로서는 法的으로는 除하기 前에 終戰後든 바 日本側은 所謂 「掠奪財産」의 返還이란 原則 밑에 他國에 對하여 該種財産을 返還한 것과 같이 韓國에 對해서도 積極自進하여 返還해주기 바란다는 것이며、其外에 要綱 第二項、第六項의 請求權에 關해서도 어데까지든지 共同發見의 形式으로 相互所持하고 있는 資料를 提出함이 가장 合理的인 方法이 아니오까 生覺

한다」고 答弁한바 日本側의 具体的으로 示是書面을 받게
주었으면 좋겠다」하여 我側의 累次말한바와 如히 爲先原
則問題를 決定하고, 具体的인것은 後로 미루는 것이 順序
인것이다. 貴側는 "리스트"에만 関心은 가지고 있으나
要는 "리스트"보다는 韓國々民感情에 重大한 影響이
있으니 政治的으로 返還하게다는 原則을 決定하기 바란다.
何必我側에만 "리스트"를 提出하라는지. 그것은 一方的이다
난가 日本側에서도 韓國에 返還할 豫定밑에 얼마
나 調査되어있는지 그 程度를 알고싶다」고 強調한바, 日
本側으로서 「韓國側에서 完全한 資料를 提出하기로
諒解하고 있으니 可能한 限 提出하여 주기 바란다」하여
我側의 方今 提出한 項目表를 보면 一目瞭然한 것이라」고 反
駁하였음

0248

11 「韓國으로부터 가져온 特財」라 함은 何某特부터 何時
은 말함인지 說明을 듯기 바란다」하며 我側으로부터
「提案要綱에 特財를 限定하지 안흔 것은 國寶返還에 잇
어 韓日兩國의 親善關係를 確立하겟다는 日本側 誠意
에 期待하여 意識的으로 規定치 안흔 것이라」고 答弁
한 바 日本側은 具体的인 特目에 依하여 判斷한 것이 안니
가」하고 再質問하여 我側「이 問題는 法的으로 우리가
堂々이 所有权을 主張할 수 잇으나 政治的 特期에 잇어
서는 戰時中의 掠奪財產이라고 局限하지 않고 古来로
韓國으로부터 日本으로 가져와 그것을 返還함으로서
韓日親善은 두려이 할 것은 全部返還하여 주기 든
期待하는 것이나 貴側에서 어느 程度 返還하겟다고
生覺한 것이 잇으면 말하여 주기 바라며」 따라서 이에 対해서는

(東京 G.N)

昨年末의 上層部의 非公式協議에 依하여 어느程度 了解를
본것으로 認하고 請求에 対해서는 別途協議함이 可한것이다」
고 答弁한바, 日本側이 貴側은 上層部의 協議了解
가 있었다고 말하나 松平顧問은 関係하지 않고, 千葉委員
이 言及한것 같으니 其実 誤解인것 같다」하며 我側
「何如間 双方이 誠意를 가지고, 其所在地를 말해주면 簡
単히 解決될 問題이나 双方이 関係資料를 提出하라」고
提議하였음.

iii) 「意思에 反하여 取得云云」에 対하여 說明을 바란다」하여
我側이 対日基本政策要綱에 依하면 奪取或은 強迫에 依한
取得으로 그 取得形式은 規定하였으나 여기서는 法律的으로
보나 政治的으로 韓国에서 日本으로 運搬된것을 全般的으로
表現한것이니 间或 有効合法的으로 取得한 것도 있을것

인바 個人所有等은 그代価은 支拂하고 返還할수도 있을 것이며 될수있으면 取得形式에 対해서는 言及하지 말고 返還方法은 이제부터 双方交渉에 依하기로 하고 그냥 返還하란다는 것이다」는 答弁은 하였음.

(5)의 返還狀態는 原狀을 말함인지 現狀을 말함인지」 説明을 바란다 하며, 我側의 取得形式이 多樣이니만치 返還方法도 一件一件 其狀態를 決定하는것이 좋겠다」는 答弁을 하였음.

(6) 所在地는 明白히 해달라」 하며 我側의 日本内에 現存하는 것을 말함이다」고 答弁하였음.

(7)의 所記細目表中의 美術工芸品의 個人所有는 韓国側이 指摘할수있나」 하며 我側의 어느程度 할수있으되 発表하면 行方不明될 憂慮가 有하니 保留하겠다」고 答弁하였음。

(東京 G.N)

四) 地圖原版의 所在地에 對한 質問에 對하여 我側의 過去에 原版은 朝鮮總督府가 日本에서는 印刷所에 印刷해낸 것이니 分說 日本內에 있을 것으로 日本으로서도 他國의 地圖原版은 가지고 있다는 것은 所用없을 것이니 返還해주기 바란다」고 發言하였음

五) 文庫 名稱 調査與否에 對한 質問에 對하여 我側의 文庫의 圖書目錄을 보면 쉽게 알수 있는 것이다」고 말하였음

六) 地金, 地銀에 關한 說明要請에 對하여 我側의 日本銀行券을 發行하고 그 代身 朝鮮銀行으로부터 日本으로 보내온 것이니 境遇에 따라서는 그 代價을 返還하고 사도 좋으니 一九〇九年부터 始作하여 日本으로 보내온 地金, 地銀은 그대로 返還해달라는 것으로서 貨幣發行準備로서 絶對必要하니 韓國의 經濟的 地盤을 닦는데도 土台이 된 것이니

政治的意味에서 返還해달라는 것이다」 라고 說明한바 日本側은 純全히 經濟的인 理由라면 어려우나 政治的인 意味로 生覺한다면 可하다. 그러나 前述 貴側이 말한바와 如히 兌換準備로서 日本에 運搬된 것이라고 主張한다면 問題는 다르다」는 意見을 發表하여 我側 우리로서는 取得原因은 말할 것 아니고 金、銀의 特殊物品性을 考慮하여 第一項에 包含시킨 것이나 討議時에 一件一件 協議하자는 것이다」고 말하였음.

×「一九〇九年 以前이라 함은 어떠한 基準으로 算定하였나」는 質問에 対하여 我側의 韓國政府의 方針이 一九〇九年으로 決定한 것으로 本項은 全部 政治的인 것이다」 라고 答弁하였음.

(二) 第二項에 対하여

(東京 G.N)

1. 日本側으로부터 韓國側에서 日本政府의 對朝鮮總督府債務決濟方法에 對하여 合理的인 方法을 生覺한 것이 있느냐고 質問한데 對하여 我側은 決濟方法에 關해서는 他項目과 같은 案이 없으며 特히 此에 對해서는 過去 早晩 時 本國遞信部關係者가 "스켑"을 通하여 交涉한 적이 있으나 具體的인 討議時에 關係者를 불러오겠다. 何如間 此는 他項目에 一旦하게 되니 一件一件 定해 나가기 바란다」고 答하자 日本側이 여기서 「移替에 對한 "아이디아"」 하를 무러, 我側은 「此는 後日 關係者와 協議토록 하자」하고, 또 朝鮮總督府라 함은 貯金局은 말함이냐」하며 我側이 「貯金管理局이다」고 答하였음

〃 日本側으로부터 「Vesting Decree에 依하여 處分된 財産目錄은 提出할 수 있느냐」는 提議에 對하여

我側은 過般 在韓日本財産의 処分에 対해서는 韓日船舶会議時에도 言及한바와如히 前記財産処分에 있어서는 이는 일일히 標札을부터 処分한것이 아니고 一般的 抽象的으로 處理되어 Inventory에도 抽象的으로 表示되어 韓國에 移讓한것이니 무슨 具体的 処分이 하나하나의 財産에 対하여 있는것은 아니라 処分財産의 推定価額은 알수있는것이라」고 말한바 日本側의 適当한時期에 総額만이라도 提出하여달라」는 再提議가 有하였음.

(三) 発表事項

時日、出席者、韓國側提案에 対한 質疑應答

四 閉会

三月一日(土)午前十時開会키로하고 午后三時五十分 閉会하였음.

三月一日은 우리 三一節慶祝日임으로 三月三日(月)午前十時로 変更함.

JAPAN-KOREA CONFERENCE

Summary Record of the Third Session of the Claims Committee

1. Date, time and place:

February 27th (Wednesday), 1952 14:15 hours - 15:45 hours

At Room No. 419, Ministry of Foreign Affairs.

2. Conferees:

All committee members of both Delegations were present.

3. Proceedings:

(1) The Japanese Delegation submitted the Compilation of Ordinances Concerning Closed Institutions, etc. as reference materials.

(2) The Korean Delegation submitted the "Items of the Principles of the Draft Agreement on the Disposition of Property Claims between the Republic of Korea and Japan" for referential purpose.

(3) The Japanese Delegation raised several questions about the aforementioned principles and items and the Korean Delegation gave its answers to these questions. Through these questions and answers, the following points were made clear:

a. The Korean Delegation expressed its desire to make joint investigations on the details of the said items.

b. As to para. 1 of the Korean proposal (return of cultural items), the Korean Delegation stated that they desired that the matter should be given rather political consideration as a matter which would contribute generally to the betterment of both countries' relationship, without questioning the period and manner of transfer to Japan of the property

in

in question. The materialization of the return would be decided case by case, for instance, if necessary, properties acquired through due legal process might be paid for. They also stated that the properties could be returned to Korea in their present condition, that the reason for the request of original map plates was to economize future expenses and efforts, besides to contribute to good relationship of both countries, and that the gold bullion requested would be used for establishing the monetary system of the Republic of Korea.

c. A competent Korean expert would be called here when further discussions on the postal accounts and related matters were to be made at this committee.

d. The Korean Delegation explained that, when the Japanese property in Korea was transferred from the U. S. Military Government to the Korean Government, its detailed inventories were not attached to the Agreement between the Republic of Korea and the United States of America, nor was the disposition of the Japanese property completed during the period of the U. S. occupation.

(4) Though it was decided that the next (fourth) session of this committee would be convened from 10:00 hours, March 1st, 1952, at the same conference room, the date was later changed to March 3rd (Monday), upon the request of the Korean Delegation.

END

3. 韓日間請求権協定要綱韓国側提案の細目
日本外交文書 382

한국 측이 청구권위원회 제3차 회의에서 일본 측에 참고로 전달한 대일청구요강안 8개 항목의 세목이 수록된 문서다.

韓日間請求權協定要綱韓國側提案의細目

35. 二七.

要綱第一項 項目

一、古書籍 — 左記文庫所藏된韓國書籍

1. 東京都 圖書寮
2. 〃 蓬左文庫
3. 〃 ~~內閣文庫~~
4. 〃 國立圖書館
5. 〃 尊經閣文庫
6. 〃 成簣堂文庫
7. 〃 靜嘉堂文庫
8. 水戶市 彰考館文庫
9. 〃 德川家文庫(水戶家)

大韓民國駐日代表部

10 米澤市　米沢圖書館

11 萩　市　洞春寺文庫

12 仙台市　伊達家文庫

二、美術工藝品 ― 左記博物館에는 所藏되어 있거나 個人所有

외에 韓國所出品（持ち出されたもの）

1. 東京帝室博物館

2. 奈良帝室博物館

3. 京都大學陳列館

4. 東京大學陳列館

（5.）個人所有

三、地圖原版

1. 韓國全土 百万分之一　白地圖原版

二、韓國全土百分之一 地質圖原版

3. 〃 二十万分之一 原版

4. 〃 五万分之一 地質圖原版

5 韓國各地五万分之一 地形圖原版

6. 仝 二万五仟分之一 原版

7 仝 一万分之一 原版

8 一万分之一地形圖修正 原版

9 仝 二万五千分之一 原版

10 仝 五万分之一 原版

11 一万分之一 全韓縮尺別実測 原版圖

12 仝 二万五千分之一 原圖

13 仝 五万分之一 原圖

大韓民國駐日代表部

14 仝 二十万分之一 原圖

15 仝 五十万分之一 原圖

16 仝 百万分之一 原圖

17 仝 百五十万分之一 原圖

四、地金 ― 自一九〇九年至一九四五年間에 朝鮮銀行保有地金을 移管한것

五、地銀 ― 自一九〇九年至一九四五年間에 朝鮮銀行保有地銀을 移管한것

要調第二項内譯

一、朝鮮總督府管理局の對中央(日本大藏省預金部)に対する勘定

一、簡易生命保險積立金預金部預金

一、仝 余裕金預金部預金

一、郵便年金積立金預金部預金

一、仝 余裕金預金部預金

一、大藏省預金部登録公債

大韓民國駐日代表部

要綱第四項 該當會社名簿

一、別表（A）

二、別表（B）

（但し會社名에는追加할수있음）

要綱第五項目 内訳

一、日本國債 日本地方債、日本政府保証社債

日本政府機関社債

一、日本銀行券 日本政府紙幣

一、朝鮮銀行의(の)日本銀行에(に)對한(する)貸越金및(及び)立替金

一、太平洋戰争中의(の)韓人戰歿者弔慰金및(及び)遺族慰藉料

一、太平洋戰争中의(の)韓人傷病者慰藉料및(及び)援護金

一、太平洋戰争中의(の)韓人被徴用者未收金

一、太平洋戰争中의(の)韓人被徴用者慰藉料

一、日本政府및(及び)朝鮮總督府의(の)韓人公務員恩給

一、在日韓國人의(の)本國帰還時에(に)預託金

一、生命保険契約者에(に)對한(する)責任準備金및(及び)未經過保険料

大韓民國駐日代表部

一、在韓金融機関의の對日為替尻の(集中決済)未清算分

一、朝鮮食糧營團의の輸出米穀代金の未收其他未清算金

別表 (A)

一、朝鮮銀行

一、朝鮮殖産銀行

一、朝鮮信託銀行

一、朝鮮金融組合聯合會

一、朝鮮總督府鉄道局共済組合

一、朝鮮奬學會維持財團

別表(B)

朝日軽金属株式会社
小林鉱業株式会社
大東鉱業株式会社
大日工業株式会社
株式会社丁子屋商店
朝鮮郵船株式会社
朝鮮油槽船K.K
日窒鉱業開発K.K
日本高周波重工業K.K
三井軽金属株式会社
愛国繊維株式会社

鐘淵西鮮重工業株式会社
鐘淵朝鮮衣料株式会社
鐘淵朝鮮商事K.K
鐘淵朝鮮水産K.K
鐘淵朝鮮造船K.K
鐘淵朝鮮販売K.K
嘉納醸造株式会社
株式会社漢城鉄工所
咸南鉄道株式会社
木村製薬工業株式会社
共栄殖産株式会社

大韓民國駐日代表部

旭興業株式会社
朝日醤油株式会社
朝鮮日醸造K.K
綾羽織布有限会社
安養化学工業株式会社
石川縣農業株式会社
合名会社宇野商店
英殖鉱業株式会社
K.K.에다니도 前身朝鮮販賣
株式会社大橋農場
小野田機帆船株式会社
株式会社鐘淵京城販賣店

協和興産株式会社
匿名共和撚糸K.K
金井鉱業株式会社
郡山紙器株式会社
郡山紙工株式会社
郡山製紙株式会社
徳山鉱業株式会社
株式会社京城大沢商店
京城化学工業株式会社
京城電気株式会社
京仁商船株式会社
月星고무工業株式会社

元山北港株式會社
興(亜)化學工業KK
黄海自動車工場
黄海食品加工有限會社
江華窯業株式會社
光州產業株式會社
財団法人交通康生會
興東產業合資會社
光德鉱山株式會社
小坂被服工場
由生工業株式會社
株式會社澤山兄弟商店

成歡鉱業株式會社
西鮮中央鉄道株式會社
西鮮電器共販KK
清津海陸作業KK
清津魚糧工業KK
清津辻(木)有限會社
鮮一絹織株式會社
川内里鉄道株式會社
全南道是製糸KK
株式會社[illegible]工場
株式會社第一化學興業所
第一被服工業株式會社

大韓民國駐日代表部

三成鉱業株式会社	大邱絹織株式会社
三陽開発株式会社	大光興業株式会社
匿名組合三和織物工場	大興鮮蒙交易株式会社
昭陽鉱業株式会社	株式会社太平化学工業所
昭和ブルワリー株式会社 (キリンビール)	大陸ゴム工業株式会社
昌和工業株式会社	大陸窯工業株式会社
昭和酒類株式会社	大和絹織工場
城山農業株式会社	高瀬合名会社
順安鉱業株式会社	株式会社高瀬農場
親和鉱業株式会社	株式会社高橋商店
親和土地建物KK	株式会社高福商店
仁川産業株式会社	高見酒造株式会社

匿名組合 高砂織物工場

多獅島鉄道K.K.

辰巳物産株式會社

株式會社田中真商店

端豊鉄道株式會社

丹陽石炭株式會社

中外興業株式會社

中鮮電器共販K.K.

朝紡商事株式會社

株式會社 朝鮮朝日組

朝鮮朝日紙業KK

朝鮮알미뉴-ㅁ(アルミニウム)工業KK

朝鮮近海運輸株式會社

株式會社朝鮮栗本鉄工所

朝鮮呉羽紡績株式會社

朝鮮軽金属株式會社

朝鮮京南鉄道株式會社

朝鮮毛織株式會社

朝鮮光学工業株式會社

朝鮮鋼管株式會社

朝鮮鋼管販売KK

朝鮮興業株式會社

朝鮮鉱業振興株式會社

朝鮮鋼鈑工業株式會社

朝鮮雲母開発販売KK
株式会社朝鮮衛生試験所
朝鮮塩化工業株式会社
朝鮮鴨緑江水力発電KK
朝鮮小野田セメント製造KK
朝鮮織物株式会社
朝鮮火薬製造KK
株式会社朝鮮機械製作所
朝鮮教学図書KK
朝鮮漁業合資KK
朝鮮叺販売KK
合資会社朝鮮均益貿易公司

朝鮮工作株式会社
朝鮮ゴム工業株式会社
朝鮮ゴム調帯KK
朝鮮三共株式会社
朝鮮若天堂製薬KK
朝鮮三主製薬KK
朝鮮山皮鉱開発KK
朝鮮自転車製造KK
朝鮮重工業株式会社
朝鮮酒造株式会社
朝鮮昭和鉱業株式会社
朝鮮食糧営団

朝鮮神鋼金属 KK	朝鮮皮革工業 KK
朝鮮人造石油 KK	朝鮮東亜交通機材 KK
朝鮮水産開発 KK	朝鮮東海電極 KK
朝鮮水産化工 KK	朝鮮特殊化学 KK
朝鮮住友軽金属 KK	朝鮮特殊合金 KK
朝鮮住友製鋼 KK	朝鮮特殊冶金 KK
朝鮮製塩工業 KK	朝鮮電気工業株式會社
朝鮮製精機工業 KK	朝鮮電業製鉄 KK
株式会社朝鮮製鋼所	朝鮮電業製鉄 KK
朝鮮製紙株式会社	朝鮮電工株式會社
朝鮮製鉄株式会社	朝鮮鉛工業 KK
朝鮮製油株式会社	朝鮮日産化学 KK

大韓民国駐日代表部

朝鮮石炭配給会社
朝鮮石油株式会社
朝鮮石油配給 〃 〃
朝鮮세멘트(セメント) 〃 〃
朝鮮繊維工業 〃 〃
朝鮮繊維再生工業 〃 〃
朝鮮船舶運航統制 〃 〃
朝鮮大陶工業 〃 〃
朝鮮大和紡績 〃 〃
朝鮮武田薬品工業 〃 〃
朝鮮田辺製薬 〃 〃
朝鮮煙草興業 〃 〃

朝鮮農薬株式會社
朝鮮麦酒株式會社
朝鮮皮革株式會社
朝鮮비타민(ビタミン)肝油 〃 〃
朝鮮福助足袋 〃 〃
朝鮮藤沢薬品工業 〃 〃
朝鮮物産株式会社
朝鮮刷子工業株式会社
朝鮮綿織株式會社
朝鮮報国鉱業 〃 〃
朝鮮紡織株式会社
朝鮮琺瑯株式会社

株式會社朝鮮[illegible]製作所
朝鮮松下電器株式會社
朝鮮紡織株式会社
朝鮮無煙炭 KK
朝鮮明治乳業 KK
朝鮮메리야스 KK
朝鮮棉花 KK
朝鮮油脂株式会社
朝鮮洋紙配給 KK
朝鮮理研鉱業 KK
朝鮮理研航空機械 KK
朝鮮林業開発 KK

東拓鉱業株式會社
東邦鉱業株式会社
東邦被服株式会社
東棉繊維工業株式会社
東洋琺瑯 KK
東和織物株式会社
東和被服工業 KK
豊田繊維工業 KK
永岡窯業株式会社
中川鉱業株式会社
合資会社中島商店
合資会社中島[illegible]粉部

大韓民國駐日代表部

朝鮮林產化工株式会社
朝鮮燐狀黒鉛 KK
朝鮮坩堝工業 KK
朝鮮瑯品 KK
朝鮮煉炭株式会社
辻酒造株式会社
株式会社辻本商店
東亜化学工業株式会社
東亜蠶糸株式会社
東亜被服株式会社
東亜窯業株式会社
東宇興業 KK

南鮮合同電気株式会社
南鮮水産工業株式会社
南北棉業株式会社
西日本汽船株式会社
日協土地建物株式会社
日電興業株式会社
日硬商事株式会社
日鮮硫業株式会社
日本硫産株式会社
日本精工株式会社
日本耐火材料株式会社
日本土建興業株式会社

日本農産化工株式會社

迫間興業株式会社

馬山皮革興業株式会社

半島製紙株式会社

半島農業土木ＫＫ

株式会社 平戸商店

弘中商工業株式会社

福助朝鮮販売株式会社

株式会社 福田又商店

釜山鎮埋築株式会社

富士ビルヂング株式會社

株式会社平安自働車商会

三菱マグネシウム工業ＫＫ

三ツ輪運送倉庫ＫＫ

株式会社 三中井

宮本商店 株式會社

株式會社睦羅紡店

明治被服工業株式会社

森永朝鮮販売株式会社

合資会社 森農場

株式会社 森谷農場

八木窯業有限公司

遊仙鉱業株式会社

利原鉄山株式会社

大韓民國駐日代表部

平北鉄道株式会社
豊国製粉株式会社
合資会社豊林商会
北青鉄山株式会社
北鮮合同木材KK
北鮮製紙化学工業KK
北鮮電気興業KK
北鮮土地株式会社
北鮮硫鉄炭株式会社
北鮮林業株式会社
丸和工業株式会社
三井油脂化学工業KK

詰峴炭鉱株式会社
嶺南繊維工業KK
秋田証券株式会社
黄海農業株式会社
金千代倉庫株式会社
斎藤合名株式会社
斎藤精米株式会社
立石産業株式会社
朝鮮飛行機工業KK
蔚山建設株式会社
大学証券株式会社
共同漁業株式会社

親和木材株式會社

株式會社成業社

朝鮮火災海上保險株式会社

株式会社朝鮮商業銀行

株式会社朝鮮殖產銀行

朝鮮無盡株式會社

山高証券株式会社

秋田水產工業株式会社

株式会社朝興銀行

朝鮮製錬株式会社

株式會社常盤漢行

美術工芸品、骨董、

左記博物館及び個人が所蔵する韓国所出品（リスト提示）

東京国立博物館

（奈良国立博物館

京都大学文学部陳列館、

東京大学文学部陳列館

個人所有（東京大倉集古館、日本各地所在韓国鐘

その他）

外務省

美術工芸品 骨董

左記博物館及び個人が所蔵する韓国所出品（リスト提示）

東京国立博物館

奈良国立博物館

京都大学文学部陳列館

東京大学文学部陳列館

個人所有（東京大倉集古館、日本各地所在韓国鐘

その他）

外務省

4. 일반청구권소위원회 제2차 회의 회의록, 1960. 11. 18

한국 외교문서 718, 제5차 한일회담 예비회담 일반청구권소위원회 회의록, 제1-13차, 1960-61

1960년 11월 18일 개최된 제5차 한일회담 일반청구권소위원회 제2차 회의 회의록이다.

이 회의에서 한국 측은 대일청구요강안 8개 항목에 관하여 일본 측에 다시 설명하였으며, 제5항목에 전쟁으로 인한 피징용자의 피해에 대한 보상이 포함되었다.

회 의 록

제 6 차 한일회담 예비회담

일반청구권소위원회 제 2 차 회의

1. 시일 및 장소 : 단기 4293 년 11 월 18 일 11:00 – 11:30

일본 외무성 회의실

2. 참 석 자 : 한국측 – 문 철 순 대표 (수석위원 대리)

엄 영 달 전문위원

정 순 근 보좌관

최 광 수 보좌관

(옵서버) 정 일 영 전문위원

이 수 우 보좌관

박 상 두 보좌관

일본측 – 요시다 부수석위원 (대장성 이재국 차장)

우라베 대표 (외무성 참사관)

한다 보좌관 (대장성 외채과장)

가네마사 보좌관 (외무성 조약과장)

마에다 보좌관 (외무성 북동아 과장)

야나기야 보좌관 (북동아과 사무관)

이[illegible]에 보좌관 (〃)

(옵서버) 우 야 마 대표 (외무성 참사관)

3. 토의내용

오시다 위원 - 오늘 일본측 수석위원인 ■■■■■■ 대표가 예산편성 관계등으로 바빠서 본회의에 참석치 ■■하였으므로 본인이 일본측을 대표하겠으니 양해하여달라.

문철순 위원 - 우리측에서도 수석위원인 유 창 순 대표가 일시 귀국하였기 때문에 오늘은 본인이 한국측을 대표하겠다.

오시다 위원 - 지난번 회의때 청구권 문제에 관하여 한국측이 제시한 8 개항목은 1952 년 제 1 차 한일회담당시에 한국측이 제출하였던 안과 다소 상이한 점이 있는것 같고 또 오늘 이 회의에 참석한 일본측위원 대부분이 이문제에 처음 관여하는 사람들이므로 한국측에서 각항목에 대한 추로설명을 하여줄수 없겠는가.

문철순 위원 - 지난 회의때 우리측이 제시한 8 개항목은 그 내용에있어 제 1 차회담당시와 같은것이고 다만 표현이 약간 다른곳이 있을뿐인다. 물론 각항목별의 자세한 설명은 토의가 진행됨에 따라 행하여질것이나, 그이전에 우선 1952 년 12 월 31 일 예비교섭 종료시에 서명한 합의의사록 (Agreed Minutes) 에서 규정되어있는바와 같이 이 8 개항목을 본 청구권 소위원회의 토의의 대상으로 확인함이 어떤가. 합의의사록에도 일본측이 이 8 개항목에

대하여 성의를 가지고 토의에 응한다고 되어있으므로

별이의가 없을줄 아나, 다만 정확을 기하기 위하여 원측적으로

확인하려는 것이다.

오시다 위원 - 그것은 종래의 정부간의 약속이니 거기에 따라 하는데

이의없다.

문철순 위원 - 그러면 이 8개항목을 토의의 대상으로 확인하는 것인가.

오시다위원 - 그렇다.

문철순위원 - 그러면 8개항목에 대한 대체적인 설명을 하겠다.

설명은 엄 영 달 전문위원이 담당한다.

(엄 영 달 전문위원은 별첨과 같은 추표설명을 행함.)

오시다 위원 - 한국측이 제시한 8개항목의 내용에 대하여서는 종래 일본측으로서도 연구를 하여오던 바이나, 지금 제세한 설명을

들었으므로 이것을 연구해서 이다음회의때 그 사실,

금액, 인수 등에 관하여 한국측에 질문을 하고자한다.

한가지 첨가할것은 오늘 들은 설명과 우리가 가진 과거의

기록을 대조하여본때 대체로 같은것 같으나 약간의

Nuance 가 있는것 같다.

문철순위원 - 그 내용은 대체로 같은것이다. 오늘의 설명은 대체적인

것이며 자세한 설명은 항목별로 토의할때 하고자한다.

그러나 그 전에라도 일본측에서 질문이 있다면 응하겠다.

오시다위원 — 지금의 설명은 잘 들었으나 내용이 복잡한것이므로 간혹 그 정확한 의미를 파악치 못한곳도있다. 그러나 한국측에 지장이 없다면 오늘 설명한것을 " 메모 " 하여주시면 고맙겠다. 앞으로 우리측에서 관계자료를 조사하는데 매우 도움이 될것같다.

문철순위원 — 오늘 설명한것을 그대로 메모하여주는것은 좋으리라고 생각한다. 이것은 회의때가 아니드래도 적당한때 연락을 취하도록하겠다.

오시다위원 — 알았다. 우리의 질문은 차기회의때 행하겠는데, 물론 이것은 질문을 한번에 끝낸다는것은 아니다.

문철순위원 — 다음 회의개최 일자는 우리측 수석위원이 귀임한후에 상의하여결정코자하는데 어떨가.

오시다위원 — 우리측도 총선거와 정부수립등으로 수석위원이 바쁘니 다음에 연락을 취하여 결정함이 좋겠다.

문철순위원 — 그러면 외무성과 연락을 취하겠다. 오늘 신문발표에 관하여서는 한국측이 제 1 차 회의때 제시한 8 개항목을 일반 청구권 소위원회의 토의의 대상으로 확인하고 이에대한 한국측의 대체적인 설명이 있었다고 함이 어떤가.

오시다위원 — 좋다.

이 상

한국의 대일청구 요강

(개략 설명)

1. 조선은행을 통하여 반출된 지금과 지은의 반환을 청구함.

본항의 청구는 1909 년 부터 1945 년까지의 기간중 일본이 조선은행을 통하여 반출하여 간것임.

2. 1945 년 8 월 9 일 현재 일본정부의 대 조선총독부 채무의 변제를 청구함.

본항에 포함될 내용의 일부는 다음과 같다.

1) 체신부 관계

ㄱ) 우편저금, 진체저금, 위체저금 등

ㄴ) 국채 및 저축채권 등

ㄷ) 조선간이생명보험 및 우편년금 관계

ㄹ) 해외위체저금 및 채권

ㅁ) 군정법령 제 3 호에 의하여 동결된 한국수취금

ㅂ) 기타

2) 1945 년 8 월 9 일 이후 일본인이 한국내 각 은행에서 인출한 예금액

3) 한국에서 수입된 국고금 중 무실세출로 인한 한국수취금 관계

4) 조선총독부 동경사무소 재산

5) 기타

1945년 8월 9일 이후 한국으로부터 이체 또는 송금된 금원의 반환을 청구함

본항의 일부는 좌기사항을 포함한다.

1) 8월 9일 이후 조선은행 본점에서 재일본 동경지점으로 이체 또는 송금된 금원

2) 8월 9일이후 재산금융기관을 통하여 일본으로 송금된 금원

3) 기타

4. 1945년 8월 9일 현재 한국에 본사 또는 본점 또는 주사무소가 있는 법인의 재일재산의 반환을 청구함.

본항의 일부는 좌기사항을 포함한다.

1) 연합군 최고사령부 폐쇄기관령에 의하여 폐쇄청산된 한국내 금융기관의 재일지점 재산

2) SCAPIN 1965호에 의하여 폐쇄된 한국내 본점보유 법인의 재일재산

3) 기타

5. 한국법인 또는 한국자연인의 일본국 또는 일본국민에 대한 일본 국채, 공채, 일본은행권, 피징용한인의 미수금, 보상금 및 기타청구권의 변제를 청구함.

본항의 일부는 좌기사항을 포함한다.

1) 일본유가증권

2) 일본계통화

■■의 징용인 미수금

4) 전쟁으로 인한 피 징용자의 피해에 대한 보상

5) 한국인의 대 일본정부 청구

은급 관계 및 기타

6) 한국인의 대일본인 또는 법인 청구

7) 기타

6. 한국 법인 또는 한국자연인 소유의 일본 법인의 주 또는 기타 증권을 법적으로 인정할것을 청구함.

본항의 내용은 1945 년 8 월 9 일 현재로 한국 법인 또는 자연인이 소유하고있던 일본법인의 주 또는 증권은 앞으로도 계속하여 유효한것으로 법적으로 인정케 하라는 것임.

7. 전기 제 재산 또는 청구권에서 생한 제 과실의 반환을 청구함.

본항의 설명은 수석위원이 돌아온후에 상의한후 답하겠다.

8. 전기 반환 및 결제는 협정성립후 즉시 개시하여 늦어도 6 개월이내에 종료할것.

5. JW-04144, 한일회담 일반청구권소위원회 관계 청훈의 건, 1961. 4. 17

한국 외교문서 718, 제5차 한일회담 예비회담 일반청구권소위원회 회의록, 제1-13차, 1960-61

제5차 한일회담 예비회담 일반청구권소위원회에서 대일청구요강안 8항목의 제5항 토의를 앞두고, 피징용 생존자에 대하여도 정신적 고통에 대한 보상을 청구하겠다는 내용을 본부에 보고하는 문서(전문)다.

대한민국 외무부

종 별

번 호 : JW-04144
일 시 : 171350

수 신 인　　외무부 장관 귀하

한일회담 (일반청구권) 소위원회 관계 청훈의 건.

다음 청구권 소위원회에서는 제 5 항이 토의될 예정인바 징용 노무자 및 군인 군속에 관하여 다음과 같이 제시하고자 청훈 하오니 승인하여주시기 바라나이다.

1. 피 징용자의 피해에 대한 보상 청구는 (한일회담의 제 문제) 에 의하면 사망자 부상자에 한하여 청구대상으로 삼고 있는듯 생각 되오나 확대하여 피 징용 + 생존자 (군속 포함) 에 대하여도 정신적 고통에 대한 보상을 청구하고저 함.

2. 인원수 (가) 징용 노무자는 총수 822,111 명 그중 생존자 802,508 명 사망자 행방불명자 및 부상자 19,603 명 (나) 군인 군속은 총수 365,000 명 그중 생존자 282,000 명 사망자 행방불명자 및 부상자 83,000 명 (다) 1946 년에 신고를 받고 조사한 징용자는 총수 105,151 명 그중 사망자 12,603 명 부상자 7,000 명으로 되어있고 1953 년 AID-MEMOIRE 에 의하면 군인 군속의 전사자 부상자는 74,800 명으로 되어있으므로 이 기록과 제반 기록을 종합 감안하여 상기와 같이 추정 함.

3. 보상 청구금액 (가) 유 수석대표 의견은 우선 금액은 밝히지 말고 상당한 보상금을 요구하라는 지시에 따라 이번 회의에서는 인원수만 확인토록 하겠으나 당지 대표단의 복안은 다음과 여하오니 참고 하시고 검토하여주시기 바라나이다.

(나) 매인당 청구금액: 징용 노무자 및 군인 군속 생존자 일인당 300 불 동 사망자

- 계 속 -

대 한 민 국 외 무 부

CODE CABLE

송 별

번 호 :

일 시 :

\- 2 -

~~부상자 일인당 1000 불~~ 대치 1,500 불 (다) 생존자 일인당 청구 300 불의 근거는 1956 년 화란에 대한 보상으로서 인도네시아의 구 일본군인 화란의 민간인 약 11 만명을 억류했든것에 대하여 억류자의 같은 고통을 보상한 예가 있는데 화란정부는 상항평화조약 체결시 대일 청구는 포기하였으나 특히 민간 억류자의 보상에 대하여는 청구권을 보류함으로서 250 불을 청구하여 일본정부와 교섭결과 일인당 약 100 불로 결정한 선례에 준하고저 하는 것임.

수석대표 대사 김윤근

6. WJ-04214, 대표단 건의에 대한 본부 입장 통보, 1961. 4. 24

718, 제5차 한일회담 예비회담 일반청구권소위원회 회의록, 제1-13차, 1960-61

일본 측에 피징용 생존의 정신적 고통에 대한 보상을 요구하겠다는 대표단 건의를 수용하는 본부 입장을 통보하는 문서(전문)다.

외 무 부 정 무 국

발 신

발신번호: WJ-04214

발신일시: 241700

수 신 인: 한일 회담 수석 대표

발 신 인: 장 관

담 당	과 장	국 장	차 관	장 관	결 재

4월 22일자 JW-04187호 전문 청훈에 대하여 다음과 같이 회시 합니다.

기

~~1. JW-04142호 전문에 관하여는 18일자 WJ-04167호로 요청한바 있는 귀 대표단의 건의 이유를 조속 회시하시옵기 바라오며,~~

2. JW-04143호에 관하여는 24일자 WJ-04206호로서 이미 훈령하였아옵기 양지하시옵기 바라오며,

3. 또한 JW-04144호에 관하여는 귀 대표단의 건의 대로 1) 피 징용자에 대한 보상 청구중에 생존자에 대한것도 포함하시고 2) 해당 인원의 수는 징용 노무자 822,111명, 군인 군속 365,000명으로 하실것이며 (동 인원수의 추정에 대한 내역은 추후 보고하시옵기 바랍니다) 3) 이번 회의에서는 우선 인원만 확정하시고 매인당 보상 금액 요구액은 밝히지 말도록 하시기 바랍니다.

4. 끝으로 JW-04158호에 관하여는 검토가 끝나는대로 지시할 예정입니다.

1. JW-04142호에 관하여는 귀 대표단의 건의대로 화재 보험 관계를 보류하고 물품 전도금 및 미수금 관계를 추가하시기 바랍니다며,

7. 일반청구권소위원회 제13차 회의 회의록, 1961. 5. 10

한국 외교문서 718, 제5차 한일회담 예비회담 일반청구권소위원회 회의록, 제1-13차, 1960-61

1961년 5월 10일 개최된 제5차 한일회담 예비회담 일반청구권소위원회 제13차 회의 회의록이다.

대일청구요강안 제5항목 가운데 피징용 노무자의 정신적 고통에 보상 등에 관한 협의 기록이 담겨 있다.

1. 시일 및 장소

단기 4284 년 5 월 10 일 상오 10 시 30 분 - 12 시 30 분
일본 외무성 회의실

2. 참석자명

한국측 - 이 상덕 대표 수석 위원 대리
이 천상 "
문 철순 "
정 일영 전문 위원
홍 승희 "
홍 윤섭 "
김 정훈 보좌관
이 수우 전문 위원 (옵서 - 버)

일본측 - 요시다 (吉 田) 대표
우라베 (卜 部) "
사구라이 (櫻 井) 보좌
가네마쯔 (兼 松) "
다마끼 (玉 置) "
마에다 (前 田) "
수기다 (杉 田) "
오와다 (小 和 田) "
혼다 (本 田) "
이와세 (岩 瀬) "
하마모도 (濱 本) "

수기야마	(杉 山)	보좌
이께베	(池 部)	"
히사이찌	(久 一)	"

3. 회의록 제 5 차 한일 회담 예비회담
제 13 차 일반 청구권 소위원회

일본측- 지난 4 월 28 일 제 12 차 본소위원회 에서 이상덕 주사대리 가 발언한 한국측 견해 에 대하여 우리측 의견 을 이야기 하겠다 하고 별도 송부한 일본측 발언 요지 (단기 4294 년 5 월 11 일자, 한일 예회 제 78 호 참조) 를 낭독 하였음.

한국측 - 서면 을 보고 우리 의견을 진술할 필요가 있으면 하겠으나 일본측 에 오해가 있는것 같해서 한두가지 이야기 하겠다. 평화 조약에 한국은 배상 을 청구할 근거 가 없는데 청구 하고 있다고 말하고 있으나 누차 이야기 한것 과 같이 한국측 은 평화 조약 제 14 조 에 의한 전쟁 배상을 요구 하는것이 아니고 제 4 조 에 의한 claim 을 주장 하고 있는것이다. 제 4 조 의 claim 은 한일간 의 다년간 의 지배 관계 로 여러가지 내용과 넓은 의미를 갖게 되는것은 당연 하다. 또 일본측은 평화 조약 의 규정 만이 청구의 근거 가 되는것이고 한국측 이 인용 하는 "카이로" 선언 이나 "포스담" 선언 은 claim 문제 에 관계 가 없다고 했는데 우리도 "카이로" 선언 이나 "포스담"선언 에 의하여 claim 을 청구 하고 있는것이 아님은 물론 이지만 여러가지 역사적 사실을 고려 하는데 있어서 필요한 것임으로 인용 한것이다. 그리고 법령 제 33 호 에 관하여서도 일본측은 법령 제 33 호 이전에 발포된 포고령 및 제 법령 은 일본 재산 의 소속 변경 과는 하등 의 관련 이 없으며 준비 입법도 아니라고 주장 하고 있으나 우리도 제 포고령 에 의하여 소속 변경 되었다는 것이 않임은 물론 이며 법령 제 33 호 명문 으로서도 일본 재산이 8 월 9 일자로 소속 변경 된것이 분명 하나 법령 제 33 호 이전에 발포된 포고령 및 제 법령 을 인용한것은 법령 제 33 호가 나오게 된 내력을 보충 설명 하기 위한것이다.

일본측 - 법령 제 33 호 이전에 발포된 제 법령은 누차 이야기 한것 처름 일본성 을 결정 한것이지 소유권 의 이전 이라던가 권리 권한 에 대하여는 Relevant 하지 않는다고 생각 한다.

한국측 - 여하튼 서면 을 보고 검토 하겠다.

일본측 - 그러면 다음 으로 들어가 5 항목 의 일본계 통화 의 범위는 어느정도 인가.

한국측 - 종류 가 많다. 대부분은 일본 은행권이나 일본 정부 지폐 군표, 중국 준비 은행권 등도 있다.

일본측 - 군표는 종전후 귀국 에서 무효로 하였는가.

한국측 - 무효 로 하였다.

일본측 - 무효로 한것은 유통력이 없고 무가치 하 된것인데 무가치 하게 된것을 청구 하는 근거 는 없지 않는가.

한국측 - 무가치로 한것은 우리들의 국내 조치 이며 일본에 대한 청구권을 포기한것은 아니다. 그 증거로서는 일본은 한국 에서 군표를 소각 할때 입회 한것으로 보아도 청구권은 포기 한것 않인것이 알수 있지 않는가.

일본측 - 그 소각 한데 대하여는 일본 은행권도 마찬 가지 이지만 권리로 요구 할것을 왜 소각 하였는가. 이것은 마치 채권자가 채무 증서를 태운것과 마찬가지가 않인가.

한국측 - 무가치로 하든 소각 하든 우리의 국내 조치 인데 소각 을 채무증서 의 소각 과 같다고 하는것은 무슨 뜻인가.

일본측 - 지폐를 가지고 있지 않고 태운다는것이 어떤 의미를 가지는것이라고 생각 하는가.

한국측 - 그러면 일본측 은 지폐를 소각 하지 않었으면 *claim* 에 응하겠으나 소각 해서 증거가 없으니 못주겠다는 이야기 인가.

일본측 - 일본측이 지폐 소각때 입회 한것은 입회 한것 뿐이지 이것을 채무로 인정한 약정 은 있는가.

한국측 - 일본측은 소각 했으니 증거 가 없어서 지불 못 하겠다는 이야기인지 소각 에 입회 하였더라도 채무 를 확인한것은 아니니 지불 못하겠다는 뜻인지 어느쪽 이야기 인가.
지폐 의 소각 을 가지고 청구권 을 포기 한것 같이 해석 하는것은 사사 개인 도 아니고 양국 정부 와 중앙 은행 당국 이 한일 에 대하여 이해 하기 곤란 한 말이다.

일본측 - 지폐 를 태운다는것은 중대한 문제 이다. 한국측은 일본측을 입회 시켰다고 하지만 입회 뿐만 아니라 채무를 확인 시키는 방법 을 취하였는가. 즉 총화 채무 로서 일본 정부 의 양해 하에 태운것인지 않인지 의 사실을 명백히 할 필요가 있다 고 본다.

한국측 - 일본측 대표 입회하에 지폐 를 소각 한것은 일본측 [illegible] 에 청구 하기 위한것이며 이러한 청구를 전제로 하지 않고서는 일본측 대표 를 입회 시킬 필요가 없지 않은가.

일본측 - 한국측이 이야기 하는 취지는 알겠으나 우리측이 이야기 한것은 지폐를 소각 할때 *claim* 이 있다는 사실을 명확이 했는가를 알고자 하는것이다. 한국측 에서도 그점을 명확이 해둘 필요가 있었던것이 아닌가. 소각한 사실만 가지고 채무를 인정 한것이라고 할수 있는가.

한국측 - 우리가 이해 하기 곤란 한것은 지불 못하겠다고 일본측이 [illegible]하며 내는것은 자유라 치더라도 지폐를 소각 하였기때문에 청구권이 없다고 하는것은 알수 없는 이야기 이며 우리로서 유감된 점으로 생각 한다.

일본측 - 후에 반환 하겠다는 서면 을 받었는가.

한국측 - 소각 당시 양국간 에 교환된 서면이 있으니 그것을 보면 이해가 갈줄안다. 당연히 청구권에 포함 되는것으로 본다.

일본측 - 일본 은행권이나 군표외에 중국 준비 은행권도 소각 하였는가

한국측 - 소각 하였다.

일본측 - 일본은행과 관계 없는것 까지 태운 이유는 무었인가.

한국측 - 관계 있끼에 일본측이 입회 한것이 아닌가. 아직도 알수 없는데 반대로 이야기 하면 현물을 가지고 있으면 청구권이 있고 소각한것은 청구권이 없다는 의미 인가.

일본측 - 우리들은 그결론을 이야기 하는것이 아니고 사실 관계를 알기 위해서 이야기 한것이다. 그리고 태운것 가운데 신원권도 있는가.

한국측 - 신원권은 없었던것으로 알고 있다.

일본측 - 이것은 점령군 의 행위 였는가.

한국측 - 그렇다. SCAP ,주한 미군정청, 조선은행, 일본은행 의 사자가 입회 하였다.

일본측 - 당시 한국에는 조선 은행권 이 부족 하였기 때문에 상당액의 미발행 일본은행권을 반입 하여 Stamp 를 찍으서 조선 은행권 대신에 유통 시켰다고 듯고 있는데 그점에 관하여 조사 된것이 있는가.

한국측 - 그러한 사실은 없었든 것으로 알고 있다.

일본측 - 일본은행권은 한국서 유통 하였는가.

한국측 - 당분간은 유통 하였다.

일본측 - Stamp 를 찍었는지 아닌지는 명백 하지 않으나 미발행 은행권은 유통 한것이 아닌가.

한국측 - 미발행 일본 은행권은 없었다.

일본측 - 조선 은행이 보유 하고 있든 일본은행권은 그리 많지 않었다고 생각 하는데 귀환자가 제한외로 가지고 간것을 교환 한것이 아닌가.

한국측 - 귀환자가 제한외로 가지고 간것은 그당시 일본측 세관 에서 첵크 하지 않었는가.

일본측 -일본은행권은 일본 세관 에서 가지고 있는것도 있는데 그러한 것도 청구 하고 있는가.

한국측 - 여기에는 포함 되어 있지 않고 다음 항목 [illegible] 고 있다.
그리고 좀더 보충 하면 소각 한것 외에 현물로서 가지고 있는것도 있고
한국 동란중 금융 비상 조치로서 소각 한것이 약 200 만환 정도 있다.

일본측 - 이러한 청구의 구체적인 방법 으로서는 그것과 대등한 원 을
말하는 말인가.

한국측 - 그렇다.

일본측 - 종류 라든가 금액 에 관한 명세 가 있는가.

한국측- 있다.

일본측 - 명세가 있으면 주면 좋겠다. 그러면 다음 항목 으로 넘어 가자.
피징용 한인 미수금에 대하여 조사한 자료가 있는가.

한국측 - SCAP 의 공문 으로서 대략은 짐작 하고 있다.

일본측 - 자료가 있으면 우리들이 가지고 있는 자료와 상호 대조 하자.

한국측 - 우리는 자료를 가지고 있지않고 1750 년 SCAP 로 부터
통보를 받은것이 있다.

일본측 - 1/46 년에 신고 시켰다고 하는데 오보 인[illegible].

한국측 - 신고 사건 일 이 없다. 일본측 의 자료 를 연고 한다.
일본측 에는 자료 가 있다고 SCAP 의 공문 에도 있다.

일본측 - 피징용자 의 미불금은 어느정도 조사 되어 있으나 피징용자 중에는 북선 으로 간 사람도 있고 해서 그것이 어떻게 되었는지 사실을 알수 없다.

한국측 - 총액 은 아는가.

일본측 - 불충분 하지만 미불금 관계는 대체로 조사 하여 공탁 시키는등 방법 을 취하고 있다. 그러나 지역적 조사는 되여 있지 않다.

한국측 - 군인 군속 관계도 조사 되었는가 .

일본측 - 징용자 관계 만을 조사 하였다. 그런데 미불금중 일부는 조련 으로 부터 강경한 요구 가 있어서 회사측 에서 지불 한것도 있다.

한국측 - 알겠다. 다음 피징용자 보상금 으로 들어가자.

일본측 - 피징용자 중에는 한국내에서 징용된자를 포함 하는가.

한국측 - 포함 하지 않는다.

일본측 - 전쟁 으로 인한 피징용자 의 피해란 어떤것인가.

한국측 - 전에도 이야기 하였지만 생존자, 부상자, 사망자, 행방불명자 그리고 군인 군속 을 포함한 피징용자 전반 에 대하여 보상을 요구 하는것이다.

일본측 - 보상 이란 국민 징용령 제 19 조 에 의하여 위족 부조료, 매장료 등을 지불 하기로 되어 있고 공장 에 있어서는 공장법에 군인 군속 에 있어서도 그러한 원호 규정 이 있었는데 당시 의 그러한 베이스 에 의한 보상 을 의미 하는 것인가.

한국측 - 그것과는 다르다. 우리들은 새로운 기초하에 상당한 보상을 요구한다.

일본측 - 새로운 기초란 어떤것인가.

한국측 - 다른 국민을 강제적 으로 동원 하므로서 입힌 피징용자 의 정신적, 육체적 고통에 대한 보상을 의미 한다.

일본측 - 여러가지 문제가 있으나 징용 될때에는 일단 일본인 으로서 징용 된것이므로 당시의 원호 같은것 즉 일본인 에게 지급 한것과 같은 원호를 요구 하는것인가.

한국측 - 우리들은 새로운 입장 에서 요구 하고 있다. 그당시 일본인 으로서 징용 되었다고 하지마는 우리들은 그렇게 생각 하지 않는다. 일본사람은 일본을 위해서 일하였겠지만 우리들은 강제적으로 동원 되었다. 이점 사고 방식 을 고쳐 주기 바란다.

일본측 - 피해자 개인 에 대하여 보상 해달라는 말인가.

한국측 - 우리는 나라 로서 청구 한다. 개인 에 대하여는 국내에서 조치 하겠다.

일본측 - 우리측 에서도 이러한 사람들 그리고 그 유족 에 대하여 상당 정도 원호 조치를 하고 있으며 한국인 피해자에 대하여서도 가능한 한 조치 하고저 하는데 한국측 에서 구체적인 조사를 할 용의 가 있는가.

한국측 - 물론 그런것도 생각 할수 있으나 이 회의 와는 직접적인 관계 가 없다고 본다. 피해자에 대한 보상은 우리국내에서 조치할 성질의 것이라고 생각 한다.

일본측 - 이소위원회는 사실 관계 와 법률관계 를 확인 하는데 있다. 한국이 새로운 기초 위에서 고려 한다는것은 이해 할수 있으나 개인 베-스 가 아니라는것은 이해 할수 없다. 원래 정식 수속 을 밟었더라면 지불 할수 있었다고 본다. 우리측 으로서는 현재라도 미불금을 지불할 용의가 있다는것은 전회담 에서도 언급 하였었다. 요컨데 우리 입장은 미불금이 본인 손에 들어가지 않으면 안된다고 본다.

한국측 - 미불금 은 알겠으나 보상금에 있어서는 일본인 상망자 부상자 에 대하여서도 상당히 보상 하고 있는데 더욱히 다른 국민을 강제로 징용 하고 정신적 육체적 으로 고통을 준데 대하여 상당한 보상을 하여야 하지 않는가.

일본측 - 징용 당시는 외국인 이 아니고 종전후 외국인 이 되었다.

한국측 - 그당시 일본인 이 였다고 하지만 좀더 사실 관계 를 정확히 하면 이해가 갈것이다. 일본 에서는 어떻게 동원 되었는지 모르지만 한국 에서는 길가는 사람을 붙들어 추럭 에 실어서 탄광에 보냈다. "카이로" 선언 이나 "포스담" 선언 에도 표명 되여 있는것과 같이 일본은 한국인을 노예 취급 하였는데 그당시 일본인 이 였다는것은 사실을 음페 하는것이다.

일본측 - 대단히 딱한 일이 였으며 의당 원호 하지 않으면 않된다고 생각 하나 그 가족이 외지에 있으면 원호 할수 없다. 이러한 사람 들의 명부를 명확히 하면 빨리 해결 할수 있다고 보는데 명확히 할수 없는가.

한국측 - 약간 의 자료가 있으나 불완전 하다.

일본측 - 우리들로 그점 정리 시키고 있으며 불완전 하지만 상호 대조 하면 명확히 된다고 생각 한다. 일본 원호법 을 원용 하여 개인 베ー스 로 지불 하면 확실 해진다고 생각 한다. 일본측 으로서는 책임을 느끼며 피해를 받은 사람에 대하여 하등 조치 못하여 미안 하게 생각 하며 특히 부상자, 행방 불명자, 사망자나 그가족 에 대하여 조치 못한데 대하여 유감 으로 생각 하고 있다.

한국측 - 같은 이야기 인데 그것을 우리는 국내 조치 로서 우리손을로 지급 하겠다. 일본측 에서 지급할 필요는 없지 않는가,

일본측 - 징용자중에는 부상자도 있고 사망자도 있으며 또 부상자중에도 그원인 이키든가 정도 가 있는데 이러한 사실을 전연 모르고 덮어놓고 돈을 지불 할수는 없지 않는가. 일한간에 국민적인 감정이 있다면 이러한 문제 일것이며 상호 국민 의 이해를 촉진 시키고 국민 감정을 융화 하기 위해서는 개인 베-스 로 지불 하는것이 좋다고 본다.

한국측 - 보상금 지불 방법 문제 인데 우리는 우리의 국내 문제 로서 조치 할 생각 이며 이 문제는 인원수 라던가 금액 의 문제가 있으나 여하튼 그지불은 우리 정부 손으로 하겠다.

일본측 - 인원수 , 금액 , 피해정도는 구체적 으로 하지 않으면 안된다고 생각 하며 한국측에서도 그러한 의미에서 청구 하고 있다고 생각 하는데 개인 권리로서도 구체적인 신고를 받어서 지불 하는것이 타당 하지 않는가.

한국측 - 그점 좀더 토의 를 하면 이해가 갈줄 알며 우리들이 아무 자료 도 없이 청구 하는것은 아니다.

일본측 - 1952 년 5 월 23 일 의 *Aide Memoire* 에 의하면 한국측은 명부를 제시 하겠다고 하였는데 명부 를 제시 할수 있는가.

한국측 - 명부는 불완전 하다. 그후 조사 를 하지 않았는데 필요한 경우 에는 조사 하겠다.

일본측 - 최종문제로서는 가족의 거주지등 구체적인 문제를 정확히 하지 않으면 안되기 때문에 청구권의 권리에 대한 의무로서 당연히 개별적 구체적으로 하지 않으면 안된다고 생각 한다.

한국측 - 보상할 필요는 인정 하지만 구체적인 사실을 명확히 하자는 취지 인가.

일본측 - 보상 여부는 상부에서 결정할 문제이나 우리로서는 그 방법이 있으면 방법을 생각 하지 않으면 안되고 방법으로서는 역시 개별적으로 해결 하지 않으면 안된다고 생각 한다.

한국측 - 실제에 있어서 조사가 곤란 하며 특히 군인 군속에 관하여는 일본측이 모든 기록을 소각 하지 않았는가. 그러나 군인 군속 또는 노무자가 다수 징용 된것만은 사실 이며 의심할 여지가 없다. 이러한 수는 여러가지 자료에 의하여 조사 하였는데 명부는 없다.

일본측 - 불완전 은 하지만 쌍방의 자료를 상호 대조 하면 인원수가 확정 되고 금액도 자연 산출 되지 않는가.

한국측 - 많은 사람이 사망 또는 행방 불명 된것이 사실 이며 또 생존자도 정신적 육체적 고통을 받었는데 보상을 하여야 하지 않는가.
인원수는 신고 시키는 방법도 있지마는 그외의 방법으로서도 확인 할수 있다고 생각 한다.

일본측 - 한국 에서 그러한것을 조사 하고 보상한 일이 없는가.

한국측 - 아직 하지 않었다.

일본측 - 나머지는 대체로 한번만 더 회의 하면 끝나리라고 보는데 다음 회의는 내주 수요일 오전 10 시 30 분 으로 하고 그때 까지 종결 되지 않으면 금요일 오후에 다시 한번 회의 하도록 하는것이 어떠한가.

한국측 - 좋다.

이 상

8. 第5次日韓全面會談豫備會談の一般請求權小委員會の第13回會合, 1961. 5. 10

日本外交文書 95

제5차 한일회담 예비회담 일반청구권소위원회 제13차 회의 일본 측 회의 기록이다.

번역

第5차 일한 전면회담 예비회담 일반청구권소위원회 第13회 회의

1961. 5. 10 북동아시아과

1. 일반청구권소위원회 제13회 회의는 1961년 5월 10일 오전 10시 35분부터 약 2시간, 외무성 507호에서 다음과 같이 쌍방 위원 참석하에 개최되었다.

일본 측 참석자

주사대리	대장성 이재국 차장	요시다 노부쿠니
부 주 사	외무 참사관	우라베 도시오
보 좌	대장성 이재국 외채과장	사쿠라이 요시오
〃	대장성 이재국 외채과 사무관	다카키 쿠니오
〃	대장성 이재국 외채과 사무관	스기타 마사히사
〃	대장성 이재국 외채과 사무관	본다 유키야
〃	대장성 이재국 외채과 사무관	이와세 다키조
〃	외무성 조약국 조약과장	가네마쓰 다케시
〃	외무성 조약국 법규과 사무관	오와다 히사시
〃	외무성 아시아국 북동아시아과장	마에다 도시카즈
〃	외무성 아시아국 북동아시아과 사무관	이케베 다케시
〃	외무성 아시아국 북동아시아과 사무관	스기야마 지마키
〃	외무성 아시아국 북동아시아과 사무관	하마모토 야스야
〃	외무성 아시아국 북동아시아과 사무관	히사이치 쇼오조

한국 측 참석자

주사대리	한국은행 국고부장	이상덕
보 좌	한일회담 대표	이천상
〃	대표부 참사관	문철순
〃	한국은행 조사부 차장	홍윤섭
〃	한국산업은행 업무부장	홍승희

〃 서울대학 법대 조교수 정일영

〃 외무부 2등서기관 이수우

〃 외무부 3등서기관 김정훈

2. 의사 요지

(1) 모두에 요시다 주사대리는 '일한 청구권 문제에 관한 미국의 견해 표명' 및 '군정법령 제33호의 일자 문제'에 관한 일본 측 견해로 별첨 문서를 읽었다. (별첨 문서는 5월 10일 오후 한국 측에 수교했다.)

이에 대해 이 주사대리는 문서를 받은 후 한국 측 의견을 말하겠으나, 오해가 없도록 두세 가지 의견을 이야기하고 싶다. 일본 측은 배상 청구에 관해 한국이 평화조약상 근거가 있느냐 없느냐 이야기하고 있으나, 한국 측은 평화조약 제14조에 의한 전쟁배상을 요구하는 것이 아니고, 제4조에 의한 클레임(청구권)을 요구하는 것임은 전에도 누차 이야기한 대로다. 이 청구권이 한일의 다년간 지배관계에 의한 여러 가지 내용과 광범위한 의미를 지니고 있음은 당연한 것이며, 일본 측은 카이로 선언, 포츠담 선언에는 관계없이 평화조약 규정만이 관계있다고 하나, 한국 측으로서는 이 역사적 사실을 고려하지 않고 이 문제를 이해하는 것은 곤란하다고 생각한다. 즉, 한일 간의 평화조약 제4조에 의한 청구권은 이 같은 역사적 사실을 고려에 넣고 해결해야 하는 것임을 반복해서 이야기하고 싶다. 또한 군령 제33호의 문제에 관해 일본 측은 33호 이전의 법령, 포고는 일본재산의 소속 변경과 관계가 없으며, 또한 33호의 준비 입법이 아니라고 주장하고 있으나, 8월 9일 자로 일본재산이 소속 변경된 것은 33호의 명문에 의해 분명한 것은 물론이고, 그 보충 설명으로 33호 이전의 포고나 법령의 문제를 이야기한 것이므로 한국 측 발언의 취지를 오해하지 않도록 부탁한다라고 말했다. 요시다 주사대리는 일본 측의 견해는 33호 이전의 제 법령이 재산의 소유권이라든지 권리, 권원의 이전과는 무관하다는 것이며, 그 외의 사안에 관해서까지 무관하다고 하는 것은 아니다라고 말했다.

(2) 다음으로 한국 측 청구 요강의 세목 (2) '일본계 통화' 문제에 관해 다음과 같이 토의가 행해졌다.

(가) 요시다 주사대리가 '일본계 통화'의 범위에 관해 질문하였으며, 이에 대해 이 주사대리는 종류가 많지만 일은권이 대부분이다, 그 외 정부 지폐(소액 지폐), 군표, 상하이 저비은행권 정도다라고 답했다.

(나) 요시다 주사대리가 군표는 모두 무효화되었으며, 결국 무가치한 것이 되어 버리지 않았는가 지적하자, 이 주사대리는 그것은 한국 측의 국내 조치이며 일본에 대한 청구권을 포기한 것은 아니다라고 하였다, 요시다 주사대리는 무가치한 것을 요구함은 이해하기 어렵다라고 하였으며, 이 주사대리는 그것과 이것은 관계가 없다. 그렇다면 일은권을 소각했을 때 일본 측은 무엇 때문에 입회하고 서명했는가 반문하였다. 요시다 주사대리는 일은권 소각 문제는 뒤에 이야기하겠으나, 소각 자체가 어떤 의미로는 이해할 수 없다. 가치를 상징하는 것으로 장래 어떠한 청구를 하고자 하는데 왜 태웠는가. 채무증서로서도 그것을 소각하는 것은 어떤 의미로는 권리를 포기하는 것이 되지 않는가. 권리로서 요구하기 위해 필요한 것을 왜 태웠는지 이해하기 어렵다, 이것은 일은권 소각의 문제이지만, 군표에 관해서는 일은권은 일본에서 현재도 가치가 있으나, 군표는 일본에서도 가치를 인정받지 못하며, 그러한 의미로 양자에는 차이가 있다라고 말했다. 이에 대해 이 주사대리는 이것은 지금까지 말한 것 가운데 가장 이해하기 어려운 이야기다. 명백하게 한국 측 정부 기관에서 소각한 것이고, 그 기록도 있으며, 일본 측으로부터도 만약을 위해 입회토록 하고 태운 것에 대해 증거문서를 버린 것처럼 말하는 것은 어쨌든 이해하기가 어렵다, 또한 군표를 무효화한 것은 한국 측의 국내 조치이며, 무효화하거나 교환하거나 하는 것은 한국 측의 국내 금융정책상 문제다. 그러한 것을 말하면, 지금까지 기다리지 않으면 안 되는 것 아니냐고 하는 것이 된다라고 말했다. 요시다 주사대리가, 지폐라고 하는 것을 태우는 것이 어떠한 의미를 지니고 있는가는, 모두 통화 당국자로서 잘 알고 있으리라 생각한다라고 말하자, 이 주사대리는 소각은 개인이 행한 것이 아니고, 정부의 손으로 공공의 입장에서 행한 것이다라고 반복해서 말했다. 그러자 요시다 주사대리는 소각 사실을 확인했다는 것은 들었으나, 태움으로써 일본은행에 채무가 남는다는 것을 확인할 서류를 가지고 있는가. 일은 측은 입회하라고 하여 입회한 것일 뿐이며 그것만으로는 무의미하지 않은가. 이것을 태우면서 그 액수는 빌리

는 것으로 한다는 문서를 가지고 있는지 어떤지, 오히려 문제는 거기에 달려 있는 것으로 생각한다라고 말했다. 이천상 위원은 증거가 있는가 없는가 하는 문제라면 기록도 있고, 일본 측을 입회시킨 취지가 그것을 명백하게 하기 위한 것이며, 일방적으로 태운 것은 아니다라고 설명했다. 이 주사대리는 일은권에 관한 청구권에 일본 측이 응할 의무가 있는지 없는지의 논의라면 몰라도, 태웠으니 청구권으로 완전하지 않다는 논의는 이해하기 어렵다라고 했다. 이에 대해, 요시다 주사대리는 우리는 결론을 내자는 것이 아니고 지폐라든지 증거문서라든지 이것을 태우는 것은 상당히 중대한 문제이므로 그것에 대한 채권을 확인하는 조치를 해 두었는지 아닌지의 사실을 명확히 하고 싶은 것이다라고 했다. 이 주사대리는 일본 측 입회하에 태운 것은 사실이나, 문제점은 증거물인 은행권을 태웠기 때문에 청구권으로 불충분하다는 것인지, 아니면 다른 의미가 있어 그러한 논의를 하는 것인지 이해할 수 없다라고 했다. 요시다 주사대리는 관계 서류를 보여주기 바란다면서, 일본 측이 입회해서 태웠다는 것에 의해 일은권이라면 일본은행이, 정부 지폐라면 정부가, 채무라는 것을 양해하라는 의미로 소각되었는가를 묻고 싶은 것이다라고 설명했다. 이 주사대리는 한국 측이 일본 측 대표 입회하에 지폐를 태운 것은 물론 그것을 일본에 청구하려는 의미가 있는 것이며, 그렇지 않았다면 일부러 입회를 요구하는 의미가 없지 않은가라고 말했다. 이에 요시다 주사대리는 예를 들어 자신들이 한국 통화를 갖고 있으며 그것을 한국 측 은행원을 입회시켜 소각했다고 하자, 그 사실로 청구하면 한국 측은 곧바로 지불하겠는가 하고 물었다. 이 주사대리가 그렇다면 일본 측은 무슨 의미로 입회했는가 반문하자, 요시다 주사대리는 일본 측으로서는 입회하라고 해서 입회한 것뿐이다. 입회의 의미가 어디까지 분명하게 되었는지에 관한 문제라고 답했다. 이 주사대리는 한국 측은 현물을 놔둘 필요가 없다고 인정했기 때문에 소각한 것이며, 입회는 후일의 관계를 생각했기 때문이다라고 말했다. 이에 우라베 부주사는 입회 및 소각의 사실은 명백하지만, 그것에 기초하여 청구권을 제기한다는 것을 확실히 했는지 어떤지를 묻는 것이다라고 말했다. 또한 요시다 주사대리는 그렇기 때문에 채권, 채무의 관계를 명확히 해 놓았어야 하는 것 아닌가, 일본 측이 채무를 인정한다는 절차상의 조치가 필요하지 않았는가라고 했다. 이천상 위원은 청구권의 유무가 근본적인 문제라고 말했으며, 이 주사대리는 소각한 사실이 청구권에 영향을 끼친다는 일본 측 이론은 유감이다, 통화 채무를 지불할 것인지 아닌지가 기본적인 문제다라고 말했다. 요시다 주사대리는 보통, 지폐를 소각하는 것으로 곧바로 채권, 채무가 발생하는지 말할 수 있는가 하는 상식적인 문제를 제기하는 것임에 불과하다라고 말하고, 또한 그렇다면 소각만 하고 채무는 확인하지 않았다는 것인가 물었다. 이 주사대리가 그렇게는 생각하지 않는다라고 하자, 요시다 주사대리는 그것을 일본 측에 확인시킨 서면이 있는가 물었으며, 이 주사대리는 그것은 서면을 보면 알 것이다라고 답했다.

(다) 우라베 부주사가 일은 행원이 입회하여 소각한 것 중에는 정부 지폐도 포함되어 있는지 물은 데 대해, 이 주사대리는 그렇다라고 한 후 저비권이나 군표도 포함되어 있었다고 답했다. 우라베 주사는 일본은행과 관계없는 것까지 일은 행원이 입회했단 말인가, 저비권은 일은이나 일본 정부와 관계가 없다는 입장이라고 말했다. 이 주사대리는 반대로 말하면 현물을 갖고 있으면 청구권은 무조건 있으나, 소각했기 때문에 인정하지 않는다는 것인가 물었다. 요시다 주사대리는 자신은 결론을 말하는 것이 아니고 지금 사실을 명확히 하기 위해 토론하고 있는 것이라고 답했다.

(라) 요시다 주사대리는 소각 일은권 가운데에는 신 엔도 포함되어 있다고 들었다면서, 어떠한지 물었다. 이에 대해 이 주사대리는 한국 측 기록에는 신 엔, 구 엔의 구분은 되어 있지 않다고 답한 후, 구 엔에 천 엔 지폐가 있었는지 어떤지 신 엔 발행 시기에 관해 물었다. 요시 주사대리는 구 엔은 백 엔까지이며, 천 엔 지폐는 없었다, 천 엔 지폐의 발행은 훨씬 뒤로 생각한다라고 답했다. 이 주사대리는 제1차 소각은 1946년 4월 22일로, 그 가운데에는 천 엔 지폐가 2억 엔 가까지 있었다, 신·구 엔의 관계는 모르겠으나 아마도 신 엔은 포함되어 있지 않았던 것으로 생각한다고 말했다. 당시 구 엔의 천 엔 지폐가 발행되었는지에 관해서는 일본 측에도 불확실한 점이 있으므로 재조사하기로 했다.

(마) 요시다 주사대리가 소각은 점령군의 행위인가 물었으며, 이에 대해 이 주사대리는 그렇다고 하고 SCAP, 한국 측 군정 당국, 구 조선은행, 일본은행의 4자 입하하에 행해졌다라고 답했다.

(바) 요시다 주사대리는 당시 조선은행권이 부족했기 때문에 일은권에 스탬프를 찍어 조선은행권의 대용으로 유통시키는 계획이 있었던 것으로 들었다면서, 그것 때문에 미발행 일은권이 종전 당시 상당량 미해결 상태로 남겨졌었는데 그 점에 관해 묻고 싶다고 하자, 이 주사대리는 소각한 것은 전부 유통 지폐였다, 또한 일은권에 스탬프를 찍어 통용시켰다는 것은 기억에 없으며 은행의 계획에도 없었던 것으로 생각한다라고 답했다.

(사) 우라베 부주사의 질문에 대한 답으로, 이 주사대리가 당시 조선에는 일은권과 조선은행권이 양쪽으로 통용되었다고 설명하자, 요시다 주사대리는 당시 조선에서 유통되었던 일은권의 양은 많지 않았다고 생각한다. 소각한 것 가운데에는 귀환한 한국인이 가져온 엔도 상당분 포함되어 있었던 것 아닌가 물었으며, 이에 대해 이 주사대리는 그런 것은 포함되지 않았다라고 답했다.

(아) 이 주사대리는 이어 말하겠다고 하면서, 그 외에 한국 측에 현물로 남아있는 것이 약 600만 엔, 6·25 전쟁 시 긴급 조치로 일본 측 입회없이 소각한 분이 약 200만 엔 있다고 말했다.

(자) 요시다 주사대리는 이러한 것들을 청구하겠다는 것은 구체적으로는 이것에 해당하는 엔을 요구하겠다는 의미인가 물었으며, 이에 대해 이 주사대리는 그렇다라고 답했다.

(차) 요시다 주사대리는 소각분에 관한 서류를 받을 수 있겠는가 물었으며, 이 주사대리는 필요시 언제라도 주겠다라고 답했다.

(3) 계속해서 한국 측 청구 요강 5의 세목 (3) '피징용 한인 미수금' 문제에 관해 다음과 같이 토의했다.

(가) 요시다 주사대리는 한국 측에 피징용 한인의 수에 관해 조사한 자료가 있는지 물었으며, 이에 대해 이 주사대리는 한국 측에는 없다, 1950년 10월 21일 SCAP 서한에 기초하여 일본 측에서 조사한 것이 있다라고 들었다라고 답했다. 요시다 주사대리가 한국 측이 1946년에 신고를 받은 것으로 들었다라고 하자, 이 주사대리는 그러한 사실이 없다, 일본 측 자료를 받고 싶다고 했다. 요시다 주사대리는 일본 측이 피징용자 미불금에 관해 어느 정도 조사는 했으나, 북한으로 귀환한 자 등도 있고 하여 그 의미가 불완전하므로 쌍방 자료를 대조해보

고 싶다라고 말했다.

(나) 이 주사대리가 미수금 총액은 알고 있느냐고 물었으며, 우라베 부주사는 완전치는 않지만 일단은 자료가 있다라고 답했다. 요시다 주사대리는 일본 측이 일단 당시의 회사에 관해 조사했다, 또한 금액은 공탁하는 방법으로 남겼으며 속지성의 점에 관해서는 조사하지 않았다라고 했다.

(다) 요시다 주사대리가 미불 급여에 관해서는 종전 후 일부 각지 조선인연맹으로부터 강경한 요구가 있어 지불한 것이 약간 있다고 설명하자, 이 주사대리는 알겠다라고 답했다.

(라) 요시다 주사대리가 조선 내부에서 징용된 사람은 관계없는 것이지 않냐고 하자, 이 주사대리가 그렇다라고 했다. 요시다 주사대리는 미수금의 범위는 국민징용령 등으로 저절로 명백해졌다고 생각한다라고 말했다.

(4) 마지막으로, 한국 측 청구 요강 5의 세목 (4) '전쟁에 의한 피징용 피해에 대한 보상' 문제에 관해서는 다음과 같은 응수가 있었다.

(가) 요시다 주사대리가 본 건 항목은 어떠한 의미인지 물었으며, 이에 대해 이 주사대리는 이 항목에는 일반노무자 외에 군인·군속을 전부 포함하며, 생존자, 부상자, 사망자에 대해 각각 보상하라는 의미라면서, 숫자 등에 관해서는 일본 측에 상당한 자료가 있는 것으로 생각한다라고 말했다.

(나) 요시다 주사대리는 '보상'의 의미에 관해, 예를 들어 국민징용령에는 유족부조료라든가 매장료 규정이 있으며, 그 외의 경우에는 공장법, 공업법 등에 같은 규정이 있다, 군인 ·군속에 관해서도 동일한 규정이 있으며, 그러한 것으로 미불금으로 계상하고 있다면서, 그러한 의미의 것인가 물었다. 이에 대해 이 주사대리는 이것은 그것과는 별개로, 한국 측으로서는 새로운 기초 위에 서서 상당한 보상을 요구하는 것이라고 답했다. 우라베 부주사는 새로운 기초는 무슨 의미인가 물었으며, 이 주사대리는 강제적으로 동원하고, 정신적, 육체적 고통을 준 데 대하여 상당한 보상을 요구하는 것은 당연한 것으로 생각한다라고 답했다. 이에 대해 요시다 주사대리는 여러 문제가 있다고 생각하며, 당시는 일단 일본인으로 징용되었는데, 이러한 사람들에 대해 한국 측에서 일본인과 동일한 원호 조치를 취해 주기를 원한다는 것인가, 아니면, 별도 입장에서 생각해 달라

는 것인가 물었다. 이 주사대리는 한국 측은 새로운 입장에서 요구하는 것이다. 당시 한국인은 일본인으로서 징용령이 적용되었다고 하지만, 우리는 그렇게 생각하지 않는다, 일본인이 일본인으로 전쟁을 위해 징용된 것은 다른 이야기이며, 우리는 완전히 강제적으로 동원되거나 엄청난 학대를 받은 것이므로 그러한 의미에서 생각을 바꾸고 이해해 주기 바란다라고 했다.

(다) 요시다 주사대리가 이것에 관한 요구는 개인에 대해 지불하기를 바라는 것인가 물었으며, 이에 대해 이 주사대리는 나라로서 청구하며, 국내에서의 지불은 국내 조치로서 필요한 범위에서 취할 것이다라고 답했다. 요시다 주사대리는 자신들은 사망자, 부상자에 대해서는 가능한 것은 하고 싶다는 기분이다, 유족의 경우에는 상속인에 대해 원호하는 등이 되리라 생각한다, 한국 측에서 구체적인 조사를 해서 그것을 일본 측과 대조해 볼 용의가 있는가 물었다. 이 주사대리는 물론 그렇게 생각하고 있지만, 그것은 이 회의와 직접 관계가 없다고 생각한다. 그것은 한국 측의 국내 조치로 해야 할 문제다라고 생각한다고 답했다. 요시다 부주사는 한국 측이 말하는 새로운 기초에 입각한 보상이라든가, 지불방법도 개인 베이스에 의하지 않으면 안 된다고 하는 것은 우리 권한(terms of reference)을 벗어난 것으로 생각된다라고 했다.

(라) (전 항의 미수금 문제에 관해) 요시다 주사대리는 미수금은 지불해야 하며 또한 지불 가능한 조치가 취해지고 있는 것이다. 이것들은 원래 피징용자가 정식으로 절차를 거쳐 그만두었다면 그때 받아야 하는 것이다. 지금까지 국교가 정상화되지 않았기 때문에 지불이 원활하게 이루어지지 않은 것이다. 이것은 양국 정부의 알선으로 곧 지불되도록 하는 것이 필요하지 않을까 생각한다. 이 문제는 이전 회담에서도 구체적인 상담으로 들어가려 하던 것이며 일본 측으로서도 이것은 분명히 채무로서 지불 준비를 했다. 실제 문제로서 조속히 처리하는 것이 좋다고 생각하는데 한국 측으로서 알선하여 조사해 주기를 바란다, 그러나 이것이 본인 손에 전달되지 않으면 의미가 없다고 생각한다라고 말했다.

(마) (다시 보상금 문제로 돌아와) 이 주사대리는 보상금의 경우 일본인으로 사망하거나 부상당한 사람에 대해 원호를 하고 있는 것 같은데, 하물며 외국인을 강제적으로 동원하고, 그렇게 하여 사망하거나 부상당한 사람에 대해서는 상당하

는 보상금을 줘야 하는 것이라고 말했다. 요시다 주사대리는 징용 당시는 외국인이 아니었으며, 종전으로 외국인이 됨과 동시에 징용으로부터 벗어난 것이므로 그러한 원호를 어떻게 할 것인가 당연히 생각하지 않으면 안 되는 면도 있다고 생각한다. 현재 일본 내지에 가족이 있는 피징용 한인, 군인·군속이었던 사람에 대해서는 원호를 하고 있으며, 한국의 경우는 그것이 미치지 않는 것이라고 설명했다. 이에 대해 이 주사대리는 일본의 원호법에 의하면 한국인은 제외되며, 1945년 이후 사망자, 부상자에 대해서는 원호를 제공하지 않는다. 당시 일본인이었다 운운하는 것에 대해서 사실관계에 대한 고려 없이는 한국 측 요구의 의미가 이해되지 않을 것이라 생각한다. 당시 한국에서는 도로를 걷고 있던 사람을 끌고 가 가장 격심한 노동에 종사하도록 했다, 말하자면 소나 말 취급을 받았던 것이다, 이것이 공문서로는 포츠담 선언, 카이로 선언의 표현으로 나타난 것이다. 일본 측으로서는 동일한 일본인 취급을 했다고 말하지만, 실정은 이처럼 다르다, 이러한 취급을 받은 사람에 대해 당연히 그에 상당한 보상이 없어서는 안 될 것이라고 말했다.

(바) 요시다 주사대리는 지금 상태로는 출신지도 정확히 모르므로 명부를 분명하게 해서 받으면 원호 조치에 관해서도 비교적 신속하게 생각할 수 있는 단서가 되리라 생각한다라고 요망하였다. 이에 대해 이 주사대리는 다소의 자료는 있으나 불완전하다라고 답했다. 요시다 주사대리는 불완전한 것은 서로 마찬가지라면서, 대조에 의해 분명하게 할 수 있는 여지가 있다고 생각한다라고 했다. 그때 우리베 부주사는 일본의 현 원호법을 원용, 준용해서 개인 베이스로 지불하는 것으로 하더라도, 부상자, 행방불명자, 사망자 가족에게 전혀 돈이 도달하지 않으면 곤란하며, 또 일본 국내에 대한 설명을 위해서라도 명부의 대조가 필요하다고 설명했다. 이에 대해 이 주사대리는 우리 생각도 같다. 한국 측 손으로 본인에게 (돈이) 도달되도록 조치하겠다라고 말했다.

(사) 요시다 주사대리는 징용 등에 의해 사망, 부상당한 사람이 확실한 경우는 원호 조치를 할 필요가 있다고 생각하나, 그것에는 종전 후 여러 해가 지났고, 그간 6·25 전쟁 등에 의해 대상이 되는 사람의 조사 소재 등도 상당히 변한 상황임을 고려하면, 그것이 정당한 수취인의 손에 건너지도록 상호 구체적으로 명

백하게 해 나가자는 취지다. 일한 양 국민의 감정에 응어리가 남아있다고 한다면, 이러한 돈 문제도 하나의 요인이 되는 것은 아닌가 생각한다, 일본의 한국에 대한 생각도 예전과 지금은 확실히 달려졌으며, 양 국민의 상호 이해를 위해 상호 노력하는 것이 필요하다. 종래의 경위가 있긴 하나 상호 국민감정을 쓸데없이 자극하지 말고 서로 융화해서 나갔으면 하는 것이 우리의 목적이라고 생각한다. 그것을 위해서라도 일본 측은 한국 정부를 무시하는 의미가 아니라, 이 문제에 관해서도 한국에 살고 있는 분, 유족분들을 직접 대상으로 해서 생각하고 싶다라는 일본 측 생각에 관해 설명했다. 이에 대해 이 주사대리는 일본 측이 말하는 취지는 잘 안다. 본인의 손에 들어가도록 하는 것은 절차의 문제이며, 그것은 한국 정부 쪽에서 국내 조치로 그에 맞게 처리할 것이다. 문제는 그것과 금액, 실제 사람 수의 문제를 어떻게 생각하는가이며, 지불의 문제는 한국 정부의 손에 의해 행하고 싶다는 입장을 취하고 있다라고 반복해서 말했다. 요시다 주사대리는 사람 수라든가, 부상의 정도라든가 하는 것은 구체적으로 확인하고, 구체적으로 쌓아나가지 않으면 안 될 것으로 생각한다면서, 이것은 유가증권의 경우에는 그 증권을 제시하면 같은 문제가 된다고 생각한다. 그러기 위해서는 한국 정부 손으로 구체적인 형태의 신고를 하도록 하고, 그것을 상호 확인하는 것이 아니면 안 된다고 생각한다라고 말했다. 이 주사대리는 그러한 점은 앞으로 이야기를 더 하면 이해될 것으로 생각한다면서, 한국 측도 자료도 없이 하라고 하는 것은 아니다라고 답했다.

(4) 우라베 부주사는 (한국 측이) 1953년 5월 28일 자 비망록에 의한 명부 제출은 가능하다고 말하고 있는데, 좀 전에는 그러한 것은 없다는 이야기였으나 지금 발언은 명부를 제출하겠다고 하는 것이냐고 물었다. 이 주사대리는 한국 측 명부는 불완전하며, 그 후 조사도 하지 않았으므로 필요한 때에는 조사하지 않으면 안 된다고 생각한다라고 답했다. 요시다 주사대리는 최종적인 것은 그때그때 따라서 판단하지 않으면 안 된다라고 하면서, 구체적으로는 여러 문제가 있다고 생각하지만, 형식상으로는 구체적인 것을 쌓아 놓지 않으면 안 된다고 생각한다. 그러한 것에 의해, 일본은 급여도 지불하지 않았다고 하는 한국인의 기분을 풀어주고 양 국민이 친해지도록 해야 한다고 생각한다. 어쨌든 권리에 대한

의무 문제로서 구체적으로 처리해 나가지 않으면 안 된다고 생각한다라고 말했다. 이 주사대리는 보상은 양 국민의 친선을 위해 필요하다고 생각하며, 구체적인 명부가 절차 문제로서 필요하다는 취지인지 물었다. 우라베 부주사는 보상인가, 당연히 지불해야 할 것을 지불하는 것은 위에서 결정하는 것이지만, 이러한 것에 관해서는 우리 레벨에서도 무언가 생각하고 싶다는 것이며, 생각하는 경우의 기댈 곳으로 개인 베이스의 조사가 필요하다는 것을 설명했다. 이에 대해 이 주사대리는 명부 작성에 있어 곤란한 점은 일본 측 기록을 종전 당시 태운 것이라면서, 다수의 사람이 군인, 군속으로 동원되거나 징용된 것은 사실이나 상세는 조사 곤란이다. 한국 정부 손에 의한 신고에 기초하여 작성한 숫자는 갖고 있으나, 개인의 이름은 불완전하다라고 했다. 요시다 주사대리는 서로 자료를 갖고 와서 구체적인 케이스를 확인하는 것이 필요하며, 일본 정부가 직접 조사를 할 것인가 말 것인가는 상의해야 할 문제라고 하면서, 한국 측이 실제 피해를 입은 사람의 조사를 하는 것이 가능한지 물었다. 이 주사대리는 일본 측이 얼마를 줄 것인가 말해 주면 한국 측도 조사가 가능할 것이라고 답하고, 명부 문제는 어떻든 간에 다수가 사망, 행방불명된 것은 움직일 수 없는 사실이며, 생존자도 고통을 받았다, 사람 수의 확정은 신고받는 것도 좋으나 다른 방법으로도 가능하다고 생각한다라고 말했다. 요시다 주사대리는 이러한 사람들에 대해 한국 측에서 지금까지 어떠한 원호를 제공했는지 물었으며, 이 주사대리는 한국 측은 돈이 없어 하지 않았다라고 답했다.

(5) 다음 회의는 5월 17일(수요일) 오전 10시 30분부터 하는 것으로 합의했다.

(6) 신문 발표에 관해서는 전례와 같이 마에다, 문 양 위원에게 일임하는 것으로 하고, 양 위원의 협의 결과 다음 다음을 발표하는 것으로 했다.

(가) 요시다 주사대리가 모두에 말한 '일한 청구권 문제에 관한 미국의 견해 표명' 및 '군정법령 제33호의 일자 문제'에 관한 일본 측 견해의 개요

(나) 한국 측 청구 요강 5의 세목 (2) 일본계 통화, (3) 피징용자 미수금, (4) 전쟁에 의한 피징용 한인의 피해에 대한 보상 문제에 관해 사실문제 및 법률 문제에 관한 토의를 했다.

(다) 차기 회의는 5월 17일 10시 30분에 개최하는 것으로 합의하였다.

5월 10일 청구권소위원회 제13차 회의에서 요시다 주사대리 발언 요지

4월 28일에 열린 본 소위원회 제12차 회의에서 한국 측 이상덕 수석위원 대리께서 하신 발언에 대해 일본 측의 견해를 말씀드리고자 합니다.

평화조약 제4조 (b)항 및 주한 미군정 법령 제33호의 해석에 관한 한국 측의 발언에 대해서는 충분히 검토하였으나, 본 위원회의 제10차 회의에서 이상덕 수석위원 대리께서 하신 발언을 반복한 것이며, 제11차 회의에서 우리 측이 보충 설명한 점에 대한 답변이 되지 않은 것은 유감스러운 일입니다.

따라서 일본 측으로서는 더 이상의 논의의 반복을 피하고, 특히 한국 측에서 앞서 제9차 및 제11차 회의에서 일본 측이 언급한 제반 사항을 다시 한번 잘 검토하여 일본 측 견해에 대한 올바른 이해를 얻을 수 있기를 간절히 바랍니다.

또한, 앞서 일본 측의 설명 중 한국 측에서 오해하고 있는 것으로 보이는 점이 한 두 가지 있어 이에 대해 간단히 보충 설명드리고자 합니다.

(1) 평화조약상 한국이 일본에 대해 배상적 성격의 청구권을 주장할 근거가 없다는 것은 본 위원회에서 한국 측도 확인한 사항입니다. 그러나 다른 한편으로 한국 측은 평화조약 제4조에도 불구하고 카이로, 포츠담 양 선언 및 1945년 9월 7일자 태평양 미 육군 최고사령부 포고 제1호를 인용하여 마치 일본에 대해 광범위한 내용의 청구권을 주장할 수 있는 것처럼 발언하고 있는 것은 이해하기 어려운 점입니다.

카이로, 포츠담 선언이나 태평양 미 육군 최고사령부 포고 제1호가 한국의 청구권에 대해 아무런 언급이 없는 것은 언제나 마찬가지입니다. 연합국이 대일 평화 처리를 최종적으로 확정한 법적 문서가 평화조약이라는 것은 두말할 나위도 없습니다. 따라서 본 위원회가 대상으로 하는 청구권의 검토는 평화조약의 실체적 규정에 따라서만 이루어져야 하며, 평화조약상 근거가 없는 주장은 인정될 수 없다는 것은 너무도 명백한 사실입니다.

(2) 평화조약 제4조 (a)항의 특별협정에 대해서는 이미 일본 측의 견해를 밝혔으나,

이해를 돕기 위해 다른 각도에서 설명하면 다음과 같습니다.

즉, 평화조약 제4조 (a)항의 특별협정의 대상은 '일본국 및 그 국민의 재산으로 (제2조에 관계되는 지역)에 있는 것 및 일본국 및 그 국민의 청구권으로 현재 이들 지역의 시정을 행하고 있는 당국 및 그 주민에 대한 것' 및 '일본국에서의 이러한 당국 및 주민의 재산 및 일본국 및 그 국민에 대한 이들 당국 및 주민의 청구권'의 처리이며, 여기서 말하는 청구권이 법적으로 유효하게 성립되어 있는 것에 한정되는 것은 말할 필요도 없습니다. 그런데 동조 (b)항은 이 동 조 (a)항에서 말하는 일본재산 및 청구권 중 한국과의 관계에 있어서는 그 대부분이 법령 제33호에 의해 소멸된 것을 승인하는 의미를 갖는 것입니다. 이는 다시 말해 동 조 (a)항에 따라 본래 일본 측이 한국 측에 대해 주장할 수 있는 '일본국 및 그 국민의 재산 및 그 청구권'이 이 제4조 (b)항의 규정에 의해 소멸되었다는 것에 다름 아니며, 따라서 이 소멸의 사실이 '특별 협정의 고려에 관련을 가진다'는 미국 해석의 의미는 이 재한일본재산의 인도 사실이 제4조 (a)항에 따라 한국이 주장할 수 있는 법적으로 유효하게 성립된 청구권을 어느 정도까지 소멸 또는 충족시키는 효과를 가지는 것임을 확인한 취지에 지나지 않는다는 것은 매우 명백합니다.

(3) 법령 제33호에 관한 일본 측 견해에 대해서는 이미 밝힌 바와 같지만, 제12회 회의에서 한국 측이 행한 "법령 제33호 이전에 발포된 각종 포고령과 법령이 법령 제33호의 이른바 준비 입법으로서 관련성이 있다"라는 주장에 대해서는 제11회 회의에서 언급한 점, 즉 "일본재산의 소속 변경은 법령 제33호에 의해 처음으로 이루어진 것이며, 그 이전에 발령된 이들 제반 포고, 법령의 경우에는 해당 재산의 권리 권원 이전과 관련하여 어떠한 법적 효력도 발생하지 않는다"라는 사실에 대해 한국 측의 주의를 환기시키고자 합니다. 즉, 이들 8월 9일 이후, 법령 제33호 이전에 발령된 제반 포고와 법령은 일본재산의 동결, 대외 거래 금지를 명한 지령의 성격을 가진 것에 불과하며, 이 단계에서는 해당 일본재산의 소유권 이전 효과가 발생하지 않고 있음은 두말할 나위가 없습니다.

따라서, 12월 6일 자 법령 제33호에 의해 행해진 소속 변경 조치의 결과로 처음으로 권리 권원을 이전받은 일본재산의 범위 여부를 결정함에 있어서, 이러한 여러 포고, 법령이 법리적으로 전혀 무관하다는 것은 매우 분명합니다. 이미 일본 측이 지적한 바와 같이, 그러한 결정은 법령 제33호의 규정과 그 법률적 효과를 검토함으로써만 이루어질 수 있습니다. 법령 제33호는 그 명문의 규정상 소속 변경의 효력을 8월 9일 현재 미군 정부의 관할하에 소재하는 모든 일본재산에 미칠 의도를 가지고 있지 않다는 것이 명백할 뿐만 아니라, 설령 그 효력을 이들 재산 모두에 미치게 하고 8월 9일 이후 소재의 여하를 불문하고 소속 변경의 대상이 되게 하려는 의도를 가지고 있었다고 하더라도, 동 법령의 본질적 제약으로 인한 법적 효과의 한계에 비추어, 12월 6일 현재 미군 정부의 관할하에 소재하지 않았던 일본재산에 대해서는 그러한 의도가 법리적으로 실현될 수 없었던 것임은 앞서 제9차 회의에서 일본 측이 밝힌 견해에서 이미 밝혀진 바 있다고 생각합니다.

第5次日韓全面会談予備会談の一般請求権小委員会の第13回会合

昭和36.5.10
北東アジア課

1. 一般請求権小委員会第13回会合は、昭和36年5月10日午前10時35分から約2時間、外務省507号室において次のとおり双方委員出席の下に開催された。

日本側出席者

主査代理	大蔵省理財局次長	吉田信邦
副主査	外務参事官	卜部敏男
補佐	大蔵省理財局外債課長	桜井芳雄
〃	〃 事務官	玉置邦男
〃	〃 〃	杉田昌久
〃	大蔵省理財局外債課事務官	本多行也
〃	〃 〃	岩瀬多喜造
〃	外務省条約局条約課長	兼松武
〃	〃 法規課 事務官	~~井口武夫~~ 小和田恆
〃	アジア局北東アジア課長	前田利一

2

補　佐	外務省アジア局北東アジア課事務官	
		池部　健
〃	〃　〃	杉山千万樹
〃	〃　〃	浜本康也
〃	〃　〃	久一昌三

韓国側出席者

韓国側出席者

主査代理	韓国銀行国庫部長	李　相　徳
補　佐	日韓会談代表	李　天　祥
〃	代表部参事官	文　哲　淳
〃	韓国銀行調査部次長	洪　允　燮
〃	韓国産業銀行業務部長	洪　升　喜
〃	ソウル大学法大助教授	鄭　一　永
〃	外務部二等書記官	李　秀　佑
〃	〃　三等書記官	金　正　勳

2. 議事要旨

(1) 冒頭吉田主査代理より、「日韓請求権問題に関する米国の見解の表明」及び「軍政法令第33号の日付問題」に関する日本側見解として別添の文書を読み上げた。(別添文書は5月10日午後韓国側に手交した。)

これに対し李主査代理より、何れ文書を戴いた上で韓国側の意見を述べるが、誤解がないよう2、3意見を申し上げたい。日本側は、賠償請求に関し韓国が平和条約上根拠があるとかないとかいつているが、韓国側は平和条約第14条による戦争賠償を要求するものでなく、第4条によるクレームを要求するものであることは前にしばしば申し上げた通りである。このクレームは、韓日の多年間の支配関係による色々な内容と広範な意味をもつことは当然であつて、日本側はカイロ宣言、ポツダム宣言には関係なく平和条約の規定だけが関係をもつと言

4

われるが、韓国側としてはこの歴史的事実を考慮しないでこの問題を理解することは困難であると考える。即ち、韓日間の平和条約第4条によるクレームはこのような歴史的事実を考慮に入れて解決さるべきものであることを繰り返し申し上げたい。

また軍令33号の問題に関して日本側は、33号以前の法令、布告は日本財産の所属変更と関係なくまた、33号の準備立法でないと主張されるが、8月9日付で日本財産が所属変更されたことは33号の明文によつて明らかなことはもち論であつて、その補充説明として33号以前の布告や法令の問題を申し上げたものであるから韓国側発言の趣旨を誤解のないようお願いすると述べたので、吉田主査代理は、日本側の見解は33号以前の諸法令が財産の所有権とか権利、権原の移転に無関係であるということで、その他の点についてまで無関係で

5

あるというわけではないと述べた。

(2) 次に韓国側請求要綱分の細目(2)「日本系通貨」の問題について次のような討議を行つた。

6

(イ) 吉田主査代理より、「日本系通貨」の範囲について質問したのに対し、李主査代理は、種類が多いが日銀券が大部分である。その他政府紙幣（小額紙幣）、軍票、上海の儲備銀行券といつたところだと答えた。

(ロ) 吉田主査代理より、軍票はすべて無効とされ、結局無価値なものにしてしまわれたのではないか、と指摘したところ、李主査代理は、無効にすると宣言したことは事実だが、それは韓国側の国内措置であつて日本に対する請求権を放棄したものではないと述べたので、吉田主査代理は無価値なもので要求されることは理解できないと述べたところ、李主査代理は、それとこれとは関係がない、それならば日銀券を焼却した際日本側では何のためにこれに立会い、サインしたのかと反問したので、吉田主査代理は、日銀券焼却の問題は後で述べるが、焼いたこと自体或意味では不可解である。価値を象徴するものとして将来何らかの請求をしようというのに何故焼いたのか、債務証書にしてもそれを焼くことは或意味では権利を放棄することになるのではないか、権利として要求するに必要なものを何故焼いたか理解に苦しむものである。これは日銀券焼却の問題であるが、軍票については更に日銀券は日本では現在でも価値があるが、軍票は日本でも価値を認められないものであつて、その意味で両者には差があると述べた。これに対し李主査代理は、これは今まで伺つた中で最も理解出来ない話である。明白に韓国側政府の機関で焼却し、その記録もあり、日本側からも念のため立会つて焼いたものに対し、証文を捨てたようなものだと言われることは何とも理解し難い。また軍

8

票を無効にしたのは韓国側の国内措置であつて、無効にするなり交換するなりするのは韓国側の国内金融政策上の問題である。そんなことをいえば、今まで持つていなくてはならないかということになるのかと述べたので、吉田主査代理は、紙幣というものを焼くことがどういう意味をもつかは、皆さん通貨当局者としてよく御存じのことと思うと述べたところ、李主査代理は、焼却は個人が行つたものでなく、政府の手で、公の立場から行つたものであると繰返した。そこで吉田主査代理は、焼却の事実を確認したということは聞いているが、焼くことによつて日本銀行に債務が残ることを確認する書類をとつたのか、日銀側は立会えと言われて立会つたまでで、それだけでは無意味ではないか、これだけのものを焼くがその額は貸しにするぞという文書をとら

9

れているかどうか、寧ろ問題はそれに懸つてくると思うと述べたところ、李天祥委員は、証拠があるかないかという問題なら記録もあるし、日本側を立会わせた趣旨がそういうことを明白にするためであり、一方的に焼いたものではないと説明し、李主査代理は、日銀券に関するクレームに日本側が応ずる義務があるとかないとかいう議論ならまだしも、焼いたから請求権として完全でないという議論は理解できないと述べた。これに対して、吉田主査代理は、われわれは結論を出そうとしているのではなく、紙幣にしろ証文にしろこれを焼くことは相当重大な問題であるからそれに対する債権を確認する措置をとつておかれたかどうかという事実を明確にさせたいのであると述べたところ、李主査代理は、日本側立会いの上で焼いたことは事実であつて、問題点は、証拠物である銀行券を焼いたから請求権として不充分であるということか、それとも他に意味があつてそういう議論をされるのか理解できないと述べたので。吉田主査代理は、関係書類を見せて貰いたいが、日本側が立会つて焼いたことによつて、日銀券であれば日本銀行が、政府紙幣であれば政府が、債務であることを了承するという意味で焼かれたのかを伺いたいのだと説明したところ、李主査代理は、韓国側が日本側の代表立会いの上で紙幣を焼いたのは、それを日本に請求するという意味であることは勿論であつて、そうでなかつたらわざわざ立会いを要求する意味がないではないかと述べた。そこで吉田主査代理より、例えば自分達が韓国の通貨をもつていてそれを韓国側の銀行員を立会わせて焼いたとする。その事実で請求すれば韓国側では直ちに

11

支払うのかと尋ねたが、李主査代理は、それでは日本側は何の意味で立会つたのかと反問したので、吉田主査代理は、日本側としては立会えと言われたから立会つたまでで、立会の意味がどこまで明らかにされていたかという問題であると答えたところ李主査代理は、韓国側は現物をとつておく必要がないと認めたから焼いたので、立会いは後日の関係を考えたからであると述べた。そこで卜部副主査より、立会及び焼却の事実は明らかであるが、それに基づいてクレームを提起するということがはつきりしていたかどうかという点を伺つているのであると述べ、また吉田主査代理より、それだからこそ債券、債務の関係を明確にしておくべきではなかつたか、日本側が債務を認めるという手続上の措置が必要でなかつただろうかと述べたところ、李天祥委員は、

12

請求権の有無が根本問題であると述べ、また李主査代理は、焼いた事実が請求権に影響を与えるような日本側の理論は遺憾である。通貨債務を払うかどうかというのが基本的な問題であると述べたので吉田主査代理は、普通、紙幣を焼くことによつて直ちに債権、債務を生ずると言い得るだろうかという常識的な問題を提起しているにすぎないと述べ、更に、それでは焼いただけで債務は確認していないわけかと尋ねたところ、李主査代理はそうは考えないと述べたので、吉田主査代理は、更にそれを日本側に確認させた書面があるかと尋ねたところ、李主査代理は。それは書面をみれば分ることであると答えた。

(ハ) ト部副主査より、日銀行員が立会つて焼いた中には政府紙幣も入つていたかと尋ねたのに対し、李主査代理は、これを肯定した上儲備券も軍票も含まれていたと答えたので、ト部副主査は、日本銀行と関係ないものまで日銀行員が立会つたわけか、儲備券は日銀にも日本政府にも関係がない建前になつていたと述べた。李主査代理は反対に申せば現物をもつておれば請求権は無条件だが、焼いたから認めぬということかと尋ねたので、吉田主査代理は、自分は結論を言つているのではなく只事実を明確にするために議論しているのであると答えた。

(ニ) 吉田主査代理より、焼却日銀券の中には新円も入つていたように聞いているがどうかと尋ねたのに対し、李主査代理は、韓国側の記録には新円、旧円の区分はしていないと答えた後、旧円に千円札があ

14

つたかどうか新円発行の時期について尋ねたので吉田主査代理は、旧円は百円までで千円札はなかつた、新円の発行は昭和21年3月頃で、千円札の発行は更に後だと思うと答えたところ、李主査代理は、第1回の焼却は1946年4月22日で、その中には千円札が2億円近くあつた。新旧円の関係は分らないが多分新円は含まれていなかつたように思うと述べたが、当時旧円の千円札が発行されていたか否かについては日本側でも不確かな点があるので再調査することにした。

(ホ) 吉田主査代理より、焼却は占領軍の行為ということになるのかと尋ねたのに対し、李主査代理は、それを肯定しSCAP、韓国の方の軍政当局、旧朝鮮銀行、日本銀行の四者立会いの下で行なわれた旨答えた。

(ヘ) 吉田主査代理より、当時鮮銀券が不足

15

していたため、日銀券にスタンプを押して鮮銀券の代用として流通させる計画があつたように聞いており、そのため未発行の日銀券が終戦当時相当持ち込まれていた筈だがその点について伺いたいと述べたところ李主査代理は、焼却したものはすべて流通紙幣であつた。また日銀券にスタンプを押して通用させたことは記憶にもないし銀行の計画にもなかつたと思うと答えた。

(ト) ト部副主査の質問に答え李主査代理は、当時朝鮮では日銀券と鮮銀券が両方通用していた旨説明したので、吉田主査代理より、当時朝鮮で流通していた日銀券の量は多くなかつたように思う。焼却した中には引揚韓国人の持ち帰り円も相当入つていたのではないかと尋ねたのに対し李主査代理は、そういうものは含まれていなかつたと答えた。

16

(チ) 李主査代理は、ついでに申し上げるが、この他に韓国側に現物で残っているものが約600万円、動乱の際緊急措置として日本側の立会いなしに焼いた分が約200万円あると述べた。

(リ) 吉田主査代理より、これらのものを請求されるということは具体的には、これに見合うだけの円を要求するという意味かと尋ねたのに対し李主査代理は、そのとおりであると答えた。

(ヌ) 吉田主査代理より、焼却分についての書類を戴けるかと尋ねたのに対し李主査代理は、必要なときは何時でも差上げると答えた。

17

(3) 続いて韓国側請求要綱5の細目(3)「被徴用韓人未収金」の問題について次のような討議を行なつた。

(イ) 吉田主査代理より、韓国側は被徴用韓人の数について調べた資料があるかと尋ねたのに対し李主査代理は、韓国側にはない。

1950年10月21日のSCAPの手紙に基いて日本側で調査されたものがあると聞いていると答えたので吉田主査代理は、韓国側では1946年に申告をとられたと聞いているが、と尋ねたところ李主査代理は、そういう事実はない、日本側の資料を戴きたいと述べた。そこで吉田主査代理は、日本側では被徴用者の未払金についてある程度の調査はしたが、北鮮に帰つた者等もあるのでその意味では不完全であるから双方の資料をつき合わせたいと思うと述べた。

18

(ロ) 李主査代理より、未収金の総額はお分りかと尋ねたので卜部副主査より、完全ではないが一応のものはあると答え、吉田主査代理は、日本側では一応当時の会社について調べてある。また金額は供託させる方法で残してあるが、属地性の点については調査していないと述べた。

(ハ) 吉田主査代理より、未払給与については終戦後一部各地の朝鮮人連盟から強硬な要求があつて支払つたものが若干あると説明したのに対し李主査代理は、分りましたと述べた。

(ニ) 吉田主査代理より、朝鮮内部で徴用されたものは無関係ですねと念を押し、李主査代理はこれを肯定した。更に吉田主査代理は未収金の範囲については国民徴用令等で自ら明白になつていると思うと述べた。

(ホ) 最後に韓国側請求要綱5の細目(ホ)「戦争

による被徴用者の被害に対する補償」の問題については、次のような応酬があつた。

(イ) 吉田主査代理より、本件項目はどういう意味かと尋ねたのに対し李主査代理は、この項目には一般労務者の他に軍人軍属全部を含めて、~~それぞれ~~生存している者、負傷、死亡した者に対してそれぞれ補償してもらいたいという意味である人数等については日本側に相当資料があると思うと述べた。

(ロ) 吉田主査代理より、「補償」の意味について、例えば国民徴用令には遺族扶助料とか埋葬料の規定があり、その他の場合には工場法、工業法等に同様の規定があり、軍人軍属についても同じような規定があり、そういうもので未払金として計上してあるが、そういうもののことであるかと尋ねたのに対し、李主査代理は、これはそれとは別個に、韓国側としては

20

新しい基礎の上に立つて相当の補償を要求するものであると答えたので卜部副主査より、新しい基礎とはどういう意味かと尋ねたところ、李主査代理は、強制的に動員し、精神的、肉体的苦痛を与えたことに対し相当の補償を要求することは当然だと思うと答えた。これに対し吉田主査代理より、種々問題はあると思うが、当時は一応日本人として徴用されたわけで、これらの者に対し韓国側で、日本人に対してとられていたと同じような援護措置をとつてほしいということか、又は、別の立場で考えてほしいということかと尋ねたところ、李主査代理は、韓国側は新しい立場で要求しているのである。当時韓国人は日本人として徴用令が適用されたといわれるが、われわれはそう考えていない。日本人が日本人として戦争のために徴用されることは別の話で、われわれは全く強制的に動員され、又非常に虐待をうけたのであるからその意味で考え方を変えて理解していただきたいと述べた。

22

(ハ) 吉田主査代理より、これに関する要求は個人に対して支払つて欲しいということかと尋ねたのに対し李主査代理は、国として請求して、国内での支払は国内措置として必要な範囲でとると答えた。そこで吉田主査代理は、自分達としては死亡者、傷病者に対してはできるだけのことはしたいという気持をもつている。遺族の場合には相続人に対し援護する等ということになると思うが、韓国側で具体的な調査をされ、それを日本側とつき合わせをする用意があるかと尋ねたところ、李主査代理は、勿論そういうふうに考えているが、それはこの会議と直接関係がないと思う。それは韓国側の国内措置でやるべき問題だと思うと答えたので卜部副主査は、韓国側の言われる新らしい基礎に立つ補償とか、支払の方法も個人ベースによらないということはわれわれの

terms of reference と離れてしまつたように思うと述べた。

(二) (前項の未収金の問題について)吉田主査代理は、自分としては未収金は払うべきであり、また払い得る措置がとられているものである。これらは元来被徴用者が正式な手続を経てやめていればそのとき支払いえたものが、今日まで国交が正常化していなかつたため支払が円滑に行なわれなかつたもので、これは両国政府のあつせんで直ぐにでも支払われるようにすることが必要ではないかと考えている。この問題は以前の会談でも具体的な相談に移ろうという話であつたもので日本側でもこれは明らかに債務として支払の準備をしていたわけである。実際問題として早急に処理した方がいいと思うので韓国側でもあつせんして調査をして貰いたい。只これが本人の手に渡らない

24

ようでは意味がないと思うと述べた。

(ホ)（再び補償金の問題に戻り）李主査代理より、補償金の場合、日本人で死亡したり傷病した者に対しては援護をしておられるようだが、まして外国人を強制的に動員して、それが死亡したり傷病者に対しては相当の補償金を出すべきであると述べたので、吉田主査代理は、徴用当時は外国人でなく、終戦によつて外国人になり同時に徴用を解かれたもので、そういう援護をどうするか当然考えなければならない面もあると思う。現に日本内地に家族のある被徴用韓人、軍人軍属であつた者に対しては援護を行なつているが、朝鮮の場合はそれが届き得ないのだと説明した。これに対し李主査代理は、日本の援護法によると韓国人は除外されているので１９４５年以後死亡者、傷病者に対しては援護されていない。当時日

25

本人であつた云々ということについては、事実関係の考慮なしに韓国側の要求の意味は理解されないと思うので申し上げるが、当時韓国では道路を歩いている者を引つぱつて行つて最も激しい労働に従事させられたもので、言わば牛馬の扱いを受けたものである。これが公の文書としてはポッダム宣言、カイロ宣言の表現となつて現われたものである。日本側では同じ日本人の扱いをしたと言われるが実情はこのように違うのであつて、このような扱いを受けた者にに対し当然相当な補償がなくてはならないと述べた。

26

(ヘ) 吉田主査代理より、今の状態では、出身地も正確には分らないので名簿を明かにして載くと援護措置についても比較的早く考え得る手懸りになると思うと要望したのに対し李主査代理は、多少の資料はあるが不完全なものであると答えたので、吉田主査代理は、不完全なのはお互いさまで、つき合わせによつてはつきりさせ得る余地があると思うと述べた。その際卜部副主査よりも、日本の現在の援護法を援用、準用して個人ベースで払うことになるとしても傷病者、行方不明者、死亡者の家族に全然金が届かないようでは困るし、又日本側国内に対する説明のためにも名簿のつき合わせが必要である旨説明したのに対し、李主査代理は、われわれの考えも同じであつて、韓国側の手で本人に届くように措置すると述べた。

(ト) 吉田主査代理は、徴用等により死亡、負傷した人がはつきりしている場合は、援護措置をする必要があると思うが、それには終戦後年数もたち、その間朝鮮事変等によつて対象となる者の調査所在等も相当変つている状況を考慮して、それが正当な受取人の手に渡り得るなら相互に具体的に明白して行きたいという趣旨である。日韓両国民の感情のわだかまりが残つているとすれば、こうした金の問題もその一因になつているのではないかと考えている。

日本の韓国に対する考え方も昔と今では確かに変つてきているが、両国民の相互理解のために相互に努力することが必要である。

従来のいきさつはあろうが、相互の国民感情を徒らに刺激することなく互いに融和して行こうというのがわれわれの目的であると思う。そのためにも日本側は

28

韓国政府を無視するという意味ではなく、この問題についても韓国に居られる方、遺族の方々を直接対象として考えたいということであると日本側の考え方についてるる説明した。これに対し李主査代理は、日本側のいわれる趣旨はよく分る。本人の手に届くようにすることは手続の問題であるが、それは韓国政府の方で国内措置として然るべく処理する。問題はそのことと金額と実際の人数の問題をどう考えるかであつて、支払の問題は韓国政府の手で行ないたいという立場をとつていると繰り返し述べたので吉田主査代理は、人数なり、傷病の程度なりは具体的に確認し、具体的に積み上げてゆかねばならぬと考えており、これは有価証券の場合にはこれを提示すると同様の問題であると思う。そのためには韓国政府の手で具体的な形の申告を行ないそれを相

29

互に確認するという筋合のものでなければならぬと思うと述べたところ李主査代理は、その点は更に話を進めれば理解されると思うが、韓国側も資料もなしによこせというのではないと答えた。

30

(44) ト部副主査より、1953年5月28日のエイドメモによると名簿の提出はできると言つておられるが、先程はそんなものはないというお話しであつたが、ただ今の発言は名簿を出すということかとたずねたのに対し李主査代理は、韓国側の名簿は不完全であり、その後調査もしていないので必要なときは調査しなければならぬと思うと答えた。そこで吉田主査代理は、最終的なものは場合場合によつて判断されねばならず、具体的には種種問題があると思うが、形としては具体的なものの積上げということにならざるをえないと思う、そういうことによつて、日本は給与も支払わなかつたという韓国人の気持を和らげて両国民が親しくなれるようにすべきだと考えているが、とにかく権利に対する義務の問題として具体的に処理して行かねばならぬと思うと述

31

べたところ、李主査代理は、つぐないは両国民の親善のため必要だと思うが、具体的な名簿が手続の問題として必要であるとの趣旨かとたずねたので、卜部副主査より、つぐないというか、当然支払うべきものを支払うということは上で決めることだが、こういうものについては、われわれのレベルでも何か考えたいということであり、考える場合のより所として個人ベースの調査が必要であるということだと説明した。これに対し李主査代理は、名簿作成のため困難なのは日本側の記録を終戦当時焼いたことで、多数の人が軍人、軍属として動員、又は徴用されたことは事実だがdetailは調査困難である。韓国政府の手で申告に基いた数字はとつてあるが個人の名は不完全なものであると答えたので、吉田主査代理は、互いに資料を持ちよつて具体的ケースを確認し合うことが必要だが、日本政府が直接調査をするかどうかは相談の問題である。韓国側として実際に被害を受けた者の調査をすることができるかとたずねたところ李主査代理は、日本側でいくら呉れるかを言つてくれれば韓国側でも調査ができると答えたが更に名簿の問題はいずれにせよ、多数が死亡、行方不明になつたことは動かし得ない事実で、生存した者も痛手を蒙つている。人数の確定は、申告させることも結構だが他の方法でもできると思うと述べた。

吉田主査代理より、こういう人達に対し韓国側で今まで何らかの援護をされているのかとたずねたところ、李主査代理は、韓国側は金がないのでやつていないと答えた。

(5) 次回会合は、5月17日(水曜日)午前10時30分よりとすることを申合わせた。

(6) 新聞発表については、前例どおり前田、文両委員に一任することを申合わせ、両委員打合わせの結果次の事項を発表することとした。

(イ) 吉田主査代理が冒頭に述べた「日韓請求権問題に関する米国の見解の表明」及び「軍政法令第33号の日付問題」に関する日本側見解の概要

(ロ) 韓国側請求要綱5の細目(2)「日本系通貨」(3)「被徴用者未収金」(4)「戦争による被徴用韓人の被害に対する補償」の問題について、事実問題及び法律問題についての討議を行つたこと

(ハ) 次回会合は5月17日10時30分に開催することを申し合わせたこと。

5月10日請求権小委員会第13回会合における吉田主査代理の発言要旨

4月28日に開かれた本小委員会の第12回会合において、韓国側李相徳主査代理が行なわれた発言に関して、日本側の見解を一言申し述べておきたいと思います。

平和条約第4条(b)項及び在朝鮮米軍政府法令第33号の解釈に関する韓国側の発言については十分検討いたしましたが、それが本委員会の第10回会合において李主査代理の行なつた発言を繰りかえされたものであつて、第11回会合においてわが方から補足説明した点に答えられておらないのは、残念なことであります。したがつて日本側としては、これ以上議論の繰りかえしに入ることを避け、特に韓国側において、さきに第9回及び第11回会合において日本側から申し述べた諸点をもう一度よく吟味の上、日本側見解の正しい理解を得られるよう切望いたします。

なお、さきに行なつた日本側説明の中、韓国側で誤解しておられるように見受けられる点が１、２ありますのでこれらの点につき簡単に補足説明しておきたいと思います。

(1) 平和条約上、韓国が日本に対して賠償的性質の請求権を主張する根拠のないことは、本委員会において韓国側も確認された点であります。しかるに、他方において韓国側は、平和条約第４条によりつつもカイロ、ポツダム両宣言及び１９４５年９月７日付太平洋米国陸軍最高司令部の布告第１号を引用せられ、日本に対し広汎な内容の claim をなしうるかの如き発言をしておられるのは理解に苦しむところであります。

カイロ、ポツダム両宣言又は太平洋米国陸軍最高司令部布告第１号が韓国の請求権について何ら言及していないことはいうまでもありません。

連合国がその対日平和処理を最終的に確定した法的文書が平和条約であることは申すまでもありません。したがつて本委員会が対象とする請求権の検討は、平和条約の実定的規定にしたがつてのみ行われるべきものであつて、平和条約上根拠を有しない主張が認められないことは余りにも明白であります。

(2) 平和条約第4条(a)項における特別取極については、既に当方の見解を述べておりますが更に理解を深めるために、別の角度から説明すると次のとおりになります。

即ち、平和条約第4条(a)項における特別取極の対象となるのは、「日本国及びその国民の財産で(第2条にかかげる地域)にあるものならびに日本国及びその国民の請求権で現にこれらの地域の施政を行つている当局及びそこの住民に対するもの」ならびに「日本国におけるこれらの当局及び住民の財産ならびに日本国及びその国民に対するこれらの当局及び住民の請求権」の処理であつて、ここでいう請求権が法律上有効に成立しているものに限られることはいうまでもありません。しかるに、同条(b)項はこの同条(a)項にいう日本財産及び請求権の中、韓国との関係においてはその大部分が法令第33号によつて消滅せしめられたことを承認するという意味をもつものであります。このことは、いいかえれば、同条(a)項に従つて本来ならば日本側が韓国側に対して主張しうるはずの「日本国及びその国民の財産ならびにその請求権」がこの第4条(b)項の規定によつて消滅したということに他ならず、したがつてこの消滅の事実が「特別取極の考慮において関連をもつ」という米国解釈の意味は、この在韓日本財産引きわたしの事実が第4条(a)項に従つて韓国の主張しうるものとしての、法律上有効に成立している請求権をある程度まで消滅又は充足せしめる効果をもつものであることを確認した趣旨に他ならないことは極めて明瞭であります。

(3) 法令第33号に関する日本側見解については既に明らかにしたとおりでありますが、第12回会合において韓国側が行なつた「法令第33号以前に発布された諸布告令と法令とが法令第33号のいわゆる準備立法としてrelevantである」という主張については、第11回会合において申し述べた点、すなわち「日本財産の所属変更は法令第33号によつてはじめて行なわれたものであつて、それ以前に発せられたこれらの諸布告、法令の場合には、当該財産の権利権原の移転に関しては何ら法律的な効果を発するものではない」という事実に重ねて韓国側の注意を喚起したいと思います。すなわち、これら8月9日以降、法令第33号以前に発せられた諸布告、法令は日本財産の凍結、対外取引の禁止を命じた指令たる性質をもつものにすぎず、この段階では、当該日本財産の所有権移転の効果が発生していないことはいうまでもありません。

したがつて、１２月６日付の法令第３３号によつて行なわれた所属変更措置の結果として、はじめて権利権原を移転せしめられた日本財産の範囲如何を決定するに当つては、これらの諸布告、法令が法理上全く irrelevant であることはきわめて明らかであります。すでに日本側が指摘してきたとおり、かかる決定は、法令第３３号の規定と、その法律的効果とを検討することによつてのみなされるものに他なりません。法令第３３号は、その明文の規定上、所属変更の効果を８月９日現在米軍政府の管轄下に所在した、すべての日本財産に及ぼす意図を有していないことが明瞭であるのみならず、たとえその効果をこれら財産のすべてに及ぼし、８月９日以後の所在の如何をとわず所属変更の対象としようとする意図を有していたとしても、同法令の本質的制約から生ずる法律的効果の限界に鑑み、１２月６日現在米軍政府の管轄下に所在しなかつた日本財産については、かかる意図が法理上実現されえなかつたものであることは、さきに第9回会合において日本側が申し述べた見解においてすでに明らかとなつているものと考えます。

9. 제6차 한일회담 진행 방법, 1961. 10. 16

한국 외교문서 726, 제6차 한일회담 본회의 회의록 및 종합 보고, 1961-62. 2

제6차 한일회담 개최를 앞두고 작성한 대표단에 대한 훈령이다.

이 훈령에 피징용자에 대한 보상금을 포함, 한국 측이 일본 측에 요구하는 청구권 액수가 상정되어 있다.

국가재건최고회의 의장 외교국방 위원장

내각수반 다음과 같은 공문을 발송. 시행함이 어떠하오리까

장관

차관

정무 국장

아주과장

기안자

0680

편찬류별	류	단기 429 년 월 일	기안
보존종별	종	단기 429 년 월 일	결재
기장	발송	단기 429 년 월 일	발송. 시행

외정 (아) 412제 호

단기 4294년 10월 16일

외무부

귀하

건 명: 제6차 한일회담 진행방법

오는 10월 20일부터 일본 동경에서 개최되는 제6차 한일회담의 진행방법 및 정부 기본방침에 관하여 제6차 한일회담 수석대표에게 다음과 같이 훈령할 것을 건의함.

훈 령 안

외정 (아) 제 118 호

단기 4294년 10월 17일

외무부장관

제6차 한일회담 수석대표 귀하

제목: 제6차 한일회담 진행방법 (제6차 한일회담 정부훈령 제1호)

오는 10월 20일부터 일본 동경에서 개최되는 제6차 한일회담의

진행방법 및 정부 기본방침에 관하여 다음과 같이 훈령함.

기

1. 일반훈령

가. 회의 용어

한국어, 일본어 및 영어를 회의용어로 하고, 통역관을 둔다.

나. 보고서의 제출

1) 전문 보고

본회의, 각 분과위원회 회의, 전문가 회의 및 기타 비공식 회의의 개최상황, 토의내용 및 그 결과등에 관하여 즉시 전문으로 본부에 보고한다.

2) 회의록의 작성 보고

상기 각 회의의 회의록을 작성하여 본부에 보고한다.

3) 정기 보고

매 2주 1회 청훈 또는 건의사항을 포함한 정기 종합보고서를 본부에 제출한다.

다. 회의 개최수

1) 본회의는 필요에 따라 수시 개최하도록 한다.

2) 각 위원회 회의는 매주 1회 이상 개최하도록 한다.

라. 본부에 대한 청훈

본 훈령의 범위 외의 사항을 논의 또는 언급할 경우에는 필히 본부의 사전 허가를 얻어야 한다.

마. 공보활동

한일회담과 관련된 제반 사항의 발표 및 대외선전등 공보활동은 수석대표의 지휘 감독하에 주일대표부 공보관 (이계련)이 행한다.

바. 신문발표

1) 본회의, 각 위원회 회의, 전문가 회의 및 기타 회담과 관련된 비공식 회의의 개최상황, 토의내용 및 결과등에 관한 신문발표는 각 회의에서 양측이 발표하기로 합의된 사항에 한한다.

2) 기타 사항의 발표는 본부의 사전 허가를 얻어야 한다.

사. 대표단의 서무

1) 대표단원중 1명을 지명하여 대표단의 행정 및 재정사무를 담당하게 한다.

2) 대표단의 경비는 주일대표부의 경비와 분리하여 별도로 집행한다.

2. <u>재일한인 법적지위 위원회</u>

가. 회의 진행방법

1) 법적지위 문제에 관한 일반적인 토의는 제5차 한일회담 예비회담시에 일단 종결된 것으로 하고, 금차회담에서는 전차회담에서 합의된 사항을 제외한 부분에 한하여 토의를 진행하도록 한다. 단, 제5차 회담에서 합의된 사항에 대하여서는 각문제 (미합의)의 토의를 개시하기 전에 재확인하도록 한다.

2) 토의 진행방법으로서는 우선 각 문제점에 관하여 원칙적인 점을 토의하고, 양측의 합의가 성립된 연후에 구체적인 ~~협정문~~ 합의의사록을 작성하기로 한다.

~~단, 이 경우에 있어서도 각 조문의 최종적인 결정은 본부의 훈령을 받은 후 행한다.~~

나. 문제점에 대한 우리의 입장

1) 영주권의 부여범위

제2차 대전 종결 이전에 도일하여 본 협정 발효당시까지 계속하여 일본에 거주하는 자의 자손으로서 본 협정 발효당시까지

출생한 자에 대하여는 당연히 영주권을 부여하기로 하고, 그 이후에 출생하는 자에 대하여는 본 협정 발효 20년후 양체약국중 일방의 요청이 있을때 재검토 하기로 한다.

영주권을 부여 받은자와 그 자손은 본인들의 희망에 따라 수시로 특별한 조건 없이 일본인으로 귀화할수 있도록 한다.

2) 영주권 부여방법

영주권 해당자 (배우자 포함)는 신청서의 제출로서 일본국으로 부터 영주권을 부여 받기로 하되, 신청서에는 본협정의 관계 조항에 의하여 영주권을 신청한다는 뜻을 명시하기로 한다.

3) 퇴거 강제

일본국 헌법 또는 정부를 혁명 또는 폭력에 의하여 파괴 내지 전복하려는 죄로서 유죄판결은 받은 재일한인에 한하여 퇴거강제의 대상이 되도록 한다.

4) 영주권 신청 기간

영주권의 신청기간은 본협정 발효후 5년간으로 한다.

5) 재산권 및 직업권

재일한인은 그들이 제2차 대전 종결당시에 일반적으로 향유하고 있던 일체의 권리를 계속 인정 받도록 한다.

6) 생활 보호

영주권이 허가 된 자로서 생활보장법에 해당하는 빈곤한 자에 대하여는 계속 일본인과 동등한 보호를 주도록 한다.

7) 재산반출 및 송금

재산반출 품목에서 제외될 범위는 마약등과 같은 금지품 및 객관적으로 상품으로 인정되는 품목으로 국한 하되, 산업용 기계등은 한국정부의 확인을 조건으로 제한하지 않도록 한다.

또한 영주 목적으로 귀국하는 자에 대한 이시 송금은 매세대 당 10,000불까지로 하고, 잔여금은 과중한 조건없이 송금할 수 있는 특별계정에 예치하도록 한다.

8) 극빈자에 대한 귀국 보조금

일본의 생활 보호법의 적용을 받는 극빈자 한인으로서 귀국을 희망하는 자에 대하여는 일본정부가 매세대 당 2,000불을 지급하도록 한다.

9) 국적 확인 문제

본 문제는 일단 조장하여 보기로 하되, 회담 진행에 따라 대표단이 적당하다고 사료되는 바에 따라 처리한다.

3. <u>일반 청구권 위원회</u>

가. 회의 진행 방법

1) 일본측으로서는 제6차 한일회담 예비회담에서 토의 미진된 부분인 대일청구 요강 제5항의 잔여 부분의 토의를 주장할 가능성이 있으나, 우리측으로서는 일반적인 토의는 제6차 회담에서 일단 끝난 것으로 하고, 본 회담에서는 제1항목부터 시작하여 토의를 계속하기로 한다.

2) 청구 토의에 수반되는 증거의 세부적 대사 사무는 회담의 조속한 진행을 위하여 가급적이면 피하도록 한다.

3) 상기 회의에 있어서는 법적 이론에 관한 최종적인 결론 또는 증거대사에 관한 결정적인 언질을 주는 일이 없도록 하여야 한다.

4) 대표단이 제출한 청구액은 회담 진행 도중 변경할 필요가 있을 시에는 본부의 사전 허가를 받은 후 행하여야 한다.

4. <u>평화선 및 어업 위원회</u>

가. 회의 진행 방법

1) 대표단은 회의 개시와 동시에 당분간 어업 자원론을 계속하고, 앞으로 아측이 어업 자원 보존수역으로 새로이 획정한 선을 확보하는 방향으로 회의를 전개한다.

2) 평화선은 국방상의 목적으로 계속 유지하도록 하고, 한일간의 어업문제는 협정체결로서 해결한다.

3) 대한민국의 법률에 의하여 설정된 일체의 어업 금지구역은 협정상에서도 인정되어야 한다.

4) 협정체결 대상수역으로서는 2개의 규제구역으로 구분한다.

ㄱ) 한국연안으로부터 40마일 이내의 수역은 단독규제구역으로 하고, 동구역내에서는 대한민국이 단독적으로 관할권 (재판 관할권 포함)을 행사한다.

~~단, 재판관할권 문제는 정세에 따라 재고할수 있다.~~

ㄴ) 한국연안으로부터 40마일 이외의 수역은 한일간의 공동규제의 대상수역으로 한다.

5) 전기의 40마일 측정의 기산점은 직선기선방식에 의하기로 한다.

6) 어업자원론이 일단락 되면, 아측은 "한일간의 어업협정 체결을 위한 기본요강" 을 제출하기로 한다.

ㄱ) 기본요강중에는 협정대상 수역을 표시하되, 직선기선 방식을 기산점으로 한 40마일 수역을 경도 및 위도로서 표시한다.

ㄴ) 어업규제방법, 공동위원회의 설치, 협정의 성격 (잠정적인 것인가의 여부)등 제반 기술적인 문제는 대표단이 적당하다고 사료되는 방법을 본부에 건의하여 그의 승인을 얻은 다음 기본요강중에 포함시키기로 한다.

ㄷ) 本委員会의 会議進行은 一般討議와 小委員会에서의 進展成果를 勘案하여 調整한다.

5. 선박위원회

가. 회의 진행방법

1) 본 위원회의 토의에 있어서는 법이론문제에 관한 토의는 회담의 조속한 진행을 위하여 가급적이면 피하도록 하고, 각개 선박에 대한 대사사무에 치중하도록 한다.

2) 각 의제에 대한 토의의 순서는 과거 회담에서의 예에 따라 의제 A, B, C, D 의 순위로 행하도록 한다.

3) 과거 회담에서 우리측이 제출한 의제 A 해당 선박 310척 및 이중 일본측이 한국치적선으로 확인한바 있는 선박 26척은 금차회담에 있어서도 그대로 유효한 것이라는 것을 회의시초 재확인 하도록 한다.

4) 의제 A (1945년 8월 9일 현재 한국 치적선의 반환에 관한 건) 에 관한 토의

ㄱ) 제5차 한일회담 예비회담에서 우리측이 추가로 제출한 202척의 선박중 일본측이 조사결과를 우리측에 통보하지 않은 124척의 선박에 대한 그후 조사결과를 일본측으로 부터 통보받도록 한다.

ㄴ) 전기 124척의 미조사분에 대한 토의가 어느 정도 진행되면 대표단에서 작성한 402척 (총 37,406.83톤)의 추가 선박명단을 한국측의 최종적인 것으로서 일본측에 제출한다. 단, 동 추가명단의 제출시기는 회의 진행에 따라 대표단이 결정한다.

ㄷ) 과거 회담에서 제출한 310척 및 금차회담에서 제출한 402척 도합 712척에 대한 사실조사가 일단락되면, 이미 일본측이 전차회담에서 조사완료한 선박중 치적사실이 확인되지 않은 분에 대한 우리측의 그후 조사사항을 제시하도록 하고 이에 대한 일본측의 반증이 재차 있을 때에는 그 문제는 미해결 상태로 남겨두기로 한다.

5) 의제 B (1945년 8월 9일 또는 그후 한국수역에 소재한 선박의 반환에 관한 건)의 토의에 있어서는 법이론은 보류하고 사실대사에 그치도록 하며, 만일 일본측이 의제 B 에 관한 토의에 응하지 않을 경우에는 우리측은 의제 C 또는 의제 D 와 토의에 응하지 않는다.

6) 의제 C (한국에 대여한 선박 5척의 반환의 건) 에 관하여는 우리측은 동선박이 의제 A 에 해당하는 한국치적선으로서 이미 반환된 것으로 간주한다는 것을 주장하고, 일본측이 다만 동선박에 관한 현상 또는 기타 필요한 사항에 관하여 조회하여 왔을 경우에는 이에 응하도록 한다.

7) 의제 D (한국에 나포된 일본어선에 관한 건) 에 해당되는 161척의 문제는 실무자회의에서는 토의하지 않기로하고 양측의 고위측 간에서 해결하도록 하자는 전차회의의 예에 따르기로 한다.

6. 문화재 위원회

가. 회의 진행방법

1) 일본이 1905년 이래 한국으로부터 불법 또는 부당한 방법으로 반출하여 간 한국문화재로서 다음 7개항목을 토의의 대상으로 하여 회의를 진행하도록 한다.

ㄱ) 일본정부에서 중요 문화재 또는 중요미술품으로 지정한 문화재.

ㄴ) 소위 조선총독부 또는 조선 고적연구소에 의하여 반출된 문화재

ㄷ) 소위 총독 또는 통감에 의하여 반출된 문화재 .

ㄹ) 경상 남북도 소재 분묘 및기타 유적에서 출토된 문화재.

ㅁ) 고려시대 분묘 기타 유적에서 출토된 문화재.

ㅂ) 서화, 전적 및 지도원판

ㅅ) 일본 개인이 소장하고 있는 각종 문화재

2) 본 위원회에 일본 문부성 관계관을 정식 대표로서 참석 시킬 것을 일본측에 요구하고, 만일 일본측이 이에 응하지 않을 경우에는 제5차 한일회담 예비회담에서와 같은 전문가 회의를 개최하도록 하되, 동 전문가회의를 위원회에서 공식회의로 확인하도록 한다.

단, 일본측이 위의 두가지 경우에 대하여도 응하지 않을 시에는 전차 회담에서와 같은 성격의 전문가회의를 개최 하여 이를 앞으로 계속해나가므로서 기정사실화 하도록 한다.

3) 전문가 회의에 있어서는 전차 회담에서 토의하여오던 재일 한국문화재의 상태에 관한 실태조사를 계속하도록 한다.

4) 문화재의 반환범위, 반환방법등에 관하여는 앞으로 정치회담에서 토의하기로 미루고 실무회의에서는 오로지 일본측 전문가로 하여금 우리의 반환요청이 정당하다는 것을 납득하도록 하는 방향으로 회의를 진행한다.

추기 : ~~본 운영범위 이내에 관한 사항은 일체 대표단의 재량으로 행한다. 에따라~~

本訓令事項施行에 있어서는 代表團은 最善의 方法이라고 생각하는바에 따라 首席代表의 承認을 얻어 伸縮性 있는 交涉을 推進하는것으로 한다

회 의 요 록

1. 개최 일시 : 단기 4294년 10월 17일 오후 3:30—5:30

2. 개최 장소 : 국가 재건 최고회의 회의실

3. 참석자 : 박 의장, 송 내각수반, 유 외교국방 위원장,

김홍일 의장 고문, 이용희 교수

(대표단 관계)

배의환 수석대표, 이한기 고문, 김윤근 대표,

이천상 대표, 지철근 대표

(외무부 관계)

최 장관, 이 차관, 전 정무국장, 엄 아주과장

4. 회의 내용 :

가. 전 정무국장이 한일회담 대표단에 대한 훈령 제 1호에 관한 "브리—핑"을 하였음.

나. 이용희 교수가 거반 일본 정계 지도자들과 접촉한 결과에 관한 보고를 하였음.

다. 훈령안 내용에 관한 토의에 들어가

ㄱ. 이용희 교수는 특히 청구권에 관련하여 일본의 정치계 지도자들과 외무성의 태도가 반드시 부합되지 않은바, 정계 지도자들이 정치적인 해결을 중요시하고 변제액수도 많이 고려하고 있는데 반하여 외무성은 실무적인 토의를 구체적으로 행함으로서 청구권 액수를 대폭적으로 감소

시키려는 실무자 회의 중심의 토의 진행을 희망하고 있다고 관측됨에 비추어, 우리측이 실무자 회의에서 구체적인 토의를 행하여 나간다면 자칫 일본측의 "페이스"에 휩쓸릴 가능성이 있으므로 실무자 회의에서는 적당히 우리측의 성의만을 표시하고 회의를 천연시키는 방향으로 나감이 좋을 것이라고 말하였음.

ㄴ. 김홍일 고문은 지금은 이 종합 청구에서 삭제되어 있는데 조금 억지가 된다 하더라도 그것도 포함시켜 주장하여 봄이 가할 것이라고 말하였음. 이에 대하여 정무국장은 안 에서 삭제된 항목도 일본측에 대하여 제시될 때에는 "보류"로서 제시되는 것이며 완전한 "포기"가 아니라고 해명하였음.

라. 위의 토의 결과 원안 중에서 3. 일반 청구권 위원회 가. 의 (2) 및 (4) 항을 삭제 하기로 합의 하였음.

부 전 용 지

[illegible] 년 10 월 17 일

수 신 자 :	
발 신 자 :	
건 명 :	

〔내 용〕

본 발췌는 당초 품의문 속에는 포함되어 있었으나, 10월 17일 하오 3시부터 열렸던 한일회담 관계자회의 (박의장, 내각수반, 우 위원장, 한일회담 대표 등 참석) 결과 수정할 것으로 합의되었으나, 따라서 재 품의케 된 것임

외 무 부

[발췌부분]

— 5 —

또한 영주목적으로 귀국하는 자에 대한 일시 송금은 매세대 당 10,000불 가지로 하고, 잔여금은 과중한 조건 없이 송금할수 있는 특별계정에 예치 하도록 한다.

8) 극빈자에 대한 귀국 보조금

일본의 생활 보호법의 적용을 받는 극빈한 한인으로서 귀국을 희망하는 자에 대하여는 일본정부가 매세대 당 2,000불을 지급하도록 한다.

9) 국적 확인문제

본 문제는 일단 주장하여 보기로 하되, 회담진행에 따라 대표단이 적당하다고 사료되는 바에 따라 처리한다.

3. 일반 청구권 위원회

가. 회의 진행방법

1) 일본측으로서는 제5차 한일회담 예비회담에서 토의 미진된 부분인 대일청구요강 제5항의 잔여부분의 토의를 주장할 가능성이 있으나, 우리측으로서는 일반적인 토의는 제5차 회담에서 일단 끝난 것으로 하고, 본회담에서는 제1항목부터 시작하여 토의를 계속하기로 한다.

X 2) 회담 진행에 따라서 우리측은 청구권에 관한 종합청구를 아래와 같이 행하고, 동청구에 대한 명세는 각 항목별 토의의 진전에 따라 제시하도록 한다. 단, 청구의 명세 및 자료의 제시는 회의 진행 상황에 따라 대표단이 적당하다고 사료되는 시기에 수석대표의 재량하에 행하도록 한다.

항 목	청구내용	지출금액 및 적요
제1항	지금 및 지은	정치적 고려로 보류
제2항	체신부 관계	1,808 백만원
제3항	재산 반출	
	ㄱ. 조선은행	4,565 "
	~~ㄴ. 재일송금~~	~~[illegible]~~ " 정치적고려로 보류
제4항	재일본 지점 재산	일본측에 자료 제출을 종용
	ㄱ.	
	ㄴ. SCAPIN 1965에 기한 것	
제5항	이체 일본국체 (등록)	4,721 백만원
	ㄱ. 한국내 유가 증권	2,611 "
	(현물 및 등록)	
	일본지점 ~~소유분~~	1,404 "
	(등록 국체)	
	소계	8,736 "
	ㄴ. 일본 은행권	1,525 "
	ㄷ. 징용자 미수금	237 "
	ㄹ. 징용자 보상금	
	(한국내에서 동원된자 제외)	
	생존자 (93만) @$200	$186 백만
	사망,부상,행방불명 (10만)	
	@$2,000	$205 "
	소계	$391 "
	ㅁ. 년금 기타	882 백만원 1076
	요 조정액	4,565 " ~~[illegible]~~
총계 ~~14,574~~ 13246 백만원 + 391 백만불 ~~972백만불 — 391백만불~~ ~~1,363~~백만불 1274		

제6항	한국법인 또는 한국 자연인 소유의 일본 법인의 주 또는 기타 증권을 법적으로 인정할 것을 청구함.	
제7항	전기 제재산 또는 청구권에서 생한 제 과실의 반환을 청구함	정치적 고려로 보류
제8항	전기 반환 및 결제는 협정 성립후 즉시 개시하여 늦어도 6개월 이내에 종료할 것.	별도 협의함.

주 : 전기 일화 및 불화의 환산율은 15:1로 계산한 것임.

3) 해 종합청구 액에 필요한 증거의 대사사무는 회담의 조속한 진행을 위하여 가급적이면 피하도록 한다.

✕ 4) 청구권에 관한 실무회의는 가급적이면 11월 중순 까지 종료하도록 하고, 이 목적을 위하여 필요하다면 매주 1회 이상 회의를 개최하도록 한다.

5) 실무회의에 있어서는 법적이론에 관한 최종적인 결론 또는 증거대사에 관한 결정적인 언질을 주는 일이 없도록 하여야 한다.

6) 대표단이 제출한 청구액을 회담진행 도중 변경할 필요가 있을시에는 본부의 사전허가를 받은 후 행하여야 한다.

4. 평화선 및 어업 위원회

가. 회의 진행방법

1) 대표단은 회의 개시와 동시에 당분간 어업 자원론을 계속하고, 앞으로 아측이 어업자원 보존수역으로 새로이 획정할 선을 확보하는 방향으로 이론을 전개한다.

10. 일반청구권소위원회 제7차 회의 회의록, 1961. 12. 16

한국 외교문서 750, 제6차 한일회담 청구권위원회 회의록, 제1-11차, 1961. 10. 27-62. 3. 6)

1961년 12월 16일 개최된 제6차 한일회담 일반청구권소위원회 제7차 회의 회의록이다.

이 회의에서는 한국 측에 의해 피징용자 숫자가 제시되었다.

<u>일반청구권 소위원회 제7차 회의</u>

1. 개최일시: 1961년 12월 15일 오후 2시부터 5시 까지

2. 개최장소: 기유 회관

3. 참석자:

한국측	김윤근	수석위원
	고범준	위원
	홍승희	"
	이상덕	"
	정태섭	"
	김낙선	"
	홍윤섭	"
	이창수	"
	이상훈	"
일본측	미야가와 (宮川)	주사
	요시오까 (吉岡)	부주사
	우라베 (卜部)	"
	가메노리 (亀徳)	보좌
	사구라이 (櫻井)	"
	혼마 (本間)	"
	가네꼬 (金子)	"
	스기다 (杉田)	"

- 2 -

오기소 (小木曽) 보좌
마에다 (前田) 〃
야나기야 (柳谷) 〃
고와다 (小和田) 〃
도모다 (鞆田) 〃
스기야마 (杉山) 〃
와다나베 (渡辺) 〃
히사이찌 (久一) 〃

4. 토의 내용:

일본측: 오늘 회의는 어떤 방식으로 진행 하겠는가.

한국측: 전 번 회의에서 끝을 맺지못한 제4항을 끝내고 가능하면 제3항과 제5항에 관하여 서로 의견을 교환했으면 좋겠다.

일본측: 제4항의 한국에 본점 또는 본사를 둔 재일재산에 관하여는 전번회의에서 우리측의 법적근거를 간략하게 설명하였으나 오늘 다시 법적근거라던가 처리상황등에 관하여 좀더 상세하게 설명하고저 하는데 전번 회의에서 한국측 의견을 오늘 듣기로 되어 있으므로 먼저 한국측 의견을 말하여주기 바란다.

한국측: 그렇지 않아도 오늘 설명할 예정으로 있었는데 이것을 전번 회의에서 구두로 설명한것을 좀더 부연하여 메모화 한것이다. 이 메모를 읽겠다. (제4항에 관한 김수석위원의 서면 발언요지 별첨문 참조) 이상이 우리측 의견인데 이 메모는 명일까지

일본측에 전달하겠다.

일본측: 지금 귀측 견해에 대한 일본측의 의견은 후일에 이야기 하겠다. 오늘은 법적근거에 들어가는 이 이상의 토의를 피하고 폐쇄기관이나 재외 회사가 어떤 방식으로 처리되었는가에 대하여 그 사실을 설명하겠다.

(요시오까) 그전에 한가지 질문 하겠다. 지금 낭독한 한국측 설명의 제 일단은 군정법령의 효력 여하가 아니고 한국의 법인이기 때문에 청구하는것이라고 말하고있는것 같은데 주주가 일본인이 아니고 전부 제삼국인 인 경우도 한국정부가 청구할수 있다는 입장을 취하고 있는것인가.

한국측: 주주의 국적과 법인의 국적은 별개문제이다. 그러므로 국제적으로 문제가 된다면 그것이 한국법인 인 이상 정부가 책임을 져야하는것이다.

일본측: 그러면 제삼국인의 주주에 대하여서도 한국측에서 주장 (요시오까) 하겠다는 뜻인가.

한국측: 주주는 제삼국인 이지만 법인은 한국법인 이라는것을 시인하면서 하는 질문인가.

일본측: (요시오까) 한국법인에 의하여 설립된 한국법인 이지만 그 주주가 영국인만으로 되어있을 때에도 그 법인의 재일재산을 주장할수있다하는가의 의미로 질문하는것이다.

한국측: 한국법인의 전 주주가 제삼국인 이란 실제로는 있을수없는

일이나 가혹적으로 그러한 경우에도 그것이 한국법인이라면 국제적 문제에 있어서는 역시 정부가 책임을 지고 대리하여야 하는것이다.

일본측: (요시오까) 한국측 설명의 제 이단은 무슨 뜻인가.

한국측: 군정법령 제 33호에 의하여 일본인 소유 주식이 귀속된것을 인정하는 이상 한국법인의 재일재산을 개별적인것으로 보아서는 안된다는 뜻이다.

일본측: 재산단은 스캐핀 의 규정에 관한 문제이나 여하튼 후일 귀속의 (요시오까)메모를 보고서 다시 우리측 의견을 이야기하도록 하겠다.

(미야가와) 그러면 한국에 본점 또는 본사를 둔 재일지점 재산이 어떻게 처리되었는지 그 법적근거라던가 대상재산, 청산수속, 청산결과등에 관하여 설명하겠다. (별첨 설명서 낭독)

한국측: 총액은 얼마나 되는가.

일본측: 집계하기 전에는 알수없다.

한국측: 청산내용에 관하여 설명이 있었는데 시간관계상 공탁금 내용을 서면으로서 받을수있다면 제 4항은 이정도로 끝냈으면 좋겠다.

일본측: 금액이 복잡하고 소관부로 다르나 가능한 한 서면으로 줄수 있도록 노력하겠다.

한국측: 청산 에 있어서는 본점 부채가 고려되어있는가.

일본측: 본점뿐만 아니라 재외점포 전부의 자산 부채를 종합하여

계산하였는데 자산초과의 경우에는 잔여재산을 빼고

부채초과의 경우에는 부채초과 부분만큼 유보하기로 되어있다.

고대표: 그 후자의 경우에 있어서의 유보재산의 처분은 어떻게 하였는가.

일본측: 그러한 경우도 있을수 있다는 견지에서 만들어진 규정이었으나 그러한 부채초과가 없기때문에 실제로는 유보된것이 없다.

한국측: 그것은 어떠한 방식으로 계산하였는가.

(이상덕)

일본측: 나도 잘 모르지만 그 당시의 장부에 의하여 산출하였다고 본다. (미야가와)

우라베: 그당시의 회사는 모두 견실한 경영을 한 모양으로 재외재산 초과상태가 되어 그러한 결과가 된것같은데 그 예로서 "요꼬하마 정금은행" 같은것은 상당한 재외 재산이 있었다고 한다.

한국측: 한국인분으로서 할당된 내용이라던가 공탁된 금액등에 관하여는 일본측에서 연락중인 금액등의 자료를 내주쯤으로 주기 바라며 좀더 설명을 듣고 싶으나 시간이 없기때문에 내년 재개시에 다시 질문하기로 하고 제 4항은 이정도로 하자.

일본측: 좋다.

한국측: 제 3항은 오전에도 말한것과 같이 제 5항 설명과 함께 설명하기로 되어있는데 제 3항의 2와 3은 이번 회의에서 토의 하는것을 보류하겠다.

일본측: 제 3항의 2, 3을 뭣인가

이상덕: 제3항은 오전에도 말한대로 제 5항과 합해서 설명하기로 하겠다. 제 3항의 2는 1945년 8월 9일 이후에 일본인이 한국내 금융기관을 통하여 송금한것인데 금차 회담에서는 이것을 유보하고 여기서는 제 3항의 1에 해당하는 조선은행을 통하여 이체한것만을 문제로 삼는것이다.

김대표: 제 5항은 한국법인 또는 한국 자연인의 일본국 또는 일본 국민에 대한 일본국채, 공채, 일본은행권, 피징용한국인의 미수금, 보상금 기타 청구권의 반제를 청구하는것인데 이것을 대별하면 (1) 일본유가증권 (2) 일본계 통화 (3) 피징용인 미수틈 (4) 전쟁으로 인한 피징용자의 피해에 대한 보상 (5) 한국인의 대일본정부 청구 (은급관계 및 기타) (6) 한국인의 대일본인 또는 법인 청구이다.

그러면 먼저 제 1의 일본 유가증권 부터 설명하겠다. 이것은 1. 일본국채 2. 조선 식량증권 및 식량증권 3. 일본저축권 4. 일본정부 보증사채 5. 일본지방채 6. 일본사채 7. 저축 및 보국채권 8. 기타증권 9. 일본주식, 이상 9개 항목으로 되어있으며 이것을 당시의 일본원으로 말하면 ....

홍대표: 그 금액은 그당시의 일본원으로 1. 일본국채 7,371,189,111원 69전, 2. 조선식량증권 및 식량증권 152,006,330원 08전,

3. 일본저축권 18,673,95[illegible] 4. 일본정부 보증사채 833,246,100원
5. 일본지방채 1,327,500원 6. 일본사채 261,941,514원
7. 저축 및 보국 채권 4,380,027원 50전 8. 기타증권 92,417,791원 29전 9. 일본주식 29,848,250원 합계
8,765,030,574원 56전 이다.

일본측: 지금의 수자는 서면으로 받을수 있는가 또 그것은 어떤 자료에 의하여 계산하였는가.

한국측: 현물 또는 장부에 의하여 계산하였다.

일본측: 소유자별로 알수있는가.

한국측: 먼저 우리가 청구하는 이유를 간단히 설명하겠다. 일본유가증권은 한국법인 또는 자연인이 소유하기 때문에 청구할뿐 아니라 이중에 45억원의 국채가 들어있는데 이것은 원래 조선은행 본점이 가지고 있던것을 종전후 혼란한 시기를 이용하여 1945년 8월 25일자로 장부상 조선은행 동경지점으로 이체하였다. 그러나 이것은 연합군 총사령부 포고령 제 3호 및 군정법령 제 2호에 위반된 것이므로 그러한 이체가 무효이나 설령 이체가 포고령 또는 군정법령과 관계없이 유효하다고 가정적으로 생각한다하드라도 본점과 지점사이에는 채권 채무관계가 발생한다는 것을 부가해서 주장하는바이다. 이상 지금 가정적으로 설명한것이 제 3항에서 설명하려든 것이다.

일본측: 그러면 군정법령 33호에 의하여서가 아니라 포고령 제 3호 및 군정법령 제 2호에 의하여 전후 혼란한 틈을 타서 일본으로 가지고 온것을 이야기하는 것인가.

한국측: 그렇다.

일본측: 제 5차 회담에서는 47억 이라고 말하였는데 지금 이야기로서는 45억으로 그 수자가 다른것인가.

한국측: 47억은 액면이고 45억은 장부가격이다. (이상덕)

김대표: 한국측은 군정법령 33호와 관계없이 청구하는 것이지만 가령 33호에 관련시키더라도 그것은 전부 귀속된것이다. 그리고 또하나 생각하는 점을 말하면 지금 이야기한것처럼 87억원의 유가증권중 약 60억원에 가까운 국채가 조선은행의 소유인데 그 당시 조선은행의 발행고는 이 금액에 미달하였다. 그런데 지금 말하는 일본측의 견해와 같이 귀속도 되지않고 한국법인의 소유도 아니라고 하면 조선은행권의 담보는 하나도 없는 결과가 된다. 뿐만 아니라 전쟁이 시작된 이후 제 1항목의 금은 일본은행권 그리고 국채로 변하였는데 이러한 과거의 경과를 기초로 하더라도 일본측의 견해에 의하면 금은 무상으로 가지고 간 결과가 된다. 그러나 소콜린 은 그러한 결과를 초래키 위한 것도 아니고 또 일본에 부당이득을 주기 위한것도 아니다. 따라서 일본에 부당이득이 있다고하면 일반 법이론에 따라

불합리한 점은 정리하지 않으면 안된다. 조리상으로 보더라도 조선은행권의 담보가 전부 일본에 소유로 된다는것은 아무 리 생각하여도 납득할수가 없다. 가령 일본측의 군정법령 33호에 대한 견해가 정당한것이라고 가정하더라도 그 법령의 취지는 일본측에 부당이득을 주기위한 것이 아니였고 또 조리상으로 보더라도 불합리하므로 우리측은 청구의 법적근거가 있다고 주장하는것이다. 즉 조리가 법원(法源)의 하나이라는것은 일본에 있어서도 이론이 없는것이다.

일본측: 이것은 대단히 중요한 단계이며 한국측이 이야기하는 취지는 알겠다. 유가증권중 한국인이 합법적으로 취득한것은 고려하겠으나 조선은행의 취득분에 대하여는 의의가 있다. 여하튼 이 문제에 대하여는 다시한번 종합적으로 우리측의견을 이야기할 기회가 있으리라고 보는데 한국측은 소유자 여하에 불구하고 청구하고 있으나 소유자별로는 알수 없는가.

한국측: 소유자별로는 모르나 우리는 그것을 구분할 필요가 없다고 생각한다.

일본측: (우라베) 장부에 의하면 알수 있는일이 아닌가

한국측: 전연 모르는 것은 아니지만 현재로는 소유자별로 되어있지 않다.

우라베: 법률 외에 조리가 있다는것은 알겠으나 조리론은 딴데서 취급할 문제이고 우리들은 법률관계 사실관계를 명확히 하지

않으면 안되기 때문에 모르는 것은 할수 없지만 아는 분에 대하여서는 개인, 법인, 정부등으로 구별하여 알려줄수 없는가.

한국측: 지금 당장 알수있는것은 현물과 등록으로 구분한 액수 87억원중 현물이 약 6억 5천 만원 이고 나머지는 대체로 등록된 것이다.

오시오가: 등록처은 일본은행인가

홍승희: 국채는 일본은행이고 사채 및 지방채는 여러 등록기관에 등록되어 있다.

우라베: 지방채란 몇인가.

홍승희: 동경, 대판시의 것이다.

일본측: 최종적인 교섭은 고위층에서 결정될 문제이고 또 그 사실을 모르고서는 general response 를 할수 없으므로 소유자별로 좀더 상세히 알려줄수 없는가.

한국측: 내 견해로서는 소유자별은 별로 필요없다고 생각한다.

우라베: 그저 막연히 87억원만으로는 이야기가 안되며 역시 사실관계로서 소유자별로 구별하지않으면 안된다고 생각한다. 지금 당장 곤란하다면 명년 재개시에 하도 좋다.

한국측: (이상덕) 종류별, 등록현물별로는 조사가 되어있으나 소유자별로는 되어있지않다.

오시오가: 사채는 민간회사와의 관계도 있고 등록국채는 우리측

에서도 확인하지 않으면 안되기 때문에 알수있는대로 구별을 하여달라.

한국측: 그러면 알수있는데까지 알려주겠다.

오시오가: 제6항의 주식과 여기의 주식은 어떠한 관계가 있는가.

한국측: 관계가 없다. 제 6항은 일반적, 원측적인 것이다.

일본측: 그러면 일본계 통화에 들어가자.

한국측: 일본계 통화는 금액으로 해서 1,525,493,702원 13전 이다.

일본측: 통화별 내용은 알수 있는가.

한국측: 대별하면 일본은행권이 1,491,616,748원 과 6,442,831원 이고 일본정부 지폐가 23,800,042원 90전 과 1,781,538원 50전 일본군표가 216,183원 36전, 일본은행 소액지폐가218,301원 65전 중국중앙준비은행권이 1,418,056원 72전, 이상과 같다.

일본측: (우에다) 일본은행권은 금액을 둘로 나누고 있는데 나눈 이유는 무엇인가.

한국측: 별로 나눌 필요는 없는것이나 전자나 소각한 것이고 후자는 현물이 있는것이다.

일본측: 소각한것은 일본은행권 만인가.

한국측: 그 외에도 있다. 소각한 내용은 일본은행권이 1,491,616,748원 일본정부 지폐가 23,800,042원 90전 일본 군표가 216,183원 36전 중국중앙 준비은행권이 1,418,056원 72전이다.

일본측: 소각에 관한 자료를 받지못하였는데 증거가 될만한
 것을 줄수 없는가. (우라베)

한국측: 소각할때 일본은행 직원이 입회한 기록이 있다.

일본측: 동란중 소실한것도 이안에 들어있는가.

한국측: 그것은 안들어있다.

우라베: 일본은행권의 6,442,831원은 현물을 가지고 있다는 뜻인가.

한국측: 그렇다.

오시오가: 현물을 가지고 있는것은 어느 어느 것인가.

이상덕: 현물을 가지고 있는것은 일본은행권 6,442,831원 만이고
 남어지는 소각한것인데 그중 약 2백만원은 동란중 일본측의
 입회없이 소각하였다.

일본측: 통화를 청구하는 근거는 뭣이며 또 그 소유자는 알수있는가.

한국측: 그것은 전부 조선은행이 소유하고 있는것이다.

우라베: 한국 국민이 상금 가지고 있는것은 없는가.

한국측: (이상덕) 지금은 없을것으로 안다. 개안이 가지고 있던
 것은 교환하여 모두 조선은행에 집중하였다.

오시오가: 미발행권은 없는가.

이상덕: 제 5차 회담때에도 이야기 하였지만 그러한 것은 있을때
 없다.

우라베: 지불하느냐 안하느냐 하는것은 상부에서 결정할 문제이지만
 이밖에도 후에 개인이 가지고 와서 지불하여 달라고 할 경우도

있을지 모르는데 그러한 때에 문제가 된다고 본다.

사꾸라이: 개인 소유분이 조선은행에 집중된것은 조선은행이 폐쇄

되기 전인가.

이상덕: 물론 폐쇄되기 전이다.

오시오가 :국회에 대한 설명 자료도 되는데 소각시의 증거자료를
우라베

줄수 없는가.

김대표: 자료를 주도록 하겠다.

이상덕: 입회자가 싸인한 기록이 있다.

우라베: 전번 회의 에서도 이야기 한바가 있어서 의론을 반복하지는

않겠느나 일본측의 입회없이 소각한 이유는 면인가.

이상덕: 그 금액은 얼마 되지 않는데 그에 관한 장부등이 있으므로

신용하면 어떤가.

우라베: 소각한것은 의론이 있었으나 입회없이 소각한것은 문제 가

된다고 본다.

사꾸라이: 소각은 언제 하였는가.

이상덕: 1946년과 1947년 에 두차례에 걸쳐 소각하였다.

사꾸라이: 전부를 소각한다고 하기에 입회하였던것인데 남어있는

것은 무슨 이유인가.

이상덕: 어떤 형편에 의하여 조선은행에 남아있던것이다. 그러나

그 금액은 얼마 되지 않는다.

오시오까: 소각한 취지를 명확히 하지않으면 안된다고 보는데 그 이유는 뭣인가.

고범준: 우리가 가지고있는 영문 자료를 보면 그 안에 구체적인 이유가 기재되어 있다.

일본측: 소각에 관한 자료는 나중에 받기로 하고 일본은행권과 일본정부 지폐는 모르나 군표와 중국중앙 준비은행권은 괴뢰정권이 발행한것이기는 하나 배상과의 관련도 있는것이므로 문제과 된다고 보는데 여하튼 후일에 다시 우리측 의견을 이야기 하겠다.

오시오까: 각지 우편국에서 압류한 일본은행권이 약 3억원 된다는 이야기가 있는데 여기에서 청구한는 것과 우편저금과는 그 만큼 중복된 것같은 감이 드는데 어떤가.

한국측: 그럴리는 없다. 압류되었다고 하는데 그것은 몰수를 의미 하는뭣인가.

일본측: 한국인이 우편저금에 예입할때 그 금액중에 일본은행권이 섞여 예입된 경우등을 말한다. (오시오까)

한국측: 일본은행권은 조선은행에 집중되었는데 불법으로 집중된것이 있다면 몰라도 그외에는 중복될리 없다고 본다.

일본측: (오시오까) 이것은 기술적인 문제인데 가령 우편저금에 예입한 현금중에 일본은행권이 섞여있어서 그 일본은행권을 청구한다면 일본은행권으로도 청구하고 우편저금으로도 청구하는

결과가 되어 중복된 것이 아니야 하는 뜻이다. 중복된것 같은 감이 든다.

정해섭: 한국인 개인이 예입한 우편저금은 개인의 청구권을 기초로 하여서 청구하는것이고 일본은행권은 조선은행이 가지고있던 통화관계를 기초로 하여 청구하는 것이므로 그 청구권자의 주체가 다른것이어서 중복되었다고는 볼수없다.

고범준: 중복되었다는것은 어느 특정일의 어느 순간을 상정한 이야기인것 같은데 그와같이 순간적으로 중복되는 경우도 이론상 있을수 있을지 모르나 그렇게 짧은 시간에 (예를 들면 영업마감시의 30분 가량의 시간내에) 계산차고에서 중복되는 부분이 있었다하드라도 기십만원이면 몰라도 3억원이나 중복 된다는것은 이해할수 없는 말이다.

오시오가: 금액은 확실치 않으나 이 문제는 이정도로 하자.

한국측: 제 6항의 3 은 한국인 피징용자의 미수금 관계인데 여기에는 임금, 봉급, 수당등이 포함되며 그 금액은 약 2억 5천만원 가량이다.

일본측: 피징용자는 일본에서 징용된자들인가.

한국측: 그렇다.

일본측: 그 수자의 근거는 무엇인가

이상덕: 종전후 한국인 피징용자들은 봉급, 수당등을 받지않고 귀환 한것이 있다. 그러한 자료를 일본측이 가지고있다고 들었는데

1950년 스캡 당국으로부터 통고하여 온것이다. 제 5차 회담 때에도 그러한 자료가 일본측에 있다는 말이 없었다.

우라베: 공탁한것이 있으나 재일 조선인의 강요로 회사측에서 지불한것도 있다고 듣고있다. 2억 5천만원은 어떠한 방식으로 조사하였는가.

한국측: 아까 이대표가 이야기한것과 같이 스캡에서 온 서장이 있다.

일본측: 그러면 그 서장의 사본을 줄수 없는가.

한국측: 주관자는 일본인데 일본측에 자료가 있지않은가.

우라베: 정부 관계는 조사해보면 알수있으나 개인회사 관계는 알수 없다.

한국측: 그것은 일본정부를 통하여 행한것이니 정부에서 알수 있을것이 아닌가

혼 마: 종전후 혼란때문에 확실한 자료가 없다. 조사는 해보겠으나 뭣이든 근거될만한 것이 있으면 좋겠다.

이상덕: 사본을 주어도 좋으나 일본측 수자가 더 크지않을까 생각한다.

일본측: 가능한 한 조사해보겠다.

한국측: 주관자가 일본정부인데 일본정부에서는 알수있는일이 아닌가. 우리로서는 지금 이것을 조사할 방법이 없다.

일본측: 자료에는 공탁되었다고 있다고 쓰여져 있으나 일본측 수자는 1억정도에 불과하다. 귀측의 자료에는 얼마로 되어 있는가.

한국측: 스갭으로부터 받은 서면의 금액을 보면 237,000,000원으로 되어있다.

일본측: 스갭은 무슨 근거가 있었을것이므로 그 사본을 줄수 없는가.

한국측: 주겠다.

일본측: 그러면 그 사본을 받기로 하고 다음으로 진행하자.

한국측: 제5항의 4는 한국인 피징용자에 대한 보상금인데 이것은 과거 일본에 강제징용된 한국인이 그 징용으로 말미아마 입은 피해에 대하여 보상을 청구하는 것이다. 태평양 전쟁을 전후하여 다수의 한국인이 노무자로서 또는 군인 군속으로서 일본에 강제징용 되었다. 우리측이 조사한바에 의하면 태평양 전쟁 전후를 통하여 일본에 강제징용된 한국인은 노무자가 667,684명 군인 군속이 365,000명으로서 그 합계는 1,032,684명에 달하며 그중 노무자 19,603명과 군인 군속 83,000명 합계 102,603명이 부상 또는 사망하였다. 우리 국민은 일본인과는 달리 단지 일본의 전쟁수행을 위한 희생으로서 강제징용 되었던 점에 비추어 사상자에 대한 보상은 물론 생존자에 대하여도 그 피해에 대하여 보상을 청구하는 것이다. 금액은 이[illegible]가 설명하기로 하겠다.

이상덕: 전번 회담에도 이야기 하였지만 이 피징용자에는 노무자 외 군인 군속을 포함한다. 보상금은 생존자에 대하여 1인당 200불, 사망자에 대하여 1인당 1,650불, 부상자에 대하여 1인당 2,000불로 하여 그 금액은 각기 생존자가 186백만여불, 사망자가 128 백만여불, 부상자가 5천만불이다.

오시오기: 피징용자에는 군인 군속을 포함한다고 말하였는데 전후의 피징용자에서도 그런가.

이상덕: 그렇다.

일본측: (오시오기) 조선에서 징용된자도 포함하는가.

이상덕: 포함되어있지 않다.

오시오기: 군인 군속도 그런가.

이상덕: 그렇다.

우라베: 조선에서 징용된자를 포함하지 않은것은 무슨 이유인가.

이상덕: 한국내에는 실제 그 수가 그리 많지 않았고 또 자료도 불충분하여 포함하지 않았다.

일본측: 보상금의 기준은 무엇인가.

이상덕: 사망자와 부상자는 일본인에 대하여 보상하고 있는것을 기준으로 하였다.

오시오기: 군인, 군속, 징용자는 각기 기준이 다른데 그것을 어떻게 계산 하였는가.

이상덕: 징용자도 군인을 기준으로 하였다.

오시오까: 그것은 평균적으로 계산한것인가.

이상덕: 그렇다.

일본측: 다음 생존자의 기준은 무엇인가.

이상덕: 생존자는 육체적, 정신적으로 입은 피해와 고통을 고려한 것이다.

오시오까: 피징용자를 조선외 타지역으로 구별할수 없는가.

한국측: 주로 일본 서적을 자료로 하여 거기에 나오는 수자를 기준으로 하였는데 이러한 서적들은 대체로 일본에 온자만을 다루고 있다.

우라베: 어떤 결론이 될지 그것은 별도로 하드래도 기본적으로는 인원수등을 규명하여야한다고 생각한다.

한국측: 우리측은 다음과 같은 문헌을 참조해서 인원수를 확정하고 있다. 노무자관계는 일본 후생성 발표, 미합중국 전략폭격 조사단의 Overall Economic Effect, 일본 외교 학계편 "태평양 전쟁 종결론" 박재일 저 "재일조선인의 종합 조사연구" "소화사" "Far Eastern Economic Review" 등을 기준으로 하였다. 이점도 일본측에 더 상세한 수자가 있을것으로 본다. 군인 군속은 일본외무성 조사월보, 일본후생성의 "인양 원호 기록", 일본 경제안정본부의 "태평양 전쟁으로 인한 아국의 피해상황" 등을 기준으로 하였다.

일본측: 우리측에서도 조사해보겠으나 지금 이야기한 저서의 명칭

등을 적어서 내일이라도 줄수 없는가.

한국측: 어떤것은 서로 충분히 토의하지 않으면 안된다고 보는데 수자문제는 내년 재개시에라도 좀더 충분히 상호대조하기로 하면 어떤가.

오시오77: 지금 알수있는 자료만이라도 줄수없는가. 우리측에서도 후일에 비난을 받지않기 위해서 수자를 확인하여야 하므로 아는 자료는 속히 주었으면 좋겠다.

한국측: 그 외 질문은 없는가.

우라베: 한국측이 생각하는것을 대강은 알았다. 엄밀히 한다면 부상자라 할지라도 부상정도를 알아야하고 사망자의 경우 언제 사망하였는가 사망의 원인은 무엇인가 당시 사망자에 대하여는 매장료를 지불하였는데 그것은 후에 달라졌지만 이러한 매장료의 지불은 어떻게 되어있는가등을 확인하지 않으면 아니 되므로 상호간의 수자를 대조하는 작업은 아무래도 필요하다고 본다.

오시오77: 한국측의 수자는 실제 조사한것이 아니고 자료에 의거한것인가.

이상덕: 불확실하지만 일부는 조사한것도 있다.

일본측: 한국측의 주장을 확실히 하기위해서는 자료를 명확히하지 않으면 안된다고 생각하는데 한국측의 생각은 대체로 알았으므로 오늘은 이정도로 하면 어떤가.

우라베: 그러면 제4항에 관한 한국측의 메모를 내일까지 주었으면 좋겠다.

한국측: 내일까지 주겠다.

일본측: (오시오까) 보상금은 이것만으로도 3억여불이나 되는 금액인데 우리는 결론적인 수자만을 들었을 뿐이므로 좀더 상세한 설명을 들어야 하겠다.

한국측: 그러나 회의는 앞으로 한번 밖에 남지 않었으므로 그것을 토의할 시간이 없지 않는가.

우라베: 재개시는 전문가회의라도 만들어서 이문제를 좀더 철저히 토의하자. 금액도 큰데 단한번만의 회의로서는 부족한 감이 없지 않다.

한국측: 우리들도 그러한 감이 없지 않다. 다금 공식 회의에서 그것을 철지히 하도록 하자.

이상덕: 다음 회의 까지 비공식회담이라도 한번만 더 가졌으면 좀더 상세한 이야기를 할수있다고 생각하는데 일본측 형편은 어떤가.

우라베: 예산관계도 있고 또 이문제는 후생성, 노동성, 운수성 의 3성에 관계되는것이기 때문에 대단히 어렵다고본다.

미야가와: 단 한번만의 회의로서는 결론은 도저히 나오지 않을것이므로 이문제는 전문가회의에서 취급하는것이 좋으리라고 생각한다. 내년 재개시에 소위원회와 병행해서 하기로 하고 다늠회의 (12월 21일 목오일) 에서는 6,7,8 항에 대한 한국측의 대체적인 설명늘 듣고 우리측에서도 대체적인 의견을 이야기하도록 하는것이 어떤가.

한국측: 좋겠다.

고범준: 아까 말한 잔여재산의 분배상황에 관한 일본측 서면은 다음 회의 전까지 우리측에 줄수 없겠는가.

일본측: 소관국장은 문외불출의 수자라고 하나 독촉하여 얻도록 해보겠다. 우리측에서 요구하는 한국측 자료도 있는것은 우리에게 주고 준비되어 있지않는것은 내년에라도 주었으면 좋겠다.

한국측: 좋다. 그러면 오늘회의는 이정도로 하고 신문발표는 제5항의 4가지 들어가 서로 의견을 교환하였다는 정도로 하자.

일본측: 좋다.

끝.

유첨: 김수석위원 발언 요지

김 수석위원 발언 요지

1961년 [illegible] 월 일

전회의 소위원회 회합에서 한국측 청구 제4항에 대하여 일본측이 낭독하신 견해에 대하여서는 이미 동회합에서 한국측의 즉각적인 견해를 표명하여둔바 있으나 일본측 요청에 의하여 한국측 견해를 다음과 같이 재천명하고저 합니다.

한일회담에서의 한국 청구 제4항에 관한 한국측의 주장

제1. 한일회담에서의 한국청구 제4항은 한국에 본점, 본사, 기타 주사무소를 둔 법인의 재일재산을 청구하는 것으로서 이를 한국 법인이라고 함은 동법인의 구성원 (주주등)의 국적이 한국이라는 것이 아닙니다. 법인의 국적문제는 그 구성원의 그것과는 전연 별개의 관념으로서 일본 본토와 한국 (구조선)은 종전전에 있어서도 법역을 서로 달리하였는바, 전기 법인은 모다 한국 (구조선)에만 시행되는 법에 의하여 설립되었을뿐아니라 그 주사무소가 한국 (구조선) 에 설치되어 있든 법인입니다. 그뿐아니라 특히 조선 은행은 구한국의 중앙은행이었던 구 한국은행을 계승한 법인으로서 이상 제법인이 한국법인임은 이론의 여지가 없다고 생각합니다. 그리고 이 결론은 미군령제 33호의 적용의 결과가 아닙니다. 따라서 이상 법인의 재일재산에 대한 소유권은 동 군령에 의하여 취득한 것이 아닌 동시에 동군령에 의하여 좌우되는것이 아닙니다. 즉 동군령의 적용대상은 그 법인 자체가 아니고 동법인의 일본인 소유주식에 불과 하므로 동법인의 재일재산에 대한 소유권은 종전 전후를 통하여 조금도 변동이 없읍니다. 법인의 재산이 주주의 유에 속한다는것은 다만 경제적 관념으로만 이해된다고 봅니다.

제2. 그리고 군령 제33호에 의하여 일본인 소유주식이 귀속 (vested) 되었다는 점은 시인하면서 그 내용에 있어서 문제가 있다고 하시는

— 2 —

견해는 이해하기 어렵습니다. 왜냐하면 일본측의 견해대로 한다면 전기 각법인의 재일재산이 원래가 동법인의 소유이었는데도 불구하고 군령 제 33호가 나왔기 때문에 그 소유권을 상실하는 결과가 되는바, 이는 (1) 명문상 근거가 없고, (2) 동군령의 목적이 일본으로 하여금 한국의 손실에 기한 이득을 취하게 하자는데 있는것이 아니라 모든 일본적 요소를 한국에서 불식한다는데 있으므로 이는 그 입법취지에 위반되며, (3) 한국측의 주장이 국제법상 제원칙에 비추어 보더라도 조금도 위반되는바 없기 때문입니다.

제2. 일본측은 전기 재일한인이 SCAPIN 에 의하여 청산되었다는 사실을 일본측 견해의 일 근거로 삼는듯하나 SCAP 가 특정기관의 폐쇄 또는 청산을 명하였다는것은 동기관이 전쟁수행에 협력하였다든가 하는등의 이유에서 그와같은 조치를 취한데 불과하지 한국측 재산에 의한 일본측의 이득을 기도한것이 아니므로 이 사실을 들어서 전기 재일재산이 일본의 소유에 귀하였다고는 할수없다고 봅니다.

11. 일반청구권소위원회 피징용자 등 관계 제1차 전문위원회 회의록, 1962. 2. 13

한국 외교문서 750, 제6차 한일회담 청구권위원회 회의록, 제1-11차, 1961. 10. 27-62. 3. 6

1962년 2월 13일 개최된 제6차 한일회담 일반청구권소위원회 산하 피징용자 등 관계 전문위원회 제1차 회의 회의록이다.

※ 문서 상태 불량으로 새로 타이핑한 내용을 다음 수록함.

제6차 한일회담 일반청구권소위원회 피징용자 등 관계 전문위원회 제1차 회의 회의록

일반청구권소위원회 피징용자 등 관계 제1차 전문위원회

회의록

1. 개최 일시: 1962년 2월 13일 하오 3시-4시 30분
2. 개최 장소: 일본 외무성 회의실
3. 참 석 자: 한국 측 - 김윤근 수석위원

이상덕 위 원

홍윤섭 〃

김정태 〃

이기현 〃

오채기 〃

일본 측 - 우라베(卜部) 참사관

사쿠라이(櫻井) 보 좌

나카지마(中島) 〃

이타가키(板垣) 〃

무라오카(村岡) 〃

와타나베(渡辺) 〃

외 9 명

4, 토의 내용

일본 측: 피징용 노무자 관계는 아직 숫자 정리가 되어 있지 않으므로 후에 미루고 오늘은 군인·군속 관계를 먼저 토의했으면 좋겠다.

한국 측: 좋다.

일본 측: 한국 관계 군인·군속의 일본 측 숫자는 표(별첨 조선 관계 군인·군속 수 참조)에서 보는 바와 같이 그 총수는 242,341명이고 그중 사망자가 22,182명, 복원자가 220,159명인데 복원자 중에는 부상자를 포함한다. 그리고 육·해군별로는 육군 관

계가 143,373명 해군 관계가 98,968명이다. 이 숫자는 후생성에 있는 명부에 의하여 집계한 것이며 그 자료는 육군 관계는 종래 각 부대에서 가지고 있던 명부(종전 후 복원국에 제출되었다 함)와 소화(昭和) 20년 3월 육군성이 행한 '임시군인계'에 의하여 각 가정으로 하여금 계출시킨 자료 및 종래 각 부대의 단편적인 자료를 종합하여 정리한 것이며, 해군 관계는 군인에 관해서는 종래 진해에 있던 병적 관계 기록을 종전 후 연합군 총사령부의 허가를 얻어서 일본으로 가지고 왔으므로 그 기록에 의하였고, 군속 관계는 일본 본토에 있어서는 '구야쿠쇼'(区役所)에 대장이 있었고 또 일본 본토 이외의 외지에서도 일본으로 통보되어 대장이 작성되었던 것이므로 그 기록에 의하여 정리된 것이다.

한국 측: 해군 관계는 우리가 추계한 숫자와 대차가 없으나 육군 관계 특히 육군 군인은 우리 측이 18만 명으로 추계(비공식으로 입수한 일본 정부 측 자료 참조)되는데 반하여 일본 측 숫자는 9만 4천 명으로 큰 차이가 있다. 육군 군인의 지역별 내용은 알 수 있는가.

일본 측: 한국 내가 약 8만 명 일본 본토가 약 1만 7천 명(군인 6,000명, 군속 11,000명), 해외가 약 5만 명이다.

한국 측: 일본 본토는 약 1만 7천 명이라고 말하였는데 일본 외무성 조사월보 Vol.I No.9에는 약 11만 명으로 되어 있어 9만 명 정도 차이가 있고 또 일본 후생성의 '인양원호기록'에 의하면 태평양 지구 등 일본 본토 이외의 외지에서 한국으로 귀환한 한국인 군인·군속이 10만 5천 명으로 되어 있는데 일본 측은 5만 명으로 해외 관계도 상당한 차이가 있다.

일본 측: 한국 관계 군인·군속은 양심적으로 조사한 것이기 때문에 실제 수와 대차 없는 것으로 보나 지금 한국 측이 지적한 점은 다시 조사해서 다음 회의 때 설명하도록 하겠다. 그리고 한국 내에도 군인·군속에 관한 자료가 있는가.

한국 측: 일부는 조사하고 일부는 일본 측 자료에 의하여 추정하였다. 그리고 전번 회의 때 군인·군속 관계에 있어서 증가 은급 이외에는 고려할 수 없다고 말하였는데 그것은 무슨 뜻인가.

일본 측: 전사자의 유가족에 대한 은급은 종전 후 연합군 총사령부 지시에 의하여 그 지급이 정지되고 상병자에 대한 증가 은급만은 금액에 제한은 있었으나 계속 지불

해 왔으므로 상병자에 대한 증가 은급은 고려할 수 있으나 전사자에 대한 은급은 일본 군인에게도 지불하지 않았으므로 한국 군인에 대하여 지불할 수 없다는 뜻이다. 그리고 평화조약이 발효된 것은 1952년이므로 일본 국적을 가지고 있었던 1952년까지는 지불해도 좋다는 뜻이다. 다음은 은급 관계인데 은급은 본인의 신청에 의하여 은급국장이 재정하였으며, 재정된 금액은 일본 측 숫자로는 8,036명에 406,579천 원(별표 조선 관계 은급 계수 참조)이다. 은급은 보통 은급, 증가 은급, 보통 부조료, 공무 부조료로 나누어지며 보통 은급은 일반 문관에 있어서는 17년 이상 재직한 자, 경찰에 있어서는 13년 이상 재직한 자에게 지급되는 것이며 증가은급은 공무로 인하여 부상한 자, 보통 부조료는 보통 은급을 받던 자가 사망했을 경우, 공무 부조료는 공무로 인하여 순직한 자에게 각각 지급되는 것이다. 그리고 문관 군인별로는 문관이 406,427천 원인 데 반하여 군인은 152천원으로 군인 관계 은급이 적으나 군인 은급이 적은 것은 소화(昭和) 21년 1월 한 군인 은급이 폐지되었기 때문이다. 이 은급 계수는 후생성에서 발표하고 있는 관측 사망률을 그때그때의 은급 금액에 승하여 산출한 것이다. 종전 후 공무원은 '베이스 엎' 되었는데 '베이스엎' 되었을 경우에는 '베이스엎'된 금액에 전기 관측 사망률에 의하여 얻은 인원수를 승하여 계산하였다. 그리고 이 406백만 원에는 그간 이미 지불한 금액이 포함되어 있다.

한국 측: 지불한 금액은 얼마나 되는가.

일본 측: 2,945,298원이다.

한국 측: 인원수는 알 수 있는가.

일본 측: 모른다.

한국 측: 관측 사망률은 어떻게 되어 있는가.

일본 측: 숫자는 잘 모르나 매년 후생성에서 발표하고 있다.

한국 측: 일본 측 계수는 지방 정부 지변분과 미재정분을 포함하지 않은 것인가.

일본 측: 그렇다.

한국 측: 은급에 관한 명부는 있는가.

일본 측: 지불 대장이 있으며 조선총독부분도 있다.

한국 측: 일본 측의 인원수는 우리 측 인원수와 상당한 차이가 있다. 일본 측 숫자는 검토해 보겠으나 문제는 미재정분에 있다고 보는데 미재정분은 일본 측에서 알 수

없는가.

일본 측: 은급은 본인의 신청이 없으면 계산할 수 없는 것이므로 미재정분은 알 수 없다. 한국 측은 일 년간 은급액에 평균수명을 감안하여 20년분을 계산하였다고 하는데 연간 은급액은 어떤 근거에 의하여 산출하였는가.

한국 측: 관서별로 금액이 다른데 그 점은 조사해서 다음 기회에 설명하겠다.

일본 측: 피징용 노무자 관계는 다음 기회에 토의하기로 하였으나 한 가지 물어볼 것은 노무자 중 사망자 12,603명과 부상자 7,000명은 어떤 근거에 의하여 산출한 것인가.

한국 측: 사망자는 1946년에 미군정청이 신고를 받아 직접 조사한 것이고 부상자 역시 미군정청에서 추정한 숫자이다.

일본 측: 군인·군속의 사망자 65,000명도 직접 조사한 숫자인가.

한국 측: 군인·군속은 추정하였다.

일본 측: 사망자 12,603명의 명부는 있는가.

한국 측: 명부는 있었으나 6·25 동란 중 소실되었다.

일본 측: 피징용자와 군속은 중복하고 있지 않은가. 피징용자와 군속은 어떤 방식에 의하여 구별하였는가.

한국 측: 우리 측 숫자는 피징용자와 군속의 신분 관계를 조사하여 산출한 것이 아니고 일본 측 자료에 의하여 산출한 것이기 때문에 중복은 없다.

일본 측: 그러면 다음은 폐쇄기관과 재외회사 관계를 설명하여야 하겠으나 담당자인 혼마 과장이 병으로 결근하였으므로 전번 회의 때 한국 측에서 요청한 폐쇄기관 및 재외회사의 정리 후 신설된 회사 명칭은 조사하였으나(별첨 참조) 그 설명은 다음 회의 때 혼마 과장이 설명하도록 하고 다음은 기탁금 관계를 설명하겠다. 기탁금 중 세관에 기탁한 금원은 한국 측 숫자와 대차 없으며 일본은행권은 오히려 일본 측 숫자가 약간 많다. (별첨 귀환 한국인으로부터의 보관 물건 집계표 참조) 그리고 기탁금 중 제2항의 조선은행권과 일본은행권의 교환으로 보관 중인 일본은행권은 한국 측이 제시한 숫자와 동액이므로 별도 조사표를 준비하지 않았다.

한국 측: 조선은행권의 교환 잔액이 아직 73 백여만 원 가량 남아 있는 것으로 알고 있는데 그 금액은 그 후 어떻게 처리되었는가.

일본 측: 연합군 총사령부에 반환하여 폐기하였다. 그러면 이제 남은 것은 구 조련에 기탁한 재산 내용과 피징용 노무자, 재외회사 관계 등인데 이것은 내주 화요일에 있을 전문위원회에서 토의하기로 하자. 그리고 금주 목요일에는 소위원회를 개최하기로 되어 있으나 요강 6, 7, 8항목에 대한 일본 측 준비가 덜 되었으므로 휴회했으면 좋겠는데 한국 측 의견은 어떤가.

한국 측: 일본 측에서 준비가 되지 않았다면 할 수 없는 일이니 휴회하도록 하자.

끝

유첨:

1. 구 조선지구에 본점이 있었던 폐쇄기관 및 재외회사의 신회사조
2. 귀환 조선인으로부터의 보관 물건 집계표
3. 조선 관계 은급 계수
4. 조선 관계 군인·군속 수

각 1통

일반청구권 소위원회 피징용자등 관계 제 1차 전문위원회

회 의 록

1. 개최 일시 : 1962. 2. 13. 하오 3시 - 4시 30분

2. 회의 장소 : 일본 외무성 회의실

3. 참석자 :

한국측	김 윤근	수석위원
	이 상덕	위원
	홍 윤 섭	〃
	김 정 태	〃
	이 기 현	〃
	오 채 기	〃
일본측	우라베 (卜部)	참사관
	사꾸라이 (櫻井)	보좌
	나가지마 (中島)	〃
	이다가끼 (板垣)	〃
	무라오까 (村岡)	〃
	와다나베 (渡辺)	〃
	외 9 명	

4. 토의 내용 :

일본측 : 피징용 노무자 관계는 아직 수자정리가 되어있지 않으므로 후에 미루고 오늘은 군인 군속 관계를 먼저 토의 했으면 좋겠다.

한국측 : 좋다.

일본측 : 한국 관계 군인 ~~군속의 일본측~~ 수자는 표 (별첨 조선 관계 군인

군속수 참조)에서 보는바와 같이 그 총수는 242,341 명이고 그중 사망자가 22,182 명, 복원자가 220,159 명인데 복원자 중에는 부상자를 포함한다. 그리고 육해군 별로는 육군관계가 143,373 명 해군관계가 98,968 명 이다. 이 수자는 후생성에 있는 명부에 의하여 집계한 것이며 그 자료는 육군관계는 종래 각부대에서 가지고 있던 명부 (종전후 복원국에 제출되었다함) 와 소화 20년 3월 육군성이 행한 "임시 군인계" 에 의하여 각 가정으로 하여금 제출시킨 자료 및 종래 각부대의 단편적인 자료를 종합하여 정리한것이며, 해군관계는 군인에 관해서는 종래 진해에 있던 병적관계 기록을 종전후 연합군 총사령부의 허가를 얻어서 일본으로 가지고 왔으므로 그 기록에 의하였고, 군속관계는 일본 본토에 있어서는 "구야구소" (区役所) 에 대장이 있었고 또 일본 본토 이외의 외지에서도 일본으로 통보되어 대장이 작성 되었던 것이므로 그 기록에 의하여 정리된 것이다.

한국측 : 해군 관계는 우리가 추계한 수자와 대차가 없으나 육군관계 특히 육군 군인은 우리측이 18만 명으로 추계 (비공식으로 입수한 일본정부측 자료 참조) 되는데 반하여 일본측 수자는 9만 4천명으로 큰 차이가 있다. 육군 군인의 지역별 내용은 알수 있는가.

일본측 : 한국내가 약 8만명 일본 본토가 약 1만 7천명 (군인 6,000 명 군속 11,000 명), 해외가 약 5 만 명 이다.

한국측 : 일본 본토는 약 1 만 7천명이라 고 말하였는데 일본 외무성 조사월보 Vol. I No 9 에는 약 11 만명으로 되어있어 9만명 정도 차이가 있고 또 일본 후생성의 "인양원호 기록" 에 의하면 태평양 지구등 일본

본토 이외의 외지에서 한국으로 귀환한 한국인 군인 군속이 10만 5 천명으로 되어있는데 일본측은 5 만명으로 대외 관계도 상당한 차이가 있다.

일본측: 한국관계 군인 군속은 양심적으로 조사한 것이기 때문에 실제수와 대차 없는것으로 보나 지금 한국측이 지적한 점은 다시 조사해서 다음 회의때 설명하도록 하겠다. 그리고 한국내에도 군인 군속에 관한 자료가 있는가.

한국측: 일부는 조사하고 일부는 일본측 자료에 의하여 추정하였다. 그리고 전번 회의때 군인 군속 관계에 있어서 증가은급 이외에는 고려할수없다고 말하였는데 그것은 무슨 뜻인가.

일본측: 전사자의 유가족에 대한 은급은 종전후 연합군 총사령부 지시에 의하여 그 지급이 정지되고 상병자에 대한 증가은급 만은 금액에 제한은 있었으나 계속 지불해 왔으므로 상병자에 대한 증가은급은 고려할수 있으나 전사자에 대한 은급은 일본 군인에게도 지불하지 않았으므로 한국 군인에 대하여 지불할수 없다는 뜻이다. 그리고 평화조약이 발효된것은 1952년 이므로 일본 국적을 가지고 있었던 1952년 까지는 지불해도 좋다는 뜻이다. 다음은 은급 관계인데 은급은 본인의 신청에 의하여 은급국장이 재정하였으며, 재정된 금액은 일본측 수자로는 8,036 명에 406,579천원 (별표 조선관계 은급 계수 참조) 이다. 은급은 보통은급, 증가은급, 보통부조료, 공무부조료로 나누어지며 보통은급은 일반 문관에 있어서는 17년 이상 재직한자

경찰에 있어서는 13년 이상 재직한 자에게 지급되는 것이며 증가은급은 공무로 인하여 부상한자, 보통부조료는 보통은급을 받던자가 사망했을 경우, 공무부조료는 공무로 인하여 순직한 자에게 각각 지급되는 것이다. 그리고 문관 군인 별로는 문관이 406,427천원인데 반하여 군인은 152천원으로 군인관계 은급이 적으나 군인은급이 적은것은 소화 21년 1월한 군인은급이 폐지되었기 때문이다. 이 은급 계수는 후생성에서 발표하고 있는 관측 사망율을 그 때 그 때의 은급금액에 승하여 산출한것이다. 종전후 공무원은 "베이스. 업" 되었는데 "베이스.업" 되었을 경우에는 "베이스.업" 된 금액에 전기 관측사망율에 의하여 얻은 인원수를 승하여 계산하였다. 그리고 이 406 백만원에는 그간 기위 지불한 금액이 포함되어 있다.

한국측: 지불한 금액은 얼마나 되는가.

일본측: 2,945,238원이다.

한국측: 인원수는 알수 있는가.

일본측: 모른다.

한국측: 관측 사망율은 어떻게 되어있는가.

일본측: 수자는 잘 모르나 매년 후생성에서 발표하고 있다.

한국측: 일본측 계수는 지방정부 지변분과 미재정분을 포함하지 않은 것인가.

일본측: 그렇다.

한국측: 은급에 관한 명부는 있는가.

일본측: 지불대장이 있으면 조선총독부 문서 있다.

한국측 : 일본측의 인원수는 우리측 인원수와 상당한 차이가 있다 일본측 수자는 검토해 보겠으나 문제는 미재정분에 있다고 보는데 미재정분은 일본측에서 알수 없는가.

일본측 : 은급은 본인의 신청이 없으면 계산할수 없는것이므로 미재정분은 알수없다. 한국측은 일년간 은급액에 평균 수명을 감안하여 20년분을 계산하였다고 하는데 ▲년간 은급액은 어떠한 근거에 의하여 산출하였는가.

한국측 : 관서별로 금액이 다른데 그점은 조사해서 다음 기회에 설명하겠다.

일본측 : 피징용 노무자 관계는 다음 기회에 토의하기로 하였으나 한가지 물어볼것은 노무자중 사망자 12,603 명과 부상자 7,000명은 어떠한 근거에 의하여 산출한것인가.

한국측 : 사망자는 1946년에 미군정청이 신고를 받아 직접 조사한것이고 부상자 역시 미군정청에서 추정한 수자이다.

일본측 : 군인 군속의 사망자 6,5000 명도 직접 조사한 수자인가.

한국측 : 군인 군속은 추정하였다.

일본측 : 사망자 12,603 명의 명부는 있는가.

한국측 : 명부는 있었으나 6.25 동란중 소실되었다.

일본측 : 피징용자와 군속은 중복하고 있지 않은가. 피징용자와 군속은 어떠한 방식에 의하여 구별하였는가.

한국측 : 우리측 수자는 피징용자와 군속의 신분관계를 조사하여 산출한 것이 아니고 일본측 자료에 의하여 산출한것이기 때문에 중복은 없다.

일본측 : 그러면 다음은 폐쇄기관과 재외회사 관계를 설명하여야 하겠으나 담당자인 "혼마" 과장이 병으로 결근하였으므로 전번 회의때 한국측에서 요청한 폐쇄기관 및 재외회사의 정리후 신설된 회사명칭은 조사하였으나 (별첨 참조) 그 설명은 다음 회의때 "혼마" 과장이 설명하도록 하고 다음은 기탁금 관계를 설명하겠다. 기탁금 중 세관에 기탁한 금원은 한국측 수자와 대차 없으며 일본은행권은 오히려 일본측 수자가 약간 많다 (별첨 귀환 한국인으로부터의 보관물건 집계표 참조) 그리고 기탁금중 제 2항의 조선은행권과 일본은행권의 교환으로 보관중인 일본은행권은 한국측이 제시한 수자와 동액이므로 별도 조사표를 준비하지 않았다.

한국측 : 조선은행권의 교환 잔액이 아직 73백 여만원 가량 남어있는 것으로 알고 있는데 그 금액은 그후 어떻게 처리되었는가.

일본측 : 연합군 총사령부에 반환하여 폐기하였다. 그러면 이제 남은 것은 구조련에 기탁한 재산내용과 피징용 노무자, 재외회사 관계등인데 이것은 내주 화요일에 있을 전문위원회에서 토의 하기로 하자. 그리고 금주 목요일에는 소위원회를 개최하기로 되어있으나 요강 6,7,8 항목에 대한 일본측 준비가 덜 되었으므로 휴회 했으면 좋겠는데 한국측 의견은 어떤가.

한국측 : 일본측에서 준비가 되지 않았다면 할수없는 일이니 휴회하도록 하자.

끝

유 첨 : 1. 구조선지구에 본점이 있었던 폐쇄기관 및 재외회사의 신회사표

2. 귀환 조선인으로부터의 보관물건 집계표

3. 조선관계 은급 건수

4. 조선관계 군인 군속 수

각 1통

번역

구 조선지구에 본점이 있었던 폐쇄기관 및 재외회사의 신 회사조

법인명	신 회사명
폐쇄기관　조선은행	주식회사 일본부동산은행
재외회사　소림광업주식회사	다이젯트 공업주식회사
재외회사　대일공업주식회사	대일연공업주식회사
재외회사　주식회사정자옥상점	주식회사 정자옥상점
재외회사　일보광업개발주식회사	일보광업주식회사
재외회사　일본고용파중공업주식회사	일본고용파광업주식회사
재외회사　경인상선주식회사	대인상선주식회사
재외회사　일경산업주식회사	일경도기주식회사
재외회사　서일본기선주식회사	신서일본기선주식회사
재외회사　풍국제분주식회사	풍국제분주식회사
재외회사　전십대창고주식회사	풍국제분주식회사
재외회사　황해농업주식회사	풍국제분주식회사
재외회사　제등합명회사	풍국제분주식회사
재외회사　제등정미주식회사	풍국제분주식회사
재외회사　주식회사 대교농장	대교임업주식회사
재외회사　조선피혁주식회사	동화피혁주식회사
재외회사　일본내화재료주식회사	일내주식회사
재외회사　성환광업주식회사	미황광업주식회사
재외회사　조선석유주식회사	석유화학공업주식회사
재외회사　반도농업토목주식회사	주식회사신개지영화관
재외회사　반도농업토목주식회사	신개지토지주식회사
재외회사　조선우선주식회사	동경우선주식회사
재외회사　주식회사 조선저축은행	저은흥산주식회사
재외회사　주식회사 조흥은행	주식회사 조흥사
재외회사　주식회사 조선상업은행	대창상사주식회사

귀환 조선인으로부터의 보관 물건 집계표

일은권:	10,048,746.63엔
조은권:	3,994,892.50엔
대은권:	640.00엔
연은권:	9,820.00엔
□□권(CRB$):	460,000.00엔
군표(PRSO):	796.00엔
B호군표:	35.00엔

(주) 남북한 구별은 하지 않음

조선 관계 은급계수

		보통은급		증가은급		보통부조료		공무부조료		합계	
		인원 (인)	금액 (천엔)	인원 (인)	금액 (천엔)	인원 (인)	금액 (천엔)	인원 (인)	금액 (천엔)	인원 (인)	금액 (천엔)
문관	은급국장 재정	1,754	118,562			427	21,224	47	5,173	2,228	144,959
	조선총독 도지사 재정	4,626	219,895			1,006	41,573			5,632	261,468
	계	6,380	338,457			1,433	62,797	47	5,173	7,860	406,427
군인	은급국장 재정	159	33	10	118	7	1			176	152
합계	은급국장 재정	1,913	118,595	10	118	434	21,225	47	5,173	2,404	145,111
	조선총독 도지사 재정	4,626	219,895			1,006	41,573			5,632	261,468
	계	6.359	338,490	10	118	1,440	62,798	47	5,173	8,036	406,579

주 1. 본 계수는 전 조선분이며, 남북한 구별은 하지 않음.
2. 본 계수에는 일본 재주 은급권자를 포함함

조선 관계 군인·군속 수

신분		복원	사망	계
육군	군인	89,108	5,870	94,978
	군속	45,404	2,991	48,395
	계	134,512	8,861	143,373
해군	군인	21,008	308	21,316
	군속	64,639	13,013	77,652
	계	85,547	13,321	98,968
합계	군인	110,116	6,178	116,294
	군속	110,043	16,004	126,047
	계	220,159	22,182	242,341

주 1. 본 계수는 전 조선분이며 남북한 구별은 하지 않음.
2. 본 계수는 일본 재주자를 포함함.

旧朝鮮地区に本店のあった閉鎖機関及び在外会社の新会社調

法人名		新会社名
閉鎖機関	朝鮮銀行	株式会社日本不動産銀行
在外会社	小林鉱業株式会社	ダイジェット工業株式会社
〃	大日工業株式会社	大日鉛工業株式会社
〃	株式会社丁子屋商店	株式会社丁子屋商店
〃	日室鉱業開発株式会社	日室鉱業株式会社
〃	日本高周波重工業株式会社	日本高周波鋼業株式会社
〃	京仁商船株式会社	大仁商船株式会社
〃	日硬産業株式会社	日硬陶器株式会社
〃	西日本汽船株式会社	新西日本汽船株式会社
〃	豊国製粉株式会社	豊国製粉株式会社
〃	全十代倉庫株式会社	
〃	黄海農業株式会社	
〃	斉藤合名会社	
〃	斉藤精米株式会社	
〃	株式会社大橋農場	大橋林業株式会社
〃	朝鮮皮革株式会社	同和皮革株式会社
〃	日本耐火材料株式会社	日耐株式会社
〃	成歓鉱業株式会社	美幌鉱業株式会社
〃	朝鮮石油株式会社	石油化学工業株式会社
〃	半島農業土木株式会社	株式会社新開地映画館
		新開地土地株式会社
〃	朝鮮郵船株式会社	東京郵船株式会社
〃	株式会社朝鮮貯蓄銀行	貯銀興産株式会社
〃	株式会社朝興銀行	株式会社朝興社
〃	株式会社朝鮮商業銀行	大昌商事株式会社

引揚朝鮮人からの保管物件集計表

	円
日銀券	10,048,746.63
鮮銀券	3,994,892.50
台銀券	640.00
連銀券	2,820.00
儲備券（CRB$）	460,000.00
軍票（PESO）	796.00
B号軍票	35.00

（注） 南北鮮の区別をしていない。

朝鮮関係恩給計数

		普通恩給		増加恩給		普通扶助料		公務扶助料		合計	
		人員	金額	人員	金額	人員	金額	人員	金額	人員	金額
文官	恩給局裁定	人 1.754	千円 118.562	人	千円	人 427	千円 21.224	人 47	千円 5.173	人 2.228	千円 144.959
	朝鮮総督道知事裁定	4.626	219.895			1.006	41.573			5.632	261.468
	計	6.380	338.457			1.433	62.797	47	5.173	7.860	406.427
軍人	恩給局裁定	159	33	10	118	7	1			176	152
合計	恩給局裁定	1.913	118.595	10	118	434	21.225	47	5.173	2.404	145.111
	朝鮮総督道知事裁定	4.626	219.895			1.006	41.573			5.632	261.468
	計	6.539	338.490	10	118	1.440	62.798	47	5.173	8.036	406.579

注 1. 本計数は全朝鮮分であり、南北鮮の区別を行つていない。

2. 本計数には、日本在住の恩給権者を含む。

朝鮮関係軍人軍属数

身分		復員	死亡	計
陸軍	軍人	89,108	5,870	94,978
	軍属	45,404	2,991	48,395
	計	134,512	8,861	143,373 ✓
海軍	軍人	21,008	308	21,316
	軍属	64,639	13,013	77,652
	計	85,647	13,321	98,968 ✓
合計	軍人	110,116	6,178	116,294
	軍属	110,043	16,004	126,047
	計	220,159	22,182	242,341 ✓

注 1. 本計数は全朝鮮分であり、南北鮮の区別を行なつていない。

2. 本計数には日本在住者を含む。

12. 일반청구권소위원회 피징용자 등 관계 제2차 전문위원회 회의록, 1962. 2. 20

한국 외교문서 750, 제6차 한일회담 청구권위원회 회의록, 제1-11차, 1961. 10. 27-62. 3. 6

1961년 2월 20일 개최된 제6차 한일회담 일반청구권소위원회 산하 피징용자 등 관계 전문위원회 제2차 회의 회의록이다.

※ 문서 상태 불량으로 새로 타이핑한 내용을 다음 수록함.

제6차 한일회담 일반청구권소위원회 피징용자 등 관계 전문위원회 제2차 회의 회의록

1. 개최 일시: 1962년 2월 20일 하오 3시부터 5시까지

2. 개최 장소: 일본 외무성 회의실 235호

3. 참 석 자: 한국 측 – 김윤근 수석위원
   이상덕 위 원
   홍윤섭 〃
   오채기 〃
   일본 측 – 우라베 참사관
   혼마 보 좌
   사쿠라이 〃
   나카지마 〃
   이타가키 〃
   무라오카 〃
   와타나베 〃
   외 12명

4, 토의 내용:

일본 측: 전번 회의에서 군인·군속에 관한 일본 측 숫자는 외무성 조사월보나 인양 원호기록에 표시되어 있는 숫자와 상당한 차이가 있다는 한국 측 발언이 있어서 그동안 후생성에서 외무성 조사월보와 인양원호기록에 표시된 숫자의 근원을 조사해 보았는데 오늘은 먼저 그 결과를 말하겠다. 외무성 조사월보의 숫자는 그 표지에도 명시되어 있는 바와 같이 이것은 어디까지나 개인의 조사자료이며 외무성의 의견을 표명하는 것은 아니라는 점을 양해하여 주기 바란다. 조사월보에는 확실히 종전 당시 한국인 군인·군속이 11만 명 있었던 것으로 되어 있다. 이 숫자는 입국관리청이 가지고 있던 자료를 근거로 한 것인데 동 자료는 후생성이 제공한 것이다. 당시의 후생성 기록에 의하면 이 11만 명의 내역은 해군이 5만명, 육군이 6만 명으로 되어 있는데 육군의 6만 명 중 4만 3천 명은 사무상의 숫자이며 6만 명에서 4만 3천 명을

감한 1만 7천 명만이 육군 관계이다. 사무상의 숫자 4만 3천 명이라는 것은 한국 군인의 중복 여부를 조사하기 위한 대상으로서의 숫자에 불과한데 이것을 입국관리청이 외무성에 잘못 제공한 데서 일어난 착오이다. 일본 본토의 한국인 육군 관계 1만 7천 명은 종전 후 각 부대의 명부 기타 병적 관계 기록에 의하여 대조한 것이므로 이 숫자가 정확하다. 그리고 인양 원호기록의 숫자는 미국 측으로부터 받은 통계인데 이 숫자는 모두가 군인·군속만이 아니고 그중에는 일반인도 포함된 것이다.

한국 측: 군인·군속만이 아니고 일반인도 포함되었다고 하는데 그 일반인이란 무엇을 말하는 것인가.

일본 측: 과거부터 그 지방에 거주하고 있던 민간인을 말하며, 인양 원호기록에 의하면 하와이로부터 한국인이 귀환한 것으로 되어 있으나 하와이에는 군인·군속이 있었을 리 없을 것이므로 일반인이 아닌가 한다.

한국 측: 지금 예를 들은 하와이의 경우는 종전 후 하와이에서 한국에 귀환한 일반 민간인은 한 사람도 없었으므로 그 숫자는 오히려 모두가 억류된 군인·군속이 아닌가 생각한다. 그리고 호주에서 귀환한 자도 있는데 호주에는 당시 거주자가 없었으므로 그것을 보아도 이 숫자는 모두가 군인·군속이 아닌가.

일본 측: 호주는 백호주의를 주창하는 나라이므로 호주에서 온 자는 민간인이 아니고 군인·군속이라고 생각하나 아까도 이야기한 것처럼 이 자료는 미국으로부터 제공받은 통계이며 이 통계는 그것이 군인·군속에 관한 것인지 민간인을 포함하는 것인지 명확하지 않다. 그러나 각 부대의 명부나 기타 병적 관계 기록에 의하여 조사한 숫자와는 차이가 있으므로 일반인도 포함되지 않았나 생각한다.

한국 측: 이 숫자에 관하여 지금 당장 결론을 낼 수 없을 것이고 다음 몇 가지 질문을 하겠는데, 전번 회의에서 복원자 중에는 부상자도 포함한다고 말하였는데 부상자 수는 알 수 있는가.

일본 측: 상병 관계 기록이 없으므로 그 수는 모른다.

한국 측: 행방불명자는 이 표에서 어떻게 처리되고 있는가.

일본 측: 행방불명자는 종전 후 조사되었으므로 사망자나 복원자 중 어느 쪽엔가 들어 있다.

한국 측: 종전 후 한국인 군인·군속은 일본 정부의 알선에 의하여 귀환한 자도 있으나

자력에 의하여 귀환한 자도 있는데 이러한 자력 귀환자는 어떻게 처리되어 있는가.

일본 측: 일본 측 숫자는 부대 명부를 기초로 하였기 때문에 자력이든 정부 알선 귀환이든 복원자 계수에 들어 있다.

한국 측: 일본 측은 한국인 군인·군속은 각 부대의 명부에 의하여 조사하였다고 하는데 당시 한국인의 성명은 일본인과 같았으므로 명부만으로는 구별하기가 곤란하였을 것으로 보는데 그것을 어떻게 구별하였는가.

일본 측: 명부에는 본적과 양친 명이 기재되어 있으므로 구별할 수 있다.

한국 측: 그 조사로는 한국인 군인·군속의 전부가 '카바' 되었을까.

일본 측: 부대 명부와 잔류가족의 계출의 두 가지 자료에 의하여 조사하였으므로 전부 '카바'되어 있다고 생각한다.

한국 측: 잔류가족의 계출은 소화[昭和] 20년 3월에 실시된 것이므로 그 이후 분이 누락되어 있지 않은가.

일본 측: 소화[昭和] 20년 3월 이후에도 한국인이 징모되었지만 그것은 부대 명부에 의하여 조사하였다.

한국 측: 일본의 경우는 조사가 가능하였을지 모르나 한국의 경우는 실제 그러한 작업이 지난하여 그 전부를 '카바'할 수 없었을 것으로 본다. 부대별로 한국인이 어떻게 소속되었는지 그러한 자료는 있는가.

일본 측: 종래는 그러한 자료가 있었으나 그 자료를 흩어서 촌(무라)별로 분류하였기 때문에 지금 그것을 부대별로 재분류하기는 대단히 곤란하다.

한국 측: 그러면 그 촌별 분류표라도 좋으니 그것을 줄 수 없는가.

일본 측: 육군의 경우는 가능하나 해군의 경우는 군속은 촌별로 분류가 되어 있으나 군인은 일대 시기별 번호별로 분류가 되어 있기 때문에 그것도 용이하지 않다. 한국 측의 365,000명은 신고시킨 것인가 그렇지 않으면 외무성 조사월보 등에 의해서 추정한 것인가.

한국 측: 일본 외무성 조사월보는 일본 측 숫자가 적기 때문에 반대자료로 말한 것에 불과하며 그것을 근거로 한 것은 아니다.

일본 측: 일본은 명부가 있기 때문에 한국 측이 말하는 365,000명에 대하여는 그 근거를 알지 않으면 안 된다.

한국 측: 부분적으로는 자료가 있으나 전반적으로는 추정한 것이다.

일본 측: 일본 측 숫자는 추정에 의한 것이 아니고 명부에 의한 것이기 때문에 군인·군속별로도 알 수 있다. 따라서 한국 측의 반대자료가 없는 한 이 숫자는 간단히 움직일 수 없는 숫자라고 생각한다.

한국 측: 일본 측 숫자는 명부에 의한 것이라고 하나 의문점이 없지 않다. 부대별 명부가 있으면 대사하는 방법도 있는데 부대별 명부가 없으면 촌별, 도별 통계라도 좋으니 줄 수 없는가.

일본 측: 촌별, 도별 통계를 다시 만들 수는 있으나 지금 당장은 어렵다.

한국 측: 참고로 묻겠는데 한국 군인·군속의 유골은 어떻게 되어 있는가.

일본 측: 반환 교섭이 좌절되었기 때문에 현재 후생성에서 보관하고 있다.

한국 측: 그 수는 얼마나 되는가.

일본 측: 지금 숫자를 가지고 있지 않으므로 후에 조사해서 통지하겠다. 그러면 군인·군속 관계는 이 정도로 하고 다음으로 진행하는 것이 어떤가.

한국 측: 좋다.

일본 측: 일전 한국 측이 요청한 폐쇄기관 및 재외 회사에 관한 자료 중 현재 정리 중의 재외 회사 일람표와 조선금융조합연합회의 재산목록(별표 참조)은 가지고 왔으나 나머지 (1) 폐쇄기관(4사) 및 재외 회사(184사)의 명세 및 각 청산 종료 일자 (2) 폐쇄기관의 한국인 주주명세 및 어느 시일의 주주명부를 기준으로 하였는가 (3) 구 조선은행의 1955년 말의 재일재산 상황 등 자료는 아직 덜 준비되었으므로 준비되는 대로 주겠다. 참고로 폐쇄기관은 조선에 본점이 있는 것을 포함하여 그 총수는 1,080사인데 그 중 1,067사가 청산을 완료하였으며 청산된 회사의 청산 서류는 대장성이 인계하여 보관하고 있고 신 회사 설립의 경우는 신 회사가 인계하여 보관하고 있다. 따라서 한국 측이 요청하는 자료를 작성하기 위하여서는 대장성이나 신 회사가 가지고 있는 자료에 의존하여야 하는데 현재 대장성이 가지고 있는 자료 관계만도 8천여 상자나 되므로 다소 시일이 걸리겠다. 그리고 (1)의 폐쇄기관 및 재외 회사의 명세는 무엇을 의미하는 것인가.

한국 측: 그 명칭을 말하는 것이다.

일본 측: 명칭만이라면 곧 작성할 수 있다. 그 명칭은 한국 측에서도 알고 있지 않은가.

한국 측: 우리 측에는 200여 개사로 되어 있으므로 대조해보려고 한다.

일본 측: 한국 측에 그 리스트가 있으면 우리 측 리스트와 서로 교환하자.

한국 측: 좋다. 그리고 금년의 재산목록을 보면 자산이 1,162백만 원 부채가 약 2백만 원인데 차액이 자산 초과라는 뜻인가.

일본 측: 자산 중에는 환가할 수 없는 것도 있으나 장부가격으로서는 차액이 자산 초과가 된다. 한국 측에서는 청산회사의 잔여재산 분배 시의 주주명부를 요청하고 있으나 한국 측에서는 지금 이러한 회사의 주주명부를 가지고 있는가.

한국 측: 동경에는 없으나 곧 부쳐올 수 있다.

일본 측: 일전 한국 측은 일본 측이 한국인 주주를 퍽 적게 보았다는 말이 있었으나 주주명부는 일본 명으로 되어 있고 그 명부에 의하여 한국인 주주를 추린 것이기 때문에 그 점에서는 약간 사실과 상치되는 점이 있을지 모르겠다.

한국 측: 그러면 다음은 기탁금 관계에 들어가자.

일본 측: 기탁금 관계에 있어서는 구 조련에 기탁한 재산이 그 후 어떻게 처리되었느냐 하는 한국 측의 질문인데 조련 재산은 법무성에 공탁 중인 것도 있고 각 현에서 보관 중인 것도 있으나 구체적인 내용은 현재 법무성에 조회 중에 있으므로 다음 기회에 설명하겠다. 그리고 '스캪' 공문의 237백만 원은 중복된 것인데 중복된 것은 알고 있으나 그것이 어느 정도인지는 현재 조사 중에 있다.

한국 측: 조련 자산은 '스캪' 지시에 의하여 처분하였다고 하였으므로 그 지시문 사본을 요청하였는데 준비되었는가.

일본 측: 다음 회의 때 제공하겠다. 그런데 한국 측은 한국인 귀환자가 조련에 기탁한 재산은 5천만 원이라고 하였는데 그 액수는 어떻게 알았는가.

한국 측: 조사해서 다음 회의 때 설명하겠다.

일본 측: 다음은 일본은행권과 교환하고 남은 조선은행권의 처리 상황인데 그 처리는 소각한 것이 12,□61,030원, 이 소각에는 조선은행의 김진형씨가 입회하였다. (별첨 소각증명서 참조) 소화[昭和] 23년 1월 23일 연합국 총사령부에 반환한 것이 1□1,000,000원, 동년 11월 22일 '팔프'화 한 것이 162,323,500원이며 후 양자는 총사령부 지령에 따라 폐기처분한 것이다. 다음은 은급 관계를 토의하는 것이 좋을 것으로 보는데 은급 관계는 한국 측에서 자료를 제출하기로 되어 있다. 은급 관계 자료

는 준비되었는가.

한국 측: 준비하였다. (별첨 연금 청구명세 수교)

일본 측: 기재정분은 누가 재정한 것인가.

한국 측: 기재정분은 재정자별로 구분되지 않았으나 미재정분은 국고 부담과 지방 부담별로 구분되어 있다.

일본 측: 미재정의 15,888인은 국고, 지방별로 구별되어 있다고 하는데 그것은 실제 조사한 것인가.

한국 측: 각 관서별로 국고, 지방분을 조사하였다.

일본 측: 기재정분은 신고시킨 것인가.

한국 측: 각지 우편국과 은급 금고에 있는 자료에 의하여 조사하였다.

일본 측: 금액은 1년분을 20배 한 것인가.

한국 측: 그렇다.

일본 측: 미재정분의 개념은 어떤 것인가.

한국 측: 재정을 위하여 수속 중에 있던 것과 아직 지불을 받지 못한 것을 말한다. 은급법에서 미재정분이란 어떤 것을 말하는 것인가.

일본 측: 은급법에 정해있는 일정 연한을 재직한 후 퇴직한 자를 말하며 재정 신청을 하지 않았더라도 그것은 미재정의 범주에 속한다. 미재정분은 추계한 것인가.

한국 측: 각 관서별로 조사한 것이고 이북은 추정하였다.

일본 측: 기재정분도 이북분을 포함하고 있는가.

한국 측: 그렇다. 이북분은 기재정분이나 미재정분 모두 추정하였다.

일본 측: 국고지변분은 지불대장이 있으므로 그 수를 확실히 알 수 있는데 한국 측의 기재정분은 19천여 명으로 지방 지변분을 포함한 것으로 아나 그렇다 하더라도 지방 지변분이 너무 많은 것 같다. 은급은 은급법에 의거한 것과 지방자치단체 자제의 규칙에 의하여 지불하는 것이 있으며 지방자치단체 자체의 규칙에 의하여 지불하는 것은 국고와는 전연 관계없이 도나 읍이 계약에 따라 그 사용인에게 지불하는 것이 있는데 여기 기재정분에는 이러한 것을 포함한 것이 아닌가.

한국 측: 그 내용은 잘 알 수 없으나 그런 것이 있었는가.

일본 측: 국고와는 관계없이 도에서 지불한 것으로 도리원(道吏員) 부리원(府吏員)이 있었는데 그런 것을 포함한 것이 아닌가. 도리원 부리원을 포함하지 않고서는 그렇게 많은 인원이 될 리는 없을 것으로 생각한다.

한국 측: 도리원 부리원이란 어떤 것을 말하는가.

일본 측: 서기 주사 등을 말한다.

한국 측: 그런 것은 포함되지 않았다.

일본 측: 미재정분은 국고 부담과 지방 부담별로 구별되어 있다고 하는데 국고 부담과 지방 부담은 어떻게 되어 있는가.

한국 측: 우리 측 분류 방법은 약간 다르며, 내각. 총독부 재정분과 도 재정분으로 구분하고 있다.

일본 측: 그러면 그 구분은 어떻게 되어 있는가.

한국 측: 전체 인원에 대하여 내각. 총독부 재정분이 1, 도 재정분이 6의 비율로 되어 있다.

일본 측: 기재정분은 도 재정분이라도 국고 부담분은 대상이 있어서 그 수를 정확히 알 수 있으나 미재정분은 일본 측에서도 사실상 잘 모른다. 미재정분은 당시 관내의 정원 등이 있어서 직원록을 보면 대체로 그 수를 조사할 수 있는 것이나 미재정분은 추정상의 착오나 지방지변분의 혼입이 없는지 그런 점을 알고 싶다.

한국 측: 미재정분에 대해서는 일본 측에서 어떤 생각을 가지고 있는가.

일본 측: 전문위원회는 숫자나 금액을 확인하는 데 있으므로 그 문제는 공식 회담에서 논의하기로 하고 공식 회담에서 지불한다는 방침이 결정되면 그때 다시 숫자를 대사하도록 하는 것이 좋겠다. 다음 피징용 노무자 관계를 계속할 것인가.

한국 측: 피징용 노무자 관계는 다음 목요일에 토의하도록 하자. 다음 목요일에는 공식 회담이 있으나 공식 회담을 휴회하고 이 피징용 노무자 관계를 토의하도록 하자.

일본 측: 좋다.

유첨: 1. 현재 정리 중의 재외회사 일람표

2. 폐쇄기관 조선금융조합연합회의 재산목록

3. 조선은행권 소각증명서

4. 연금청구명세

각 1통 끝.

일반 청구권 소위원회 피징용자관계등 제 2차 전문위원 회의

회 의 록

1. 개최 일시 : 1962. 2. 20. 하오 3시부터 5시 까지
2. 회의 장소 : 일본 외무성 회의실 230호
3. 참석자 :

한국측 :	김 윤 근	수석위원
	이 상 덕	위원
	홍 윤 섭	〃
	오 재 기	〃
일본측 :	우라베	참사관
	혼마	보좌
	사꾸라이	〃
	나가지마	〃
	이다가끼	〃
	무라오까	〃
	와다나베	〃
	외 12 명	

4. 토의 내용 :

일본측 : 전번 회의에서 군인 군속에 관한 일본측 수자는 외무성 조사월보나 인양원호기록에 표시되어있는 수자와 상당한 차이가 있다는 한국측 발언이 있어서 그동안 후생성에서 외무성 조사월보와 인양원호기록에

표시된 수자의 근원을 조사해 보았는데 오늘은 먼저 그 결과를 발하겠다. 외무성 조사월보의 수자는 그 표시에도 명시되어 있는 바와 같이 이것은 어데까지나 개인의 조사자료이며 외무성의 의견을 표명하는것은 아니라는 점을 양해하여주기 바란다. 조사월보에는 확실히 종전당시 한국인 군인군속이 11 만명 있었던 것으로 되어 있다. 이 수자는 입국관리청이 가지고있던 자료를 근거로 한것인데 동 자료는 후생성이 제공한것이다. 당시의 후생성 기록에 의하면 이 11 만명의 내역은 해군이 5 만명, 육군이 6 만명으로 되어있는데 육군의 6 만명중 4만 3천명는 사무상의 수자이며 6 만명에서 4만 3 천명을 감한 1 만 7천명만이 육군관계이다. 사무상의 수자 4만 3 천명이라는것은 한국군인의 존부여부를 조사하기 위한 대상으로서의 수자에 불과한데 이것을 입국관리청이 외무성에 잘못 제공한데서 일어난 착오이다. 일본본토의 한국인 육군관계 1 만 7 천명은 종전후 각부대의 명부 기타 병적관계 기록에 의하여 대조한 것이므로 이 수자가 정확하다. 그리고 인양원호기록의 수자는 미국측으로부터 받은 통계인데 이 수자는 모두가 군인 군속만이 아니고 그중에는 일반인도 포함된것이다.

한국측 : 군인 군속만이 아니고 일반인도 포함되었다고 하는데 그 일반인이란 무엇을 말하는 것인가.

일본측 : 과거부터 그 지방에 거주하고 있던 민간인을 말하며, 인양원호기록에 의하면 하와이로부터 한국인이 귀환한것으로 되어있으나

하와이에는 군인 군속이 있었을 뿐 없을것이므로 일반인이 아닌가 한다.

한국측: 지금 예를 들은 하와이의 경우는, 종전후 하와이에서 한국에 귀환한 일반 민간인은 한사람도 없었으므로 그수자는 오히려 모두가 억류된 군인 군속이 아닌가 생각한다. 그리고 호주에서 귀환한 자도 있는데 호주에는 당시 거주자가 없었으므로 그것을 보아도 이수자는 모두가 군인 군속이 다닌가.

일본측: 호주는 백호주의를 주장하는 나라이므로 호주에서 온자는 민간인이 아니고 군인군속이라고 생각하나 아까도 이야기 한것 처럼 이자료는 미국으로부터 제공받은 통계이며 이 통계는 그것이 군인 군속에 관한것인지 민간인을 포함하는 것인지 명확하지 않다. 그러나 각부대의 명부나 기타 병적관계 기록에 의하여 조사한 수자와는 차이가 있으므로 일반인도 포함되지 않았나 생각한다.

한국측: 이 수자에 관하여 지금 당장 결론을 낼수없을것이고 다음 몇가지 질문을 하겠는데, 전번회의에서 복원자 중에는 부상자도 포함한다고 말하였는데 부상자 수는 알수있는가.

일본측: 상병관계 기록이 없으므로 그 수는 모른다.

한국측: 행방불명자는 이표에서 어떻게 처리되고 있는가.

일본측: 행방불명자는 종전후 조사되었으므로 사망자나 복원자중 어느 쪽엔가 들어 있다.

한국측: 종전후 한국인 군인군속은 일본정부의 알선에 의하여 귀환한 자도 있으나 자력에 의하여 귀환한 자도 있는데 이러한 자력귀환자는

어떻게 수록되어 있는가.

일본측: 일본측 숫자는 부대명부를 기초로 하였기 때문에 사망이든 정부안의귀환이든 복원자 숫자에 들어있다.

한국측: 일본측은 한국인 군인군속을 각 부대의 명부에 의하여 조사하였다고 하는데 당시 한국인의 성명은 일본인과 같았으므로 명부만으로는 구별하기가 곤란하였을것으로 보는데 그것을 어떻게 구별하였는가.

일본측: 명부에는 본적과 양친명이 기재되어 있으므로 구별할수 있다.

한국측: 그 조사로는 한국인 군인 군속의 전부가 "카바" 되었는가.

일본측: 부대명부와 잔류가족의 계출의 두가지 자료에 의하여 조사하였으므로 전부 "카바" 되어있다고 생각한다.

한국측: 잔류가족의 계출은 소화 2[illegible]년 [illegible]월에 실시된 것이므로 그 이후분이 누락되어있지 않은가.

일본측: 소화 [illegible]년 3월 이후에도 한국인이 징모되었지만 그것은 부대명부에 의하여 조사하였다.

한국측: 일본의 경우는 조사가 가능하였을지 모르나 한국의 경우는 실제 그러한 작업이 지난하여 그 전부를 "카바" 할수 없었을것으로 본다. 부대별로 한국인이 어떻게 소속되었는지 그러한 자료는 있는가.

일본측: 종래는 그러한 자료가 있었으나 그 자료를 흩어서 촌 (무라)별로 분류하였기 때문에 지금 그것을 부대별로 재분류하기는 대단히 곤란하다.

한국측: 그러면 그 촌별 분류표라도 좋으니 그것을 줄수 없는가.

일본측: 육군의 경우는 가능하나 해군의 경우는 군속은 촌별로 분류가

되어있으나 군인은 입대시기별 연도별로 분류가 되어있기 때문에 그것도 높이야지 않다. 한국측의 365,000 명은 신고서인것인가 그렇지 않으면 외무성 조사보고등에 의해서 추정한것인가.

한국측: 일본외무성 조사보고는 일본측 수자가 적기 때문에 반대자료로 반한것에 불과하며 그것을 근거로 한것은 아니다.

일본측: 일본은 명부가 있기 때문에 한국측이 말하는 365,000 명에 대하여는 그 근거를 알지 않으면 안된다.

한국측: 부분적으로는 자료가 있으나 전반적으로는 추정한것이다.

일본측: 일본측 수자는 추정에 의한것이 아니고 명부에 의한 것이기 때문에 군인군속별로도 낼수있다. 따라서 한국측의 반대자료가 없는한 이 수자는 간단히 움직일수 없는 수자라고 생각한다.

한국측: 일본측 수자는 명부에 의한것이라고 하나 의문점이 없지 않다. 부대별 명부가 있으면 내사하는 방법도 있는데 부대별 명부가 없으면 촌별, 도별 통계라도 좋으니 줄수없는가.

일본측: 촌별, 도별 통계를 다시 만들수는 있으나 지금 당장은 어렵다.

한국측: 참고로 묻겠는데 한국 군인군속의 유골은 어떻게 되어있는가.

일본측: 반환 교섭이 좌절되었기 때문에 현재 후생성에서 보관하고있다.

한국측: 그 수는 얼마나 되는가.

일본측: 지금 수자를 가지고있지 않으므로 후에 조사해서 통지하겠다. 그러면 군인군속관계는 이정도로 하고 다음으로 진행하는것이 어떤가.

한국측: 좋다.

일본측: 일전 한국측이 요청한 폐쇄기관 및 재외회사에 관한 자료중

현재 청산중의 재외회사 일람표와 조선금융조합연합회의 재산 목록 (별표 참조) 은 가지고 왔으나 나머지 (1) 폐쇄기관 (4 사) 및 재외회사 (164 사) 의 명세 및 각 청산 종료일자 (2) 폐쇄기관의 한국인 주주 명세 및 어느 시일의 주주명부를 기준으로 하였는가 (3) 구 조선은행의 1945년 말의 재일재산 상황등 자료는 아직 덜 준비 되었으므로 준비되는대로 주겠다. 참고로 폐쇄기관은 조선에 본점이 있는것을 포함하여 그 총수는 1080 사인데 그중 1067 사가 청산을 완료하였으며 청산된 회사의 청산 서류는 대장성이 인계하여 보관하고 있고 신회사 설립의 경우는 신회사가 인계하여 보관하고있다. 따라서 한국측이 요청하는 자료를 작성하기 위하여서는 대장성이나 신회사가 가지고 있는 자료에 의존하여야 하는데 현재 대장성이 가지고있는 이 자료관계만도 8 천여 상자나 되므로 다소 시일이 걸리겠다. 그리고 (1) 의 폐쇄기관 및 재외회사의 명세 의 명세는 무엇을 의미하는 것인가.

한국측 : 그 명칭을 말하는 것이다.

일본측 : 명칭만이라면 곧 작성할수 있다. 그 명칭은 한국측에서도 알고 있지 않은가.

한국측 : 우리측에는 200 여개사로 되어있으므로 대조해보려고 한다.

일본측 : 한국측에 그 리스트가 있으면 우리측 리스트와 서로 교환하자.

한국측 : 좋다. 그리고 금년의 재산목록을 보면 자산이 1,162 백만원 부채가 약 2백만원인데 차액이 자산 초과라는 뜻인가.

일본측 : 자산중에는 환가할수 없는것도 있으나 장부가격으로서는 차액이

자산초과가 된다. 한국측에서는 선산회사의 잔여재산 분배시의 주주명부를 요청하고 있으나 한국측에서는 지금 이러한 회사의 주주 명부를 가지고 있는가.

한국측: 동경에는 없으나 곧 부쳐올수 있다.

일본측: 일전 한국측은 일본측이 한국인 주주를 퍽 적게 보았다는 말이 있었으나 주주명부는 일본인 명으로 되어있고 그 명부에 의하여 한국인 주주를 추린것이기 때문에 그점에서는 약간 사실과 상치되는점이 있는지 모르겠다.

한국측: 그러면 다음은 기탁금 관계에 들어가자 .

일본측: 기탁금 관계에 있어서는 구 조련에 기탁한 재산이 그후 어떻게 처리되었느냐하는 한국측의 질문인데 조련 재산은 법무성에 공탁중인 것도 있고 각 현에서 보관중인 것도 있으나 구체적인 내용은 현재 법무성에 조회중에 있으므로 다음 기회에 설명하겠다. 그리고 "스캪" 공문의 237 백만원은 중복된 것인데 중복된것은 알고 있으나 그것이 어느 정도 인지는 현재 조사중에 있다.

한국측: 조련재산은 "스캪" 지시에 의하여 처분하였다고 하였으므로 그 지시문 사본을 요청하였는데 준비되었는가.

일본측: 다음 회의때 제공하겠다. 그런데 한국측은 한국인 귀환자가 조련에 기탁한 재산은 5 천만원이라고 하였는데 그 액수 는 어떻게 알았는가.

한국측: 조사해서 다음 회의때 설명하겠다.

일본측: 다음은 일본은행권과 교환하고 남은 조선은행권의 처리상황인데

그 세 I는 소각한것이 11,162,[illegible]원 , 이 소각에는 조선은행의 김진형

씨가 입회하였다. (별첨 소각증명서 참조) 소화 20년 3월 20일

연합국 총사령부에 반환한것이 1[illegible]1,000,000 원. 동년 11월 2[illegible]일

" 팔푸" 과한것이 10[illegible],323,500 원이며 후 양자는 총사령부 지령에 따라

폐기처분한것이다 . 다음은 은급관계를 토의하는것이 좋은것으로

보는데 은급관계는 한국측에서 자료를 제출하기로 되어있다. 은급관계

자료는 준비되었는가.

한국측 : 준비하였다. (별첨 년금 청구명세 참조)

일본측 : 기재정분은 누가 재정한것인가.

한국측 : 기재정분은 재정자 별로 구분되지 않았으나 미재정분는 국고부담과

지방부담별로 구분되어있다.

일본측 : 미재정의 15,888 인은 국고, 지방 별로 구별되어 있다고 하는데

그것은 실제 조사한것인가 .

한국측 : 각 관서별로 국고, 지방분을 조사하였다.

일본측 : 기재정분은 신고시킨것인가.

한국측 : 각지 우편국과 은급금고에 있는 자료에 의하여 조사하였다.

일본측 : 금액은 1년분을 20배 한것인가.

한국측 : 그렇다.

일본측 : 미재정분의 개념은 어떤것인가.

한국측 : 재정을 위하여 수속중에 있던것과 아직 지불을 받지 못한것을 말한다.

은급법에서 미재정분이란 어떤것을 말하는것인가.

일본측 : 은급법에 정해있는 일정 년한을 재직한 후 퇴직한자를 말하며

재청신청을 하지 않았더라도 그것은 미신청의 범주에 속한다.

미재청분은 추계한것인가.

한국측: 각 관서별로 조사한 것이고 이북는 추정하였다.

일본측: 기재청분도 이북분을 포함하고 있는가.

한국측: 그렇다. 이북분은 기재청분이나 미재청분 모두 추정하였다.

일본측: 국고지변분은 지불대장이 있으므로 그 수를 확실히 알수있는데 한국측의 기재청분은 19 천여명으로 지방지변분을 포함한 것으로 아나 그렇다 하더라도 지방지변분이 너무 많은것 같다. 은급은 은급법에 의거한것과 지방자치단체 자체의 규칙에 의하여 지불하는 것이 있으며 지방자치단체 자체의 규칙에 의하여 지불하는 것은 국고와는 전연 관계 없이 도나 읍이 계약에 따라 그 사용인에게 지불하는 것이 있는데 여기 기재청분에는 이러한 것을 포함한 것이 아닌가.

한국측: 그 내용은 잘 알수 없으나 그런 것이 있었는가

일본측: 국고와는 관계없이 도에서 지불한 것으로는 도리원(道吏員) 부리원(府吏員) 이 있었는데 그런것을 포함한 것이 아닌가. 도리원 부리원을 포함하지 않고서는 그렇게 많은 인원이 될리는 없을것으로 생각한다.

한국측: 도리원 부리원이란 어떤것을 말하는가.

일본측: 서기 주사등을 말한다.

한국측: 그런것은 포함되지 않았다.

일본측: 미재청분은 국고부담과 지방부담별로 구별되어 있다고 하는데 국고부담과 지방부담은 어떻게 되어있는가.

한국측: 우리측 분류방법은 약간 다르며 내각. 총독부 직영분과 도 재정분으로

구속되고 있다 .

일본측: 그러면 그 구분은 어떻게 되어있는가.

한국측: 전체 인원에 대하여 내각.총독부 재정분이 1, 또 재정분이 6의
비율로 되어있다.

일본측: 기재정분은 또 재정된 나마도 국고수납분은 대상이 있어서 그 수를
정확히 알수있으나 미 재정분은 일본측에서도 사실상 잘 모른다.
기재정분은 당시 관계의정원들이 있어서 직원록을 보면 대체로 그 수를
조사할수 있는것이나 미재정분은 추정상의 과오나 지방지변분의 혼입이
없는지 그 근거를 알고싶다.

한국측: 미재정분에 대해서는 일본측에서 어떤 생각을 가지고 있는가.

일본측: 전문위원회는 수자나 금액을 확인하는데 있으므로 그 문제는 공식
회담에서 논의하기로 하고 공식회담에서 지불한다는 방침이 결정되면
그때 다시 수자를 대사하도록 하는것이 좋겠다. 다음 피징용 노무자
관계를 계속할것인가.

한국측: 피징용 노무자 관계는 다음 목요일에 토의하도록 하자. 다음
목요일에는 공식회담이 있으나 공식회담을 유회하고 이 피징용 노무자
관계를 토의하도록 하자.

일본측: 좋다.

유 첨: 1. 미재정기종의 재외회사 일람표

2. 폐쇄기관 조선금융조합 연합회의 재산목록

3. 조선은행권 소각증명서

4. 연금 청구명세

각 1통 끝.

연금 청구 명세
年金請求明細

20年分

연금: 年金	기재정 既裁定	19,232 인	115,469,500 원
	미재정 未裁定	15,888 인	174,175,500 원
	계 計	35,120 인	289,645,000 원
일시금: 一時金	기재정 既裁定	100 인	120,664 원
	미재정 未裁定	20,108 인	16,418,806 원
	계 計	20,208 인	16,539,470 원
	총계 總計	55,328 인	306,184,470 원

13. 일반청구권소위원회 피징용자 등 관계 제3차 전문위원회 회의록, 1962. 2. 22

한국 외교문서 750, 제6차 한일회담 청구권위원회 회의록, 제1-11차, 1961. 10. 27-62. 3. 6

1961년 2월 22일 개최된 제6차 한일회담 일반청구권소위원회 산하 피징용자 등 관계 전문위원회 제3차 회의 회의록이다.

※ 문서 상태 불량으로 새로 타이핑한 내용을 다음 수록함.

제6차 한일회담 일반청구권소위원회 전문위원회 제3차 회의 회의록

1. 개최 일시: 1962년 2월 22일 하오 3시부터 4시까지
2. 개최 장소: 일본 외무성 회의실 235호
3. 참 석 자: 한국 측 – 이상덕 위원

홍윤섭 〃

오채기 보좌

일본 측 – 우라베 참사관

시미즈 보 좌(노동성)

나카다 〃 〃

사쿠라이 〃 (대장성)

스기타 〃 〃

이와세 〃 〃

사사다 〃 〃

모리타 〃 (외무성)

스기야마 〃 〃

와타나베 〃 〃

후지타 〃 〃

호리 〃 〃

4. 토의 내용

일본 측: 오늘은 피징용 노무자 관계를 토의하도록 하는 것이 어떤가.

한국 측: 좋겠다.

일본 측: 그러면 우리 측에서 한국인 노무자에 관하여 표를 준비하였는데(별첨 집단 이입 조선인 노무자 수 참조) 한국 측에서는 피징용 노무자로 되어 있으나 표제를 '집단 이입 조선인 노무자'로 한 것은 일본에 온 한국인 노무자는 국민징용령에 의하여 징용된 자 외에 자유 모집, 관 알선에 의하여 온 자들이 있기 때문이다. 집단적으로 이입된 한국인 노무자에 관하여는 당시 각 직장에서 그 명부를 작성하고 있었으며 그 명부에는 사망, 부상, 직장 이탈 등에 관한 기록이 기입되었었다.

그리고 그에 관한 자료는 각 부 현을 통하여 중앙에서 집계되었으므로 종전 당시의 통계도 있다. 그러나 중앙에서는 각 부 현에서 보내오는 통계를 집계한 데 불과하였으므로 개인별 명부는 없다. 개인별 명부는 후생성에서 소화[昭和] 21년 6월에 각 부 현을 통하여 수집한 바 있는데 17현 분이 수집이 되어 현재 노동성에서 보관하고 있고 17현 이외 분은 조회 중에 있다. 그리고 집단 이입 한국인 노무자에 관하여는 후생성 외에 내무성 경무국에서도 관계 통계를 집계하고 있었다. 1939년 9월 이후 종전까지 집단적으로 일본에 온 한국인 노무자 총수는 667,684명이며 이 숫자는 진실에 가까운 숫자이다. 그러나 이 수는 1939년 이후의 총 누계이며 그간 계약기간의 만료로 귀환한 자 직장 이탈자 등이 있어서 종전 당시의 취로자 수는 후생성 통계에 의하면 표 2에 기재되어 있는 바와 같이 322,890명이다. 그리고 집단 이입의 종류는 자유 모집이 148,549명, 관 알선이 약32만 명, 국민징용령에 의하여 징용된 자가 약 20만 명이다. 표의 4는 내무성 통계인데 후생성 통계로는 집단 이입자 중 종전 시의 수를 제외한 차 34만여 명의 내용이 명확치 않으나 내무성에서는 그것을 조사한 통계가 있으므로 그 통계를 참고로 게재하였다. 이에 의하면 그 수는 후생성 통계와 약간의 차는 있으나 계약 기한 만료 귀환자가 52천 명, 불량송환자가 약 16천 명, 직장 이탈자가 226천 명으로 합계 328천 명이다. 그리고 표의 '복귀자'는 직장을 이탈하였다가 다시 직장으로 돌아온 자(이 수는 감모수에 포함되지 않았음). '기타'는 사망하거나 병으로 한국에 귀환한 자들이다.

한국 측: 종전 시의 현재 수 322,890명은 어떤 방식으로 조사하였는가.

일본 측: 자료에 의거한 것이며 그것이 어떤 방식으로 조사되었는지는 명확치 않다.

한국 측: 징용은 1945년 4월경까지로 되어 있으나 그 후는 어떻게 되었는가.

일본 측: 한국 내 훈련소에는 상당한 인원이 있었다고 듣고 있으나 그 당시는 일본 본토의 공습, 관부연락선의 두절 등으로 1945년 4월경 이후는 일본 내항이 거의 없었다.

한국 측: 한국에 귀환한 자가 있다고 하는데 관부연락선의 두절로 한국에는 귀환할 수 없었던 것이 아닌가.

일본 측: 관부연락선은 1945년 3월경에 두절되었으며 여기의 귀환자 수는 1939년 이후의 누계이다.

한국 측: 직장 이탈자가 상당히 많으며 그중 소재불명자가 대부분인데 소재불명자란

무엇인가.

일본 측: 대부분이 도망자인데 소재불명자로 표시하였다.

한국 측: 당시 관부연락선에는 형사가 내왕하는 한국 사람을 일일히 조사하였으므로 한국에 돌아올 수 없었고 따라서 만약에 직장을 이탈한 자가 있었다면 일본에 있었다고 볼 수밖에 없는데 경찰의 조사가 심하고 식량도 배급하던 당시에 일본에 숨어 있을 수 있었을까.

일본 측: 총수로는 20여만 명이나 되나 이들 노무자는 각 지방에 분산되어 있었으므로 지방별로 보면 그리 많은 수는 아니다.

한국 측: 직장별 한국인 노무자 수는 알 수 있는가.

일본 측: 17현분에 관해서는 알 수 있다. 한국 측은 노무자 중 사망자가 12천 명이나 된다고 하는데 그 근거는 무엇인가.

한국 측: 1946년에 조사한 숫자이다.

일본 측: 소화(昭和) 17년 12월 말까지는 명부가 있어서 사망자 수를 정확히 알 수 있으나 12 천 명까지는 되지 않으리라고 보며 지금 그 내용을 조사하고 있다. 한국 측에서는 사망자를 조사한 것이라고 말하였는데 어떤 방식으로 조사하였는가.

한국 측: 행정관청을 통하여 조사하였다.

일본 측: 군인·군속과 중복되지 않았는가.

한국 측: 노무자만을 조사한 것이므로 군인·군속은 들어 있지 않다. 사상자 관계는 일본 측에서 알 수 없는가.

일본 측: 명부가 각 직장에 있기 때문에 아직 잘 모른다.

한국 측: 일본 측 숫자는 좀 더 검토해 보겠지만 아까도 언급한 바와 같이 경찰의 조사라던가 식량 배급제 등 당시의 실정으로 보아 직장 이탈자 20여만 명이란 숫자는 이해하기 곤란하다.

일본 측: 종전 당시 직장에 남아 있던 한국인 노무자가 32만 명이라는 것은 우리들의 상식으로 되어 있다.

한국 측: 그리고 또 한 가지 지적하고 싶은 것은 일본 측은 전시 중 동원된 한국인 노무자를 관 알선, 징용 등으로 구분하고 있으나 관 알선이건 징용이건 당시 한국인 노무자를 일본으로 끌고 간 방법은 대단히 혹독하였었다는 것을 알아주기 바란다.

일본 측: 지나친 점이 있었을지 모르나 한국인 노무자라고 해서 그 당시 특별히 차별 대우하였다고는 생각하지 않는다. 그러면 피징용자 관계는 오늘 이 정도로 하는 것이 어떤가.

한국 측: 좋다.

일본 측: 그리고 은급 관계는 아직 잘 모르는 점이 있는데 은급은 어느 시점을 기준으로 계산한 것인지 또 미재정이나 일시금의 국고, 지방 부담별 내용은 어떻게 되어 있는 것인지, 그러한 은급의 산출기초를 좀 더 상세히 밝혀주었으면 좋겠다.

한국 측: 다음 회의 때까지 준비하겠다.

일본 측: 유가증권의 소유자별 내용도 가르쳐 주기로 되어 있는데 어떻게 되었는가.

한국 측: 이것도 다음 회의 때까지 준비하겠다.

일본 측: 식량 증권은 현물이 있는가.

한국 측: 지금 본국에 조회하고 있다.

일본 측: 조련에 대한 기탁재산의 산출 근거는 알았는가.

한국 측: 구체적인 것은 잘 모르겠으나 기록이 있다. 피징용자 미수금의 중복 내용은 조사되었는가.

일본 측: 대체적인 윤곽은 알고 있으나 구체적인 것은 아직 조사 중에 있다. 그러면 오늘 회의는 이 정도로 하고 내주 화요일(2월 27일)에 다시 회의를 가지도록 하자.

한국 측: 좋다.

유첨: 집단 이입 조선인 노무자 수 1부 끝.

일반청구권 소위원회 제 3차 전문위원회의

회 의 록

1. 개최 일시: 1962. 2. 22. 하오 3시부터 4시까지

2. 회의 장소: 일본외무성 회의실 235 호

3. 참석자:

한국측:	이 상 덕	위원	
	홍 윤 섭	〃	
	오 재 기	보좌	
일본측:	우라베	참사관	
	시미즈	보좌	(노동성)
	나가다	〃	〃
	사꾸라이	〃	(대장성)
	스기다	〃	〃
	이와세	〃	〃
	사사다	〃	〃
	모리다	〃	(외무성)
	스기야마	〃	〃
	와다나베	〃	〃
	스미가와	〃	〃
	후지다	〃	〃
	호리	〃	〃

4. 토의 내용 :

일본측: 오늘은 피징용 노무자관계를 토의하도록 하는것이 어떤가.

한국측: 좋겠다.

일본측: 그러면 우리측에서 한국인 노무자에 관하여 표를 준비하였는데 (별첨 집단 이입 조선인 노무자수 참조) 한국측에서는 피징용 노무자로 되어 있으나 표제를 "집단 이입 조선인 노무자" 로 한것은 일본에 온 한국인 노무자는 국민 징용령에 의하여 징용된자 외에 자유모집, 관알선에 의하여 온자들이 있기 때문이다. 집단적으로 이입된 한국인 노무자에 관하여는 당시 각 직장에서 그 명부를 작성하고 있었으며 그 명부에는 사망, 부상, 직장 이탈등에 관한 기록이 기입되었었다. 그리고 그에 관한 자료는 각 부 현을 통하여 중앙에서 집계되었으므로 종전 당시의 통계도 있다. 그러나 중앙에서는 각 부 현에서 보내오는 통계를 집계한데 불과하였으므로 개인별 명부는 없다. 개인별 명부는 후생성에서 소화 21년 6월에 각 부 현을 통하여 수집한바 있는데 17현 분이 수집이 되어 현재 노동성에서 보관하고 있고 17현 이외분은 조회중에 있다. 그리고 집단 이입 한국인 노무자에 관하여는 후생성 외에 내무성 경무국에서도 관계 통계를 집계하고 있었다. 1939년 6월 이후 종전까지 집단적으로 일본에 온 한국인 노무자 총수는 667,684 명 이며 이 수자는 진실에 가까운 수자이다. 그러나 이 수는 1939년 이후의 총누계이며 그간 계약 기만의 만료로 귀환한 자 직장이탈자등이 있어서 종전당시의 취로 (就労) 자수는 후생성 통계에 의하면 표 2에

기재되어 있는바와 같이 322,890명이다. 그리고 집단 이입의 종류는 자유모집이 146,549 명, 관알선이 약 32만명, 국민 징용령에 의하여 징용된 자가 약 20만 명이다. 표의 4는 내무성 통계인데 후생성 통계로는 집단 이입자중 종전시의 수를 제외한 차 34 만여명의 내용이 명확치 않으나 내무성에서는 그것을 조사한 통계가 있으므로 그 통계를 참고로 게재하였다. 이에 의하면 그 수는 후생성 통계와 약간의 차는 있으나 계약 기한 만료 귀환자가 52 천명, 불량 송환자가 약 16 천명, 직장 이탈자가 226 천명으로 합계 328 천명이다. 그리고 표의 "복귀자"는 직장을 이탈하였다가 다시 직장으로 돌아온자 (이수는 감모수에 포함되지 않았음), "기타"는 사망하거나 병으로 한국에 귀환한자 들이다.

한국측: 종전시의 현재수 322,890 명은 어떤 방식으로 조사하였는가.

일본측: 자료에 의거한것이며 그것이 어떤 방식으로 조사되었는지는 명확치 않다.

한국측: 징용은 1945년 4월 경까지로 되어있으나 그후는 어떻게 되었는가.

일본측: 한국내 훈련소에는 상당한 인원이 있었다고 듣고 있으나 그 당시는 일본 본토의 공습, 관부 연락선의 두절등으로 1945년 4월 경 이후는 일본 내항이 거의 없었다.

한국측: 한국에 귀환자가 있다고 하는데 관부 연락선의 두절로 한국에는 귀환할수 없었던것이 아닌가.

일본측: 관부 연락선은 1945년 3월 경에 두절되었으며 여기의 귀환자수는 1939년 이후의 누계이다.

한국측: 직장 이탈자가 상당히 많으며 그중 소재 불명자가 대부분인데

소재 불명자란 무엇인가.

일본측: 대부분이 도망자인데 소재 불명자로 표시하였다.

한국측: 당시 관부 연락선에서는 형사가 내왕하는 한국 사람을 일일이 조사하였으므로 한국에 돌아올수 없었고 따라서 만약에 직장을 이탈한 자가 있었다면 일본에 있었다고 볼수밖에 없는데 경찰의 조사가 심하고 식량도 배급하던 당시에 일본에 숨어있을수 있었을가.

일본측: 총수로는 60 여만명이 되나 이들 노무자는 각지방에 분산되어 있었으므로 지방별로 보면 그리 많은 수는 아니다.

한국측: 직장별 한국인 노무자 수는 알수 있는가.

일본측: 17년 분에 관해서는 알수있다. 한국측은 노무자중 사망자가 12 천명이나 된다고 하는데 그 근거는 무엇인가.

한국측: 1946년에 조사한 수자이다.

일본측: 소화 17년 12월 말까지는 명부가 있어서 사망자 수를 정확히 알수 있으나 12 천명까지는 되지 않으리라고 보며 지금 그 내용을 조사하고 있다. 한국측에서는 사망자를 조사한 것이라고 말하였는데 어떤 방식으로 조사하였는가.

한국측: 각 행정관청을 통하여 조사하였다.

일본측: 군인 군속과 중복되지 않았는가.

한국측: 노무자만을 조사한 것이므로 군인 군속은 들어 있지 않다. 사상자관계는 일본측에서 알수 없는가.

일본측: 명부가 각 직장에 있기 때문에 아직 잘 모른다.

한국측: 일본측 수자는 좀 더 검토해 보겠지만 아까도 언급한바와 같이 경찰의 조사라던가 식량 배급제 등 당시의 실정으로 보아 직장 이탈자

20여만명이란 숫자는 이해하기 곤란하다.

일본측: 종전당시 직장에 남어있던 한국인 노무자가 28만명이라는 것은 우리들의 상식으로 되어있다.

한국측: 그리고 또 한가지 지적하고 싶은것은 일본측은 전시중 동원된 한국인 노무자를 관알선, 징용등으로 구분하고 있으나 관알선이건 징용이건 당시 한국인 노무자를 일본으로 끌고간 방법은 대단히 혹독하였었다는것을 알어주기 바란다.

일본측: 지나친 점이 있었을지 모르나 한국인 노무자라고 해서 그 당시 특별히 차별대우 하였다고는 생각하지 않는다. 그러면 피징용자 관계는 오늘 이 정도로 하는것이 어떤가.

한국측: 좋다.

일본측: 그리고 은급 관계는 아직 잘 모르는 점이 있는데 은급은 어느 시점을 기준으로 계산한 것인지 또 비재정이나 일시금의 구교, 지방부담별 내용은 어떻게 되어있는 것인지, 그리고 은급의 산출 기초를 좀더 상세히 밝혀주었으면 좋겠다.

한국측: 다음 회의 때 까지 준비하겠다.

일본측: 유가증권의 소유자별 내용도 알려주기로 되어있는데 어떻게 되었는가.

한국측: 이것도 다음 회의때 까지 준비하겠다.

일본측: 식량증권은 현물이 있는가.

한국측: 지금 본국에 조회하고 있다.

일본측: 조선에 대한 기탁재산의 산출 근거는 알었는가.

한국측: 구체적인 것은 잘 모르겠으나 기록이 있다. 피징용자 미수금의 종류 내용은 조사되었는가.

일본측: 대체적인 윤곽은 알고있으나 구체적인 것은 아직 조사중에 있다. 그러면 오늘 회의는 이정도로 하고 내주 화요일(3월 21일) 에 다시 회의를 가지도록 하자.

한국측: 좋다.

유 첨: 징발 미입 조선인 노무자수 1부 끝.

집단 이입 조선인 노무자 수(*일본 측 제출)

1. 총수 667,684
2. 종전 시 현재 수 322,890
3. 집단 이입의 종류

종류	기간	인원
총수	1939년 9월 – 1945년 4월경	667,684
자유 모집	1939년 9월 – 1942년 2월	148,549
관 알선	1942년 2월 – 1944年 8월	약 3.2만
국민 징용	1944년 9월 – 1945년 4월경	약 2.0만

4. 1945년 3월 말 이입 노무자 현재원 수

이입자 수		604,429
감모수		328,567
	귀환 만료 귀선자	52,108
	불량송환자	15,801
내역	직장이탈자	226,497
	소재불명자	209,750
	발견송환자	4,121
	복귀자	(12,626)
	기타	46,306
현재원 수		288,488

集団移入朝鮮人労務者数

1. 総数　　667.684

2. 終戦時現在数　　322.890

3. 集団移入の種類

種類	期間	人員
総数	1939年9月－1945年4月頃	667.684
自由募集	1939年9月－1942年2月	148.549
官斡旋	1942年2月－1944年8月	約32万
国民徴用	1944年9月－1945年4月頃	約20万

4. 昭和20年3月末移入労務者現在員数

移入者数	604.429
減耗数	328.567
内訳　帰還満了帰鮮者	52.108
不良送還者	15.801
職場離脱者	226.497
（所在不明者）	209.750
（発見送還者）	4.121
（復帰者）	(12.626)
その他	46.306
現在員数	288.488

14. 일반청구권소위원회 피징용자 등 관계 제4차 전문위원회 회의록, 1962. 2. 27

한국 외교문서 750, 제6차 한일회담 청구권위원회 회의록, 제1-11차, 1961. 10. 27-62. 3. 6

1961년 2월 27일 개최된 제6차 한일회담 일반청구권소위원회 산하 피징용자 등 관계 전문위원회 제4차 회의 회의록이다.

※ 문서 상태 불량으로 새로 타이핑한 내용을 다음 수록함.

第6차 한일회담 일반청구권위원회 전문위원 회의 제4차 회의 회의록

1. 개최 일시: 1962년 2월 27일 하오 3시부터 4시 15분까지

2. 개최 장소: 일본 외무성 회의실 235호

3. 참 석 자: 한국 측 - 김윤근 수석위원

이상덕 위 원

정태섭 〃

홍윤섭 〃

박상두 〃

일본 측 - 혼마 보 좌

마에다 〃

가네코 〃

스기타 〃

사사다 〃

야마노 〃

스기야마 〃

와타나베 〃

스미카와 〃

히사이치 〃

후지타 〃

모리타 〃

무라오카 〃

미우라 〃

아베 〃

4, 토의 내용

일본 측: 오늘 우라베 참사관은 사정이 있어서 못 나오고 또 대장성의 미야카와 국장이나 요시오카 차장도 예산 관계로 국회에 불리어 갔기 때문에 부득이 본인(마에다 과장)이 대신 나왔는데 대단히 미안하게 되었으나 양해해 주기 바란다.

오늘 회의에서는 (1) 일본 측에서 재외회사 및 폐쇄기관의 명부를 제출하여 한국 측 자료와 대조하고 (2) 한국 측에서 유가증권의 소유자별 명세표를 제출하고 (3) 군인·군속 노무자 은급 관계 등에 관하여 한국 측 자료에 대하여 일본 측이 질문하고 (4) 또 위에서 말한 일본 측 자료에 대하여 한국 측의 질문이 있으면 일본 측이 답변하기로 된 것으로 아는데 오늘 회의는 이런 방식으로 진행하겠는가.

한국 측: 그렇게 하자.

일본 측: 한국 측이 요구한 재외회사의 명칭과 각 회사의 청산 종료 일자는 표를 준비하였다 (별첨 청산 결료한 폐쇄기관 및 재외회사 일람표 참조). 재외회사 명부는 상호 교환하기로 되어 있는데 한국 측에서는 준비하였는가.

한국 측: 회사별 명세는 우리 측에서도 조사한 것이 있으며 그 수는 약 200 정도로 알고 있는데 지금 그 내용을 조사하고 있다. 일본 측에서 그 명부를 필요로 한다면 주겠다.

일본 측: 한국 측에서도 잘 알고 있겠지만 한국 관계로 지정된 재외회사는 300여 사이나 그중 일본에 재산이 없는 것도 있어서 정리 대상이 된 것은 188사이며 그중 184사가 정리되고 아직 4사가 정리 미료이다. 그리고 이 표에는 신 회사를 설립한 것, 한국인 주주가 없는 것, 북한에 본점이 있는 것(30여 사)도 포함하고 있다.

한국 측: 정리된 회사의 잔여재산 분배에 관하여 전번 회의 때 표를 받았는데 그 표에 표시되지 않은 회사는 잔여재산이 없다는 뜻인가.

일본 측: 잔여재산이 없든가 한국인 주주가 없었다는 것을 의미한다.

한국 측: 재외회사에 관련하여 1955년 말 현재의 조선은행의 재산 상황과 조선은행을 포함한 폐쇄기관 3사의 주주명부를 받지 못했던데 아직 준비되지 않았는가.

일본 측: 요전에도 이야기한 바와 같이 자료가 방대하여 시간이 걸리며 또 주주명부는 일본명으로 되어 있는 한국인 주주도 있어서 한국 측에서 주주명부를 주면 대조해 볼 생각이었다.

한국 측: 한국인 주주에 관하여는 이미 일본 측에서 인정한 것이 있으므로 그 인정한 것을 주면 우리 측 명부와 대조해서 정확 여부를 확인해 보겠다.

일본 측: 그러면 이 주주 관계는 상호 간 가지고 있는 자료를 이러한 회합에서 대조하도록 하는 것이 어떤가.

한국 측: 한국인 주주 명단은 일본 측이 먼저 제시할 성질의 것이라 생각한다. 그러나 같은 이야기를 서로 되풀이하는 것도 곤란하니 이 정도로 하고 다음으로 진행하자. 일본 측에서 요구한 유가증권 소유자별 표를 준비(별첨 한국 법인소유 유가증권 조서 수교) 하였는데 질문이 있으면 질문하라.

일본 측: 표에 표시된 것은 7개 법인만인데 7 법인 이외의 법인의 소유 유가증권은 없는가.

한국 측: 7 법인 이외의 법인이 가지고 있는 유가증권도 있으나 그 내용은 우리가 아직 파악하지 못하고 있다. 전에 일본 측에 설명한 바와 같이 우리가 제시한 표 중에 개인으로 되어 있는 것은 순전한 개인 외에 여기 표시한 7개 법인 이외의 법인이 소유하는 유가증권도 포함하는 것이라고 이해하여 주기 바란다.

일본 측: 이 표는 가지고 가서 좀 더 연구해 보겠다. 그리고 식량 증권은 현물이 있는지 조사가 되었는가.

한국 측: 아직 본국에 조회 중에 있다.

일본 측: 제5항목의 생명보험은 책임준비금이며 개인 개인의 명부는 상실하였으나 회사별 숫자는 알고 있다고 말하였는데 회사의 명칭과 금액을 가르쳐 줄 수 없는가.

한국 측: 생명보험 관계는 전번 본회의에서 제6항 토의 시 토의하기로 되었으므로 자료를 준비하지 않았다.

일본 측: 6항에서 토의해도 좋으나 우리 측 금액은 한국 측 금액과 단위가 하나 틀리기 때문에 물어본 것이다.

한국 측: 일본 측 숫자는 얼마나 되어 있는가.

일본 측: 남한에 관한 분만인데 한국 측 숫자의 약 1할 정도이다.

한국 측: 북한 것은 조사하지 않았는가.

일본 측: 조사하지 않았다.

한국 측: 남북한 전체의 것이라면 회사 측에서는 알고 있는 것이 아닌가.

일본 측: 그 관계는 잘 모르겠으나 여하튼 회사 수는 한국 측의 19사에 대하여 우리 측은 18사이고 금액도 상당한 차이가 있다.

한국 측: 기탁금의 종목 내용은 조사되었는가.

일본 측: 법무성 관계로 약 6천만 원이 종속된 것은 알고 있으나 그 외에도 노동성 관

계 금액은 1억 원으로 보고되어 있으나 실제 금액은 17백만 원 가량밖에 안 되는데 그것이 어떻게 1억 원으로 보고되었는지 아직 그 관계를 조사하고 있다. 그리고 군인·군속의 수에 관하여 질문하겠는데 군인·군속의 생존자, 사망자, 부상자의 육 해군별, 군인·군속별 내용은 어떻게 되어 있으며 또 그 수를 산출한 근거자료는 무엇인가.

한국 측: 전번 회의에서도 설명한 것과 같이 군인·군속에 관한 자료는 종전 후 일본 측에서 소각하거나 또는 가지고 갔으므로 육해군별이라든가 군인·군속별 등 그 구체적인 내용은 모르나 총수는 여러 가지 자료에 의하여 추정하였다.

일본 측: 전번 회의에서 한국 측은 일본 측 숫자는 해군이 약 2만 명, 육군은 상당한 차이가 있다고 말하였는데 그 육 해군은 어떻게 산출하였는가.

한국 측: 그것도 추정하였다.

일본 측: 부상자는 어떻게 산출하였는가.

한국 측: 일본 측의 피해율을 참고로 하여 산정하였다.

일본 측: 한국 측에서든 외무성 조사월보와 인양 원호기록을 참고로 하였다는데 그것을 근거로 한 것이 아닌가.

한국 측: 그것도 참고로 하였다. 일본 측 숫자는 명부에 의하여 산출된 것이라고 하면서 부상자 수를 모른다는 것은 이상하지 않은가.

일본 측: 확실한 것은 모르나 추정은 할 수 있다.

한국 측: 그러면 그 추정으로서는 한국인 부상자 수는 어느 정도로 되어 있는가.

일본 측: 전쟁 중 동원된 육군 총병력은 약 7백만인데 상병자로서 은급을 받고 있는 자는 약 16만 명이다.

한국 측: 그 16만 명이란 현재의 숫자인가.

일본 측: 그렇다.

한국 측: 그러면 종전 당시의 숫자는 얼마나 되는가.

일본 측: 그것은 잘 모른다.

한국 측: 해군 관계 숫자는 얼마나 되는가.

일본 측: 종전 후 가지고 온 명부에 의하면 한국인 관계 부상 또는 질병 자는 227명으로 되어 있다. 해군에 관한 한 한국인 군인은 일선 지대에 나가지 않았기 때문에 부

상자가 적은 것 같다.

한국 측: 피징용 노무자도 부상자가 있었다고 보는데 그 수를 알 수 없는가.

일본 측: 잘 모른다. 한국 측은 생존자에 대하여 200불, 사망자에 대하여 1,650불, 부상자에 대하여 2,000불의 보상금을 각기 청구하고 있으나 그 금액의 산출 근거는 무엇인가.

한국 측: 금액의 산출 방법은 다음과 같다. 생존자 200불은 징용으로 말미암아 입은 피해에 대한 최소한의 보상액이며 부상자 2,000불은 일본의 원호법을 참고로 하여 부상자의 부상 정도를 평균 5항 증으로 보고 연금을 받는 기간을 35년으로 보고 계산하였는데 5항 증의 연금액은 140불, 35년간의 연금 총액은 4,900불이 되나 이것을 일시금으로 환산하여 2,000불로 하였다. 그리고 전사자의 1,600불은 유가족을 배우자와 자녀 2인 합계 3인으로 보고 연금을 받는 기간을 15년으로 보면 연금액은 170불, 15년간의 연금 총액은 2,550불이 되나 이것을 일시금으로 환산하여 1,600불로 하였다.

일본 측: 연금을 받는 기간을 부상자는 35년으로 보고 사망자는 15년으로 본 근거는 무엇인가.

한국 측: 연금은 부상자의 경우 그 본인이 사망할 때까지 지급되지만 사망자의 경우는 그 유가족이 성년이 될 때까지만 본 때문이다.

일본 측: 보상금액의 산출은 일본법을 참고로 하였는가.

한국 측: 일본법에도 여러 가지가 있으며 또 일본법에 의하여 계산할 성질의 것도 아니라고 생각하므로 참고로 한데 불과하다.

일본 측: 군인·군속의 사망자 수에는 공무 이외의 원인으로 사망한 자를 포함하지 않았는가.

한국 측: 공무 이외의 사망자란 어떤 것을 말하는가.

일본 측: 일본 본토에 있던 군인이 병으로 사망한 경우 등을 말한다.

한국 측: 사망자의 경우는 그렇게도 말할 수 있으나 부상자의 경우는 공무에 기인한 것이 아닌가.

일본 측: 부상자의 경우는 공무이겠지만 병자의 경우는 그렇지 않은 경우도 있다.

한국 측: 군인·군속의 사망자는 일본 측 자료에 의하더라도 22,000명으로 되어 있는

데 은급과의 관계에 있어서 이들에 대한 은급은 은급표의 어디에 들어있는가.

일본 측: 평화조약이 발효할 때까지 군인에 대한 은급은 정지되었으므로 은급표에는 군인에 대한 은급이 들어있지 않다.

한국 측: 사망자 은급은 없어졌으나 부상자에 대해서는 은급이 지급된 것으로 아는데 어떻게되어 있었는가.

일본 측: 부상자에 대해서는 은급을 지급하였으며 기재정분은 포함되어 있다.

한국 측: 그러면 은급표의 은급은 언제까지의 분을 계산한 것인가.

일본 측: 군인에 대한 보통은급은 소화[昭和] 21년 1월까지 증가 은급은 소화 27년 4월 평화조약이 발효할 때까지, 보통부조료는 소화 21년 1월까지의 분을 계산하였다.

한국 측: 일본의 군인·군속에 대하여는 현재 은급을 지급하고 있는가.

일본 측: 지급하고 있다. 사망자에 대하여는 소화 27년 4월 이후 지급하고 있다.

한국 측: 일본인에 대하여서는 현재 은급을 지급하고 있으나 그 당시는 지불하지 않았기 때문에 계산하지 않았다는 뜻인가.

일본 측: 그렇다. 그리고 한국 측은 은급 관계 숫자 중 기재정분은 우편국의 대장에 의하여 조사하였으나 지방 부담분은 알 수 없다고 말하였는데 그 대장에는 어떻게 기호 등이 기입되어 있는지 알 수 없는가.

한국 측: 자료가 남아 있지 않기 때문에 잘 모르겠다. 전문위원회에서는 미수금 관계를 제외하고는 대체로 토의된 것으로 보며 미수금 관계는 일본 측이 조사될 때까지 기다릴 수도 없는 것이므로 전문위원회는 이 정도로 하고 금주 중에 본회의를 열도록 하는 것이 어떤가.

일본 측: 오늘은 우라베 참사관도 대장성 관계 사람도 나오지 않았으므로 다음 회의의 진행 방식은 돌아가 의논한 후 다시 연락하겠다.

한국 측: 그러면 내일 연락해주기를 바라며 오늘 회의는 이것으로 끝내자.

일본 측: 좋다.

일반 청구권 위원회 제 [illegible]차 전문위원 회의

회 의 록

1. 개최 일시: 1962. [illegible]. 17. 오후 3시부터 5시 [illegible]분 까지

2. 회의 장소: 일본 외무성 회의실 [illegible]

3. 참석자:

한국측:	김 윤 근	수석위원
	이 상 덕	위원
	정 태 섭	〃
	홍 윤 섭	〃
	박 상 두	〃
일본측:	혼다	보좌
	마에다	〃
	가네꼬	〃
	스기다	〃
	사사다	〃
	야마노	〃
	스기야마	〃
	와다나베	〃
	스미가와	〃
	니시이찌	〃
	후지다	〃
	모리다	〃
	무라오까	〃

니시다　　　보좌

다나베　　　〃

4. 토의 내용 :

일본측 : 오늘 오에 참사관은 사정이 있어서 못나오고 또 대장성의 미야가와 주사이나 오시오가 사람도 예산관계로 국회에 불리어 갔기때문에 부득이 본인 (마에다 과장) 이 대신 나왔는데 대단히 미안하게 되었으나 양해해주기 바란다.

오늘 회의에서는 (1) 일본측에서 재외회사 및 폐쇄기관의 명부를 제출하여 한국측 자료와 대조하고 (2) 한국측에서 유가증권의 소유자별 명세표를 제출하고 (3) 군인 군속 노무자 은급관계등에 관하여 한국측 자료에 대하여 일본측이 질문하고 (4) 또 위에서 받은 일본측 자료에 대하여 한국측의 질문이 있으면 일본측이 답변하기로 된것으로 아는데 오늘 회의는 이런 방식으로 진행하겠는가.

한국측 : 그렇게 하자.

일본측 : 한국측이 요구한 재외회사의 명칭과 각회사의 청산종료일자는 표를 준비하였다. (별첨 청산결료한 폐쇄기관 및 재외회사 일람표 참조) 재외회사 명부는 상호 교환하기로 되어있는데 한국측에서는 준비하였는가.

한국측 : 회사별 명세는 우리측에서도 조사한것이 있으며 그 수는 약 200 정도로 알고있는데 지금 그 내용을 조사하고 있다. 일본측에서 그 명부를 필요로 한다면 주겠다.

일본측 : 한국측에서도 잘 알고 있겠지만 한국 관계로 지정된 재외회사는 300여사이나 그중 일본에 재산이 없는것도 있어서 정리대상이 된것은

208사 이며 그중 186사가 정리되고 아직 22사가 정리 미료이다.

그리고 이표에는 신회사를 설립한것, 한국인 주주가 없는것, 북한에 본점이 있는것 (80여사) 도 포함하고 있다.

한국측: 정리된 회사의 잔여재산 분배에 관하여 전번 회의때 표를 받았는데 그 표에 표시되지 않은 회사는 잔여재산이 없다는 뜻인가.

일본측: 잔여재산이 없든가 한국인 주주가 없었다는것을 의미한다.

한국측: 재외회사에 관련하여 1955 년 말 현재의 조선은행의 재산 상황과 조선은행을 포함한 폐쇄기관 3 사의 주주 명부를 받지 못했는데 아직 준비되지 않았는가.

일본측: 요전에도 이야기한바와 같이 자료가 방대하여 시간이 걸리며 또 주주명부는 일본명으로 되어있는 한국인 주주도 있어서 한국측에서 주주명부를 주면 대조해볼 생각이었다.

한국측: 한국인 주주에 관하여는 이미 일본측에서 인정한 것이 있으므로 그 인정한것을 주면 우리측 명부와 대조해서 정확 여부를 확인해 보겠다.

일본측: 그러면 이 주주관계는 상호간 가지고 있는 자료를 이러한 회합에서 대조하도록 하는것이 어떤가.

한국측: 한국인 주주 명단은 일본측이 먼저 제시할 성질의 것이라 생각한다. 그러나 같은 이야기를 서로 되풀이하는것도 곤란하니 이정도로 하고 다음으로 진행하자. 일본측에서 요구한 유가증권 소유자별 표를 준비 (별첨 한국법인 소유 유가증권 조서 참고) 하였는데 질문이 있으면 질문하라.

일본측: 표에 표시된것은 7개 법인만인데 7 법인 이외의 법인의 소유

유가증권은 없는가.

한국측: 7법인 이외의 법인이 가지고 있는 유가증권도 있으나 또 내용은 우리가 아직 파악하지 못하고 있다. 전에 일본측에 설명한바와 같이 우리가 제시한 표중에 개인으로 되어있는것은 순전한 개인 외에 여기 표시한 7개법인 이외의 법인이 소유하는 유가증권도 포함하는것이라고 이해하여 주기바란다.

일본측: 이 표는 가지고 가서 좀더 연구해 보겠다. 그리고 식당증권은 현물이 있는지 조사가 되었는가.

한국측: 아직 본국에 조회중에 있다.

일본측: 제 5 항목의 생명보험은 책임준비금이며 개인 개인의 명부는 상실하였으나 회사별 수자는 알고있다고 말하였는데 회사의 명칭과 금액을 가르쳐줄수 없는가.

한국측: 생명보험 관계는 전번 본회의에서 제 6항 토의시 토의하기로 되었으므로 자료를 준비하지 않았다.

일본측: 6항에서 토의해도 좋으나 우리측 금액은 한국측 금액과 단위가 하나 틀리기 때문에 물어본것이다.

한국측: 일본측 수자는 얼마나 되어있는가.

일본측: 남한에 관한 분만인데 한국측 수자의 약 1할 정도이다.

한국측: 북한것은 조사하지 않았는가.

일본측: 조사하지 않았다.

한국측: 남북한 전체의 것이라면 회사측에서는 알고있는것이 아닌가.

일본측: 그 관계는 잘 모르겠으나 여하튼 회사수는 한국측의 19사에 대하여

우리측은 16사이고 그외도 상당한 차이가 있다.

한국측: 기탁금의 송금 내용은 조사되었는가.

일본측: 법무성 관계로 약 6천만원이 공탁된것은 알고 있으나 그외에도 노동성 관계 금액은 1억원으로 보고 되어있으나 실제 금액은 17백만원 가량 밖에 안되는데 그것이 어떻게 1억원으로 보고 되었는지 아직 그 관계를 조사하고 있다. 그리고 군인 군속의 수에 관하여 질문하겠는데 군인 군속의 생존자, 사망자, 부상자의 육해군별, 군인 군속별 내용은 어떻게 되어있으며 또 그 수를 산출한 근거자료는 무엇인가.

한국측: 전번 회의에서도 설명한것과 같이 군인 군속에 관한 자료는 종전후 일본측에서 소각하거나 또는 가지고 갔으므로 육해군별이라든가 군인 군속 별등 그 구체적인 내용은 모르나 총수는 여러가지 자료에 의하여 추정하였다.

일본측: 전번 회의에서 한국측은 일본측 숫자는 해군이 약 2만명, 육군는 상당한 차이가 있다고 말하였는데 그 육해군은 어떻게 산출하였는가.

한국측: 그것도 추정하였다.

일본측: 부상자는 어떻게 산출하였는가.

한국측: 일본측의 피해율을 참고로 하여 산정하였다.

일본측: 한국측에서는 외무성 조사월보와 인양원호기록을 참고로 하였다는데 그것을 근거로 한것이 아닌가.

한국측: 그것도 참고로 하였다. 일본측 숫자는 명부에 의하여 산출된 것이라고 하면서 부상자 수를 모른다는것은 이상하지 않은가.

일본측: 확실한 것은 모르나 추정은 할수있다.

한국측: 그러면 그 추정으로서는 한국인 부상자수는 어느정도로 되어있는가.

일본측: 전쟁중 동원된 육군 총병력은 약 7백만 인데 상병자로서 은급을 받고있는자는 약 16만 명이다.

한국측: 그 16만명이란 현재의 숫자인가.

일본측: 그렇다.

한국측: 그러면 종전당시의 숫자는 얼마나 되는가.

일본측: 그것은 잘 모른다.

한국측: 해군관계 숫자는 얼마나 되는가.

일본측: 종전후 가지고 온 명부에 의하면 한국인 관계 부상 또는 질병자는 227 명으로 되어있다. 해군에 관한 한 한국인 군인은 일선지대에 나가지 않았기 때문에 부상자가 적은것 같다.

한국측: 피징용 노무자도 부상자가 있었다고 보는데 그 수를 알수 없는가.

일본측: 잘 모른다. 한국측은 생존자에 대하여 200불, 사망자에 대하여 1650불, 부상자에 대하여 2,000불 의 보상금을 각기 청구하고 있으나 그 금액의 산출 근거는 무엇인가.

한국측: 금액의 산출 방법은 다음과 같다. 생존자 200불은 징용으로 말미아마 입은 피해에 대한 최소한의 보상액이며 부상자 2,000불은 일본의 원호법을 참고로 하여 부상자의 부상 정도를 평균 5항증으로 보고 연금을 받는 기간을 35년으로 보고 계산하였는데 5항증의 연금액은 140불, 35년간의 연금 총액은 4,900불 이 되나 이것을 일시금으로 환산

하여 1,600 불로 하였다. 그리고 전사자의 1,600불은 유가족을 배우자와 자녀 2인 합계 3인으로 보고 년금을 받는 기간을 15년으로 보면 년금액은 17불, 15년간의 년금 총액은 2,550 불이 되나 이것을 일시금으로 환산하여 1,600 불로 하였다.

일본측: 년금을 받는 기간을 부상자는 [illegible]년으로 보고 사망자는 15년으로 본 근거는 무엇인가.

한국측: 년금은 부상자의 경우 그 본인이 사망할때 까지 지급되지 만 사망자의 경우는 그 유가족이 성년이 될때 까지만 본 때문이다.

일본측: 보상 금액의 산출은 일본법을 참고로 하였는가.

한국측: 일본법에도 여러가지가 있으며 또 일본법에 의하여 계산할 성질의 것도 아니라고 생각하므로 참고로 한데 불과하다.

일본측: 군인 군속의 사망자 수에는 공무 이외의 원인으로 사망한 자를 포함하지 않았는가.

한국측: 공무 이외의 사망이란 어떤것을 말하는가.

일본측: 일본 본토에 있던 군인이 병으로 사망한 경우등을 말한다.

한국측: 사망자의 경우는 그렇게도 말할수 있으나 부상자의 경우는 공무에 기인한것이 아닌가.

일본측: 부상자의 경우는 그렇지만 병자의 경우는 그렇지 않은 경우도 있다.

한국측: 군인 군속의 사망자는 일본측 자료에 의하더라도 22,000 명으로 되어있는데 은급과의 관계에 있어서 이들에 대한 은급은 은급표의 어데에 들어있는가.

일본측: 평화조약이 발효 할때까지 군인에 대한 은급은 정지되었으므로 은급표에는 군인에 대한 은급이 들어있지 않다.

한국측: 사망자 은급은 없어졌으나 부상자에 대해서는 은급이 지급된것으로 아는데 어떻게 되어있었는가.

일본측: 부상자에 대해서는 은급을 지급하였으며 기재정분는 포함되어 있다.

한국측: 그러면 은급표의 은급은 언제 까지의 분을 계산한것인가.

일본측: 군인에 대한 보통 은급은 소화 21년 1월 까지, 증가은급은 소화 27년 4월 평화조약이 발효 할때까지, 보통 부조료는 소화 21년 1월 까지의 분을 계산하였다.

한국측: 일본의 군인 군속에 대하여는 현재 은급을 지급하고 있는가.

일본측: 지급하고 있다. 사망자에 대하여는 소화 27년 4월 이후 지급하고 있다.

한국측: 일본인에 대하여서는 현재 은급을 지급하고 있으나 그 당시는 지불하지 않았기 때문에 계산하지 않았다는 뜻인가.

일본측: 그렇다. 그리고 한국측은 은급관계 수지증 기재정분은 우편국의 대장에 의하여 조사하였으나 지방 부담분은 알수 없다고 말하였는데 그 대장에는 어떻게 기호등이 기입되어 있는지 알수 없는가.

한국측: 자료가 남아있지 않기 때문에 잘 모르겠다. 전문위원회에서는 미수금 관계를 제외하고는 대체로 토의된것으로 보며 미수금 관계는 일본측이 조사될때 까지 기다릴수도 없는것이므로 전문위원회는 이 정도로 하고 금주 중에 본회의를 열도록 하는것이 어떤가.

일본측: 오늘은 우리나라 참사관도 대장성 관계 사람도 나오지 않았으므로 다음 회의의 진행 방식은 돌아가 의논한후 다시 연락하겠다.

한국측: 그러면 내일 연락 해주기를 바라며 오늘 회의는 이것으로 끝내자.

일본측: 좋다.

15. 자료 송부 의뢰, 1966. 1. 8

한국 외교문서 1944, 한·일 간의 청구권 및 경제협력 협정 제1 의정서 제7조 및 제1 의정서의 실시 세목 … 협정 및 제1조의 합동 위원회 … 협정, 1966, 전3권 V.3 추가 합의사항 체결 국내 조치

재무부가 한일회담 종료 후 외무부에 개인 관계 청구권 국내 보상 방안 수립에 필요한 자료를 요청한 공문이다.

金海

재 무 부

재이재 1221.1.-34 (72-4419) 1966. 1. 8.

수신 외무부장관 귀하

제목 자료송부 의뢰

1. 한일회담이 성공적으로 타결되어 대일청구권 문제가 해결됨에 따라 종래 민간인들이 보유하고 있는 대일청구권관계 재산에 대한 국내보상문제를 당부가 연구 검토하고 있음은 귀부에서도 양지하실것으로 생각합니다.

2. 그러나 청구권 문제 일반에 관한 일본정부와의 교섭은 귀부에서 담당하여 왔음으로 당부가 이러한 개인관계 청구권에 대한 국내 보상문제를 성공적으로 처리하기 위하여는 귀부의 적극적인 협조가 필요합니다.

3. 우선 개인관계 청구권에 대한 보상방안을 수립함에 필요하여 다음자료를 요청하오니 가능한한 상세한 내용으로 조속한 시일내에 송부하여 주심을 바랍니다.

가. 소위 청구권 8개항목의 항목별 금액과 그 산출근거

나. 기타 개인관계 청구권에 대한 보상방안을 수립함에 필요한 자료 또는 의견. 끝

1863
1966. 1 19
외무부

재무부장관 직무대리 서 봉 균

16. 한일회담 관계자료 송부, 1965. 1. 29

한국 외교문서 1944, 한·일 간의 청구권 및 경제협력 협정 제1 의정서 제7조 및 제1 의정서의 실시 세목 … 협정 및 제1조의 합동 위원회 … 협정, 1966, 전3권 V.3 추가 합의사항 체결 국내 조치

재무부의 요청에 대한 외무부의 회신 공문(청구권 8개 항목 교섭 경위 등)이다.

외 무 부

외아북 700 1966. 1. 29.

수신: 재무부장관

참조: 국고국장

제목: 한일회담 관계 자료 송부

1. 재이재 1221.1-34 (66. 1. 8.)호에 대한 회신입니다.

2. 대일청구권 교섭에 있어서의 소위 청구권 8개 항목의 교섭 경위에 관하여서는 별첨 (1) "청구권문제에 관한 한일 양측 입장 대조표"를 참고하여 주시기 바라며 우리측이 제시한 8개항 청구권의 산출근거에 관하여서는 별첨 (2) "대일배상 요구 조서"를 참고하여 주시기 바랍니다.

3. 기타 청구권에 관한 자료로서 다음 책자를 별첨 송부합니다.

다 음

(1) "한일회담의 제문제" (1960년 외무부 발행)

(2) "한일회담 관계자료" (대일재산 청구권 내역)(외무부 발행)

4. 단 별첨 (2) 및 전기 3항의 자료는 외무부 보존용이므로 참고후 반환하여 주시기 바랍니다.

유첨: 전술함. 끝

외 무 부 장 관 이 동 원

請求權問題에 關한 韓日兩側立場對照表

(對日請求 8個項을 中心으로 함)

對外秘

1. 地金 地銀 (地金: 249,633,198.61 gr / 地銀: 67,541,771.2 gr)

韓國側	日本側
金은 그 自体가 商品인 同時에 對外支拂手段 및 價値貯藏手段으로서의 特殊機能을 保有하며 또 韓國內에 發券銀行을 두고 있으면서 金을 搬出한 것은 日本利益만을 考慮한 것이다. 따라서 金搬出은 搬出自体가 不當한 것이며 不當目的達成을 爲하여 法을 制定하고 同法律에 依據하여 搬出하였기 때문에 合法이라 하더라도 이는 合法을 假裝한 行爲로 不當하다 特히 供出形式 搬出은 正當賣買 아니다. 强制된 賣買의 效力은 無效이므로 返還要求	韓國要求의 法律的 根據 不認定 通常商業去來로 正當代價 支拂하고 適法으로 買收 發券準備로 朝鮮銀行이 地金地銀을 所有必 한다고 하나 法律上 金. 銀이 없어도 無妨하였다.

2. 1945. 8. 9 現在 日本政府의 對總督府債務

(1) 遞信部關係

(a) 郵便貯金 (1945. 9. 15現在 大藏省 預入分中)

韓國側	日本側
13.61億円中 韓人分 11.97億円	13.01 億円中 日人支拂分 9.53億円 除外하고 3.48億円支拂 (韓人分으로)

(b) 國債與貯蓄債券 (5項에 包含討議)

(c) 簡易生命保險與 郵便年金

1.48 億円中 韓人分 1.35億	1945. 11. 30現在 總額 1.24億円

(d) 海外爲替貯金與債券 (終戰前 日本管轄地域居住 韓人의 郵便貯金, 振替貯金, 郵便爲替, 生命保險 年金)

0.69億円 (6千9百万円)	4百 82万円

(e) 佈告 3号로 凍結된 韓國受取金 (海外 韓人郵便貯金, 振替貯金, 郵便爲替與恩給金 45. 9. 16 以后 立替支拂된 것)

4千 5百万円	(上記 d項과 同)

(f) 45. 8. 9 日人이 引出한 預金額, 朝鮮에서 收入된 國庫金中 裏付資金없는 歲出에 依한 韓國受取金 總督府在日事務所財産 (討議保留)

---

3. 45. 8. 9 以后 振替또는 送金된 金品의 返還

(1) 45. 8. 9 以后 朝鮮銀行이 東京支店에 振替또는 送金한 金品 (5項 1에서 說明)

(2) 45. 8. 9 金融機関을 通하여 送金된 金品 } 討議保留

(3) 其 他

---

4. 韓國에 本店本社및 主事務室이 있는 法人의 在日財産返還

(1) S.CAP 閉鎖令에 依해 閉鎖된 韓國金融機関의 在日支店財産

(2) SCAPIN 965号에 依據 閉鎖된 韓國內 本店保有法人의 在日財産

(3) 其 他

韓 國 側	日 本 側
請求根據는 韓國法人財産이라는데 있다. (a) 本項對象法人을 韓國法人이라함은 構成員의 國籍이 韓國이라는 뜻은 아니다. 本項對象法人은 旧朝鮮에서만 施行되던 法에 依하여 設立되고 主事務所가 韓國에 있으므로 韓國法人이라는 데에는 異論無이다. 이 結論은 軍令33의 適用의 結果가 아니며 이에 左右되는 것도 아니다. 軍令 33의 適用對象은 法人	韓國法人이라는 主張에 根本的으로 異見있다. 該當法人은 日本領域 一部인 旧朝鮮에 있었던 것이며 設立根據도 日本議會에서의 通常立法手續을 거친 法律이므로 日本法人이다. 따라서 本項請求는 私有財産權의 條理와 國際先例에 따라야 한다. a) 私有財産尊重의 原則은 國際法上 確立된 것이며 따라서 領土分離로 法人財産이 韓國側에 移轉된것 아니다. 또 法人國籍이 韓

自体 아니고 日人所有株式에 不過하며. 同法人의 在日財產에 對한 所有權은 不変動이다. (b) 軍令 33에 依하여 日人所有株가 歸屬되었음을 認定하면서도 그 內容에 問題있다는 日見解理解難. 日見解는 日本的要素 拂拭하는데 그친다는 立法趣旨에 違反 (c) SCAP에 依해 淸算되었다는 것은 根據의 하나로 하고 있으나 SCAP措置는 戰爭遂行에 協力했다는 理由이며 日本利得을 考慮한 것 아니므로 日本所有라 함은 不當	國으로 되었다 하더라도 그 財產이 韓國으로 歸屬하지 않는 것이다. 따라서 請求权 없는 것이다. (b) 韓國이 軍令 33으로 株式歸屬했다 하나 沒收法令의 効果는 一國의 管轄權이 미치는 範圍에 限定되는 것이며 33號 自体內에 "軍政廳 管轄內에 存在하는 財產"이라 하였고 SCAP 指令에 따른 實際處理도 이러한 原則에 基하였다. 該當法人의 旧朝鮮株主에 對한 殘余財產의 分配留保額을 說示.

5. 韓國人(法人包含)의 日本國및 그 國民에 對한 ①日本國債 ②公債 ③日銀券 ④被徵用韓人未收金, 補償金및 ⑤其他請求權

(1) 日本有價証券

韓 國 側	日 本 側

韓國人(法人包含)이 所有하였든 日本國債 73億을 主体로 하는 ¥8.765.030,574,56이다. 이에는 45. 8. 25付로 帳簿上 鮮銀本店에서 東京支店에 移替된 45億을 包含인바 이 移替는 混亂을 利用한 無效移替이며, 有效라 하더라도 本支店間의 債權 債務關係가 殘存하며 또 33号에 依해서도 韓國側에 歸屬된다. 또 이中 58億이 鮮銀所有인바 當時의 鮮銀發行高는 이額에 達하지 않았으며 이國債가 韓國側에 歸屬되지 않으면 鮮銀券의 發行担保가 없는 셈이다.

日本國債	73,71億
朝鮮食糧証券및 食糧証券	1,52 〃
日本財務券	0,18 〃
日政保証社債	8,33 〃
日本地方債	0,01 〃
日本社債	2,61 〃
貯蓄및報國債券	0,04 〃
其他証券	0,92 〃
日本株式	0,29 〃

(a). 登録分: 閉鎖機關, 在外會社所有의 것은 法人은 모두 基本的으로 日本法人이므로 登錄債는 日本法人의 在日財産이며 軍令33号에 依한다 하더라도 同令의 效力이 日本에 미치지 않으므로 返還義務 없다. 總督府所有의 것은 國際慣例上 韓國에 繼承되지 않는다. 其他法人 個人의 所有하는 것에 對하여는 本來 韓人所有라면 返還할 것이나 所有者名 金額等에 對한 事實關係의 究明은 困難할 것이다.

(b) 現物分: 現物提示를 條件으로 返還.

<table>
<tr><td>(2) 日本系通貨
燒却日銀券 15億弱을 包含하는 ¥1,525,493,702.13이다 (全部 朝鮮銀行所有하던 것이며 未發行券類) (燒却分의 大部分은 日銀職員 立會 署名했으며 立會없는 190萬円은 帳簿信用 바란다)</td><td>a) 日銀職員立會, 燒却分에 對하여는
(1) 日銀券, 日政紙幣로서 流通過程中에 있었던 것은 支拂, 不然인것은 拒否
(2) 軍票, 儲備券은 流通 該當地域 當局과 解決해야 하므로 日責任無
b) 其他는 現物提示無면 不應. 日銀職員 立會없이 燒却한 것은 確認不能이므로 不應</td></tr>
<tr><td>(3) 被徵用韓人 未收金
被徵用者 (軍人, 軍屬包含)의 俸給, 賃金, 年金, 手當 ¥237億. 1950年 SCAP으로부터 該當金額의 預置事實을 通告 받았다.</td><td>SCAP 數字에 錯誤有하나 納得할수 있는 金額을 基礎로 檢討繼續</td></tr>
</table>

(4) 被徵用者의 被害에 對한 補償

韓國側	日本側
强制徵用된 韓人(勞務者, 軍人, 軍屬)이 받은 被害에	韓人은 그當時(日帝時)에는 日人과 同一한 法的地位 保

對한 補償 $ 3.64億을 請求한다. 戰爭遂行의 犧牲이므로 死亡. 負傷者는 勿論 生存者에게도 補償金請求. 算出根據 死亡 負傷은 日本現行補償의 平均, 生存者는 精神的 肉体的 苦痛을 考慮 人員数는 日本. 美國. 및 國內 資料로 算出

	勞務	軍人軍屬	合計
生存	648.081	282.000	930.081×$200
死亡	12.603	65.000	77.603×$1,650
負傷	7.000	18.000	25.000×$2,000
	667.684	365.000	1032.684

生存	$ 200	186百万弗
死亡	1.650	128 "
負傷	2.000	50 "

有인바 日人 生存者에 對한 補償없으므로 韓人에게도 無이다. 死亡. 負傷者에 對한 援護措置는 當時의 國內法에 依해 支給했어야 할것은 支給되었으나 未拂金은 前記 未拂金으로 處理되어야 한다. 日側 数字는 如下이다.

	總員	死亡	計
軍人	110,116	6,178	116,294
軍屬	[illegible]43	16,004	126,047
計	220,159	22,182	242,341

(傷病者数는 未詳)

集団移入朝鮮人勞務者	667,684
終戰時	322,890

(5) 韓人恩給

a) 軍人.軍屬에 對한 普通恩給包含이나 傷病恩給은 被徵用者 補償金에 包含

b) 文官恩給의 國庫支拂. 地方費支拂等 詳細內容

a) 恩給支拂의 範囲는 既裁定者에限定, 人員範囲에 있어서는 國庫支拂分에限定, 時期는 國籍을 喪失한 平和條約發効日 까지로 限定

不明이나 所屬官署別 數値는 分明.

c) 韓國資料는 1947 郵便官署를 通한 調査.

d) 金額算出에 關해서는 一年金額 算定하고 平均壽命 勘案하여 20年分 請求

e) 請求內容은 終戰前의 旣裁定分과 終戰當時의 申請中의 것 뿐이며 軍人軍屬의 補償金은 無關

f) 終戰前 韓人도 恩給基金 納付했으므로 請求한다.

g) 日側은 日本國籍을 保有하고 있던 時期를 限度로 考慮라 하나. 終戰前에 權利發生했으며 恩給法에 國籍喪失規定 있으나 他意에 依한 喪失은 無該當이다.

年金	35,120人	2.89億
一時金	20,268	0.16 "
	55,388	3.06億

軍人.軍屬은 日人과 同一取扱할수 밖에 없는바 軍人恩給復活의 時期와의 關係로 增加恩給과 같은 特殊한 것을 除外하고는 支給余地 無이다. 軍屬은 未復員給與法에 依한 支給以外는 不考慮

日側提示數字 (52. 4 까지)

恩給局長裁定分	2,404名	145,111千円
總督府道知事裁定分	5,632'	261,468"
	8,036名	406,579千円
		(4.06億)

(6) 寄託金

◦ 稅關預置通貨額 10百万円 ◦ 鮮銀券과交換한日銀券 48 〃 ◦ 旧閉運寄託으로 日政에 差押된分 54 〃 1.13 億	◦ 稅關寄託및鮮銀券과 交換한 日銀券은 金額調整后 考慮 ◦ 旧閉運寄託으로 差押된것은 SCAP處事이며 韓人福利를 爲해 使用했으므로 不考慮 ◦ 日銀券 10,048,746.63 ◦ 鮮銀券 3,994,892.50 } ¥

(7) 韓人의 對日本人또는法人請求

韓國側	日本側
韓人의 日系 生命保險會社에 對한 請求에 限定 金額 ¥438億 19社分 保險以外의 私的 請求權은 六項에서 說明	6項에서 說明. 但. 日側計算에 依하면 金額은 韓國要求의 一割이며 18社이다.

6. 韓人(法人包含)의 日政또는 日本人(法人包含)에 對한 權利行使

1~5項에 包含되지 않은 것은 會談成立后에도 個別的으로 行使可能케 한다. 國交正常化時까지 時效 不進行. 5項(1) 有價證券中 株式은 本項에 包含	請求權이라는 戰后處理問題는 會談에서 結末이라는 立場. 韓國請求는 私的請求權包含한 問題處理를 目的하고 있는바 韓國主張은 日側思考方式을 基本的으로 變更하라는 말과 同一

7. 果實의 返還

8. 6個月 以內에 支拂終了

일본군'위안부' 문제

일본군'위안부' 문제는 아시아·태평양전쟁 당시에 일본군에 의해 행해진 '조직적 성폭력'[1]의 피해자들에 대한 일본 정부의 사과, 법적인 책임 인정 및 이에 따른 손해배상금 지급 등을 둘러싸고 1990년대 이후 한일 양국 간의 주요 외교 현안으로 자리 잡은 사안을 말한다. 이 문제는 오늘날 국제사회에서 '여성의 보편적인 인권 문제'로 인식되고 있기도 하다.[2]

관련 자료가 발견되지 않아 정확한 숫자를 파악하기는 어렵지만, 한국의 일본군'위안부' 피해자는 수만 명에 달했을 것으로 추정된다. 이들 대다수는 일제 강점기에 일본이 벌인 전쟁의 최전선으로 끌려가 본인 의지와 무관하게 일본 군인들을 상대로 '성노예' 생활을 하면서 끊임없는 성폭력을 당했다. '위안부' 피해자와 이들을 지원하는 민간 단체들은 일본 정부에 피해자들이 겪은 정신적·육체적 고통과 인권유린 등에 대한 법적 책임을 묻고, 배상을 요구해 왔다. 그러나 일본 정부는 '조직적 성폭력'이라는 이 문제의 본질을 외면한 채, 법적 책임을 인정하지 않으면서 한일청구권협정으로 모든 게 다 해결되었다는 입장을 고수하고 있다. 물론 일본 정부가 문제 해결을 위한 노력을 전혀 기울이지 않은 것은 아니다. 법적 책임 인정과는 별개로, 1990년대에 인도적 차원에서 '여성을 위한 아시아평화 국민기금'(이하 '아시아여성기금')을 통한 피해자 지원 방안을 제시한 바 있으며, 2015년 12월 28일에는 한일 외교부 장관 간에 '일본군'위안부' 피해자 문제의 해결 방안'에 합의를 이루기도 하였다. 그러나 이와 같은 해결 방안은 피해자들이 요구해 온 법적 책임 인정 등이 빠져 있어 문제 해결에 실패하고 말았다.[3]

---

1 임지현, 『희생자 의식 민족주의-고통을 경쟁하는 지구적 기억 전쟁』, 휴머니스트, 2021, 482쪽.

2 박정애, 「일본군'위안부'역사로부터 보편적 인권 문제 사유하기」, 『한국대학신문』, 2021. 12. 23.

3 유의상, 『한일 과거사 문제의 어제와 오늘-식민 지배와 전쟁 동원에 대한 일본의 책임』, 동북아역사재단, 2022, 266쪽.

청구권협정으로 '위안부' 관련 모든 문제가 해결되었다는 일본 정부의 주장은 협정 제2조 '청구권의 해결에 관한 조항'에 그 근거를 두고 있다. '완전히 그리고 최종적으로 해결된 청구권'에 '위안부' 피해에 대한 배상도 포함되었다는 주장이다. 이 일본 측 주장과는 별개로, 한일회담 청구권 문제 교섭 과정에서 일본군'위안부' 문제와 관련한 토의가 이루어졌는지를 살펴보면, 일종의 '보관금' 문제로 단 한 번 거론된 기록이 남아있다. 1953년 5월 19일 제2차 한일회담 재산·청구권위원회 제2차 회의에서 한국 측은, '대일청구요강안'과 관련하여 일본에 조사를 요청한 사항을 상세히 설명하였다. 이 과정에서 한국 측 장기영 대표는 '일본 또는 그 점령지로부터 귀국한 한국인의 예탁금 문제'에 관해 설명하면서, "한국 여자로서 전시에 해군이 관할했던 싱가포르 등 남방에 '위안부'로 갔다가 돈이나 재산을 놓고 귀국한 사람들이 있으며, 군 발행의 수령서를 보여주면서 무언가 해달라고 오는데 사회 정책적으로 동 수령서를 담보로 돈을 빌려 준 경우도 있다. 후에 일본 자료를 통해 실태를 확인해 나가길 원한다"라고 발언하였다. 이것이 한일회담에서의 '위안부'에 관한 유일한 기록이다. 이에 대한 일본 측 대표의 대응은 기록에 남아있지 않다.[4] 이 기록 외에 한국 사료에는 임송본 대표가 한일회담을 앞두고 작성한 '대일회담 재산권 및 청구권 문제' 제하 자료 가운데, '금번 대일회담 시 [일본 측에] 제기될 재산 및 청구권과 관련한 제목 및 조항'에 '태평양전쟁 중의 위안부 보관금' 관계가 포함되어 있다.[5] 장기영 대표는 이 자료를 토대로 위의 발언을 한 것으로 생각된다.

이상의 회의 기록이나 관련 자료는 한일회담 당시 한국 정부가 일본군'위안부' 존재를 인지하고 있었음을 보여주고 있다. 그러나 당시에는 '위안부'를 오늘날과 같은 '전시 성폭력의 희생자'나 '반인도적 불법행위'의 피해자로 인식한 것이 아니며, 회의에서도 '위안부'가 언급된 사안을 단순히 재산청구권과 관련한 보관금 문제의 하나로 간

4 이 일본군'위안부' 문제에 관한 한국 대표의 발언은 일본 외교문서에만 남아있다. 日本外交文書 693, 日韓交渉會議議事要錄(十二) 第2回請求權關係部會, 1953. 5. 19.

5 한국 외교문서 87, 제1차 한일회담(1952. 2. 15-4. 21) 청구권 관계자료, 1952, 대일회담 재산권 및 청구권 문제, 작성일자 불명, 724쪽.

주해 버린 것이다.[6] 이러한 맥락에서 본다면 일본군'위안부' 문제는 한일회담 청구권 교섭 과정에서 전혀 다루어지지 않았다고 보는 것이 타당하다. 한국 정부도 2005년 8월 26일 한일회담 외교문서 공개 후속대책 마련을 위한 민관공동위원회 회의 후 발표한 보도자료에서 "일본군'위안부' 문제 등 일본 정부·군 등 국가권력이 관여한 반인도적 불법행위에 대해서는 청구권협정에 의하여 해결된 것으로 볼 수 없고, 일본 정부의 법적 책임이 남아있다"라고 확인하였다.[7]

한국 외교문서	일본 외교문서
1. 87, 제1차 한일회담(1952. 2. 15-4. 21) 청구권 관계 자료, 1952, 한일회담 재산권 및 청구권 문제	2. 693, 일한교섭회의 의사요록(12) 제2회 청구권관계 부회(日韓交渉会議議事要録(十二) 第2回請求権関係部会), 1953. 5. 19

6 유의상, 『대일 외교의 명분과 실리』, 역사공간, 2016, 138, 139쪽.

7 국무조정실, 「한일회담 문서공개 후속대책 관련 민관공동위원회 개최 보도자료」, 2005. 8. 26.

1. 한일회담 재산권 및 청구권 문제

한국 외교사료 87, 제1차 한일회담(1952. 2. 15-4. 21)
청구권 관계자료, 1952

한일회담을 앞두고 한국 측 대표로 임명된 임송본 식산은행장이 작성한 재산권 및 청구권에 관한 자료다.

極秘

對日會談 財産權및請求權問題

韓日會談
代表 林松本

白
財務部長官
貴下

~(1)~

對日會談 財産權및請求權問題

一、 對日財産權및請求權또는確定債權關係

(1) 基本原理에關한資料 研究

別添關係條文參照

槪 論

우리韓國政府에서는 1949年에調査한 揭題에關한 調査請求書가 下記四部로써 作成되었음

第一部 現物返還要求等

第二部 確定債權要求等

第三部 中日戰爭및太平洋戰爭에基因한 人的物的被害要求等

第四部 日本政府의低價收奪에依한損害

以上 四部內調査書中에서 再檢討할것과 또는對日會談時에 先後를区别하여 提案할必要가有함 具体的으로指摘하면 上記四部內中 第二部 確定債權要求및 第三部 中日戰爭및太平洋戰爭에基因한 人的物的被害要求等은 爲先提出될性質로 思料됨

(a) 平和條約第四條A項및B項에關한見解

平和條約第四條A項에依하면 財産權및請求權(Property

～(2)～

and·claims)은 韓日兩國間의 協議의主題로 되였음 (shall be the subject of special arrangements between the Republic of Korea and Japan) 然이나 同條B項에서 韓國에있는美軍政当局의 日本國및日本國民의 財産處理의効力을 日本이承認하게되였다

即 同條B項을 좀詳細히解釋하면 美軍政法令第三十三号에依하여 日本國및日本國民의財産이 美軍政府(USAMGIK)에歸屬(Vested)되고 其后다시 韓美財政特別協定(The Initial Financial and Property settlement between the Government of United State of America and the Government of the Republic of Korea)에依하여 美國政府로부터 大韓民國政府에 移讓되였다

然이나 兩國間의 複雜難澁한財産및 請求權處理에있어서 [權利發生의根源] 과 [財産補定] 의問題가 介在하고있다 이第四條B項에対하여서는 日本에서도 区々한論議、見解가있으나 우리韓國으로써는 法命No.33. 韓美財政協定및 平和條約第十九條等을 援用하여 韓國에있는 日本國및 日本國民의財産權및請求權은 韓日兩國의協定의對象이 아니될것이고 單只 韓國의財産및請求權의 resumption (回復)만을 協議의對象으로 할것이다

日本國内에 있는 韓國의 財産 및 請求의 精算은 別紙와 如함

(6) 軍政法令第三十三号의 適用 및 그 効力

(가) 構 造 (A) ─

日本에 本店 또는 本社를 가지고 韓國内에 支店.支社 또는 分工場等 日本의 在外資産이 있을 境遇。

韓國内支店의 財産은 法命 33号에 依하여 取得清算된다 然이나 外國資産의 清算이라하드래도 一般財産의 國内法上의 清算과 同一한 것이며 爲先 積極資産을 捕捉하고 다음 消極資産을 償却한 后에 殘餘資産을 處分하는 데 있어 共通的인 것이다 萬一 消極資産이 積極資産을 超過하여 赤字가 生起될 時에는 赤字에 对한 請求權이 日本所在店에 取立되지 않는다 即 領土主權内에서 限定處理되여 對日涉外關係는 切断된다

以上 解釋에 正当与否 如何할까。

(나) 構 造 (B) ─

韓國에 本店 또는 本支店을 가지고 日本内에 支店.支社 또는 分工場等 韓國의 在外財産이 있을 境遇

이 境遇는 前述例와 完全히 反異하나 法命 三十三号의 適用効力은 本店의 境遇는 株式 이 歸屬되는 것이다 故로 在日支店의 資産은 積極資産 消極資産 共히 承継되며 支

～(4)～

配關係가 切斷되지않는다 그結果로 在日支店이 가지고있는負債도、償還義務가있는가 例之 金融機關의 日本人預金等이 日本支店에서 支拂되는것을 意味하는것이아니다 그것은 卽 日本人預金은 韓國에歸屬된것이며 單只当該在日支店이 直接가지고있는 負債만을 말하는것이다

如斯한思考方式은 近代株式會社理論의 發展으로써 当然事이며 過去美軍政의 法令三十三号以下 管理令第十號에 이르기까지의 運用方式에證하여도 우리가實地로 目擊한바이다

卽 法令第三十三號는 最初個々의資産 ― 例之하면 建物、商品、債權、什器等 許多한資産이 個々로 軍政府에 歸屬하는式으로 解釋되였다가 1946年4月27日附 Schutz 代將의「法令第三十三號에依하여 日本人財産을 取得함으로因한 法人債務의支拂에關한件」에依하여 軍政府의 法人取得効果는 株式其他持分權이 取得되였다는 解釋을하였으며 그後 此를敷衍하는 指令이있었고 結局 本精神은 管財令第十號에서 理事會의組織 株式總會再開의方式으로 結實되여 軍政府는 單純히 株主權의行使에 그치게되였다

이說明은 韓日両國의 財産處理에있어 本支店關係가

—(5)—

依然히 持續되는것이며 國交関係로 事實上 遮断되였다 하드래도 우리의支配權이消滅된것은 意味하지않는것이다.

(다) 以上의理由로 現在CILC(*Closed Institutions Liquidting Committee*)에서 管理中인 朝鮮銀行、殖産銀行、金聯 信託等의 在日支店財產 80億円은 韓國에 返還되여야할것이다

故로 当然한歸結로써 對日本爲替(換)債權의請求는 우리側에서 除外되어야할것으로 思料된다

今番 對日會談에있어서 財產權및 請求權의 前哨戰으로볼수있는 船舶會談에서 過去 國際私法 又는慣例을 変更케한 SCAP의處理와實例를 作成한것이다.

換言하면 韓日両國間에있어서는 所謂 船籍主義와 水域主義의両者를 兼有한請求權을 SCAP에서 認定한 事例를 大書特書아니할수없다

以上 財產權및 請求權에関하여서는 *Italy* 講和條約 第十四條附屬書및 SCAPIN 1965号, 日本政令 291号 等이 参考例가된다 여기에서도 法令第三十三号가登場하여 最後의断을 내리게된다 이것이 即 日本의在外私有財產沒收라는것 自体(*Confiscation of civil property of Japan and its nationals within outside of*

~(6)~

Japan) 가 敗戰國日本에 대한 新判例를 造成할것이다

(C) 占領政策下의 韓國財産處理状況

(가) 韓國에 本社를 둔 會社의 在日支店財産에 関한 件

(A) 本件에 対한 SCAP当局의 措置

SCAP当局은 韓人의 在日財産에 関하여 一旦 1945年9月22日發布한 SCAP覺書45号 (金融取引의 統制에 関한 覺書) 로서 對外関係 (處分) 를 遮断 (禁止) 하였다.

그리고 後記一般的 Memorandum 形式으로서 一聯의 清算 Liquidating 措置를 取하였다

左右間 我國의 在日財産은 大体 두가지 系列로 管理되었다

(1)은 閉鎖機関令에 依한것

(2)는 SCAPIN 1965号에 依한 整理會社方式이다

(1) 閉鎖機関令에 依한것

이에 包含되어 있는 在日財産은 朝鮮銀行, 殖産銀行, 信託銀行, 金融組合聯合會의 四機関의 在日支店財産으로서 1950年9月30日 現在 B/S面 資産状態를 概算하면

	B/S 面	不確定資産	差 減
朝鮮銀行	6.910.463 千円	268.070	6.642.393
殖産銀行	666.281	8.096	658.185
金 融	1.307.351	607.792	699.559
信 託	34.250	8.812	25.438
計	8.918.347	892.772	8.025.575

上記閉鎖機関의 資産의 大宗은 日本國債等有価証券이며 이것은 1945年8月25日 附朝鮮銀行本店의 所有로되어있든 日本國債其他 47.943.972.385円을 恣意로東京支店所有로不法移替하여 閉鎖機関의資産에 包含시킨것이다 日本側이 自己資産이라고 主張한다면 1945年8月25日 移替手續이 法令 No. 33 및 司令布告第二号(對外金融去來停止) 違反이며 掠奪財産임을立証하여 移替된有価證券만이라도 返還바터야할 것이다。

(2) SCAPIN 1965号에依한整理会社方式 SCAPIN 1965号覚書1号—4号、日本政令29号로써 韓國에本社를둔、在外会社의 日本内財産으로써 韓國人의 利權이九割以上(日本人의利益이 10% 以上)의会社 307會社를 指摘하였다

(나) 前記清算方法

在日本支店에서発生한 果実에対한 韓國人의債權과 在日

(8)~

諸支店資産에對한担保物権은 優先順位로支拂하게되었으나 一般韓國人의債權은 原則的으로 在韓本社資産또는 其他資産으로도 完済치못하는境遇에限 비로소 그不足額에限하여 在日支店財産에서 補償를請求하게되었음. 또는債權이 完済되는境遇에限 韓國人의株主또는 社債權所持人은日本人과同等히 按分比例로 清算殘額의 分配를 받게되었다 이問題에関한 SCAPIN覚書는別添한다

(다) 特殊財産管理機構

日本内에서 日本財産管理機構로써 即韓國의在日財産 船舶, 閉鎖機関SCAPIN整理会社等은 日本側에서는 所謂〔特殊財産〕이라고稱하고 SCAP에서는 民間財産管理局(Civil property Custodian 略稱 C.P.C.)에서 管轄하고있고 大蔵省 外務省 CILO 日本銀行等에서 連絡되고있다

二. 今般対日会談時提起될 property and claims에関連한 題目및條項을 摘記한다.

I) SCAP書翰에依한旧動員者供託金関係

II) 〃 太平洋戰争中戰没者의慰籍料請求

III) 太平洋戰争中의慰安婦保管金関係

IV) 旧李王宮在日財産関係

V) 閉鎖機関令에依한 旧特殊法人関係書類

VI) 韓國에本社를둔法人(311個社)의在日財産関係

(a) 旧共済組合所有在日財産返還要求

(b) 旧朝鮮奨学會在日財産関係

(c) 韓國水産業会在日財産返還要求

(d) 旧朝鮮總督府鉄道局康生會在日財産関係

(e) Memorandam 1965号該当307個法人在日財産関係

VII) 確定債権一部関係書類

VIII) 其他請求権設定및返還要求関係

三. 在外韓國人私有財産補償要求関係 [illegible]

對日占領軍管理法令및覚書等

I) 1949年1月18日字 SCAPIN 1965号〔日本國外에 本店을有하는会社支店의 日本内에있는 財産清算에関한件〕

II) 1949年6月1日 SCAPIN 1965/2号〔日本占領地에本店을有하는 会社支店의 日本内에있는 財産処分에関한件〕

III) 1950年2月28日字 政令第22号〔國外居住外國人等에対한 債務의弁済를為하야 하는 供託의特例에

~(110)~

關한件]

iv) 1949年 12月16日字 SCAPIN 2010/A [朝鮮郵船会社의 貨物船返還에関한件]

v) 1950年 10月3日字覚書 [朝鮮油槽船会社清算에関한件]

vi) 1950年 10月12日字覚書 [京仁商船会社의再組織에関한件]

vii) 1950年 10月19日字覚書 [西日本汽船会社의再組織에関한件]

viii) 1951年 1月2日字覚書 [朝鮮郵便会社의 再組織에関한件]

ix) 1950年 2月28日字政令第22号 [國外居住外國人等에関한 債務의 弁済를為하여 하는 供託의特例에関한件]

四 在韓美軍政廳関係法令

i) 1945年 9月1日字 SCAP 宣言書 No.1, No.3.

ii) 1945年 9月25日字 軍政法令第33号

iii) 〃 57号

iv) 〃 103号

v) 〃 125号

vi) 1946年 4月27日字在韓美政指令 [法令第33号에依하여 日本人財産帰属으로써 発生되는 法人의 債務

~(11)~

支拂에 關한 件〕

VII) 1947年 12月 6日字〔在韓美軍司令部의 韓國人의 權利에 關한 宣言〕

VIII)〔朝鮮서 創立된 法人中 軍政廳이 利權을 所有한 法人의 許請에 關한 件〕

五. 對日確定債權關係條項

I) 1945年 10月 9日字 SCAP.I.N 第113号〔旧日本軍人이었든 韓國人의 給料支拂의 件〕

II) 1945年 10月 14日字 SCAPIN 第136号〔基金送金에 關한 件〕

III) 1947年 1月 24日字 SCAPIN 第1484号〔日本炭鉱에 있던 韓國人勞動者의 預金과 手当支拂에 關한 件

IV) 1947年 11月 26日字〔韓日間私有財産讓渡交換에 關한 措置와 処分에 關한 同議의 件〕

V) 1949年 7月 19日字 SCAPIN 2030号〔外國人預金計定의 件〕

VI) 1949年 8月 4日字 SCAPIN 2030/1号〔外國人船員債權의 外國人預金計定에 移管에 關한 件〕要集

VII) 1950年 1月 15日字覚書〔韓國人을 為하여 供託된 基金에 關한 件〕

～(12)～

viii) 1950年1月16日字 日本政府의 SCAP에對한答狀【韓國人을爲하여 供託된基金에 関한件】

x) 1949年5月12日〔韓國人의軍人軍属徵用工의 未拂金淸算要求의件〕

x) 1950年10月21日〔韓國人에게支拂하기爲한 供託金에関한件

xi) 1951年5月8日〔外國人預金計定에있어서 韓國人을爲하여 供託된 基金에関한件〕接受

xii) 1951年7月31日〔韓國人을爲한 供託金에関한件〕接受

六、旧王宮在日財産関係事項

i) 1947年10月11日字 SCAPIN ~~2695/A~~〔旧李王財産管理에 関한件〕

ii) 朝鮮銀行在日支店 殖産銀行在日支店 信託會社在日支店 東拓會社 金融組合聯合會 朝鮮米穀輸入協會等大法人의淸算調查作成〔1950年10月10日現在〕

~(13)~

財産權및請求權의綜合表 ✓ (15-17.05-1.030.98) 燒却

1. 韓國內保管日系通貨 ~~1.540,783,700.17~~ 외 3.541.318.05)
2. 開鎖機關管理財產 ✓ 8,025,575,160.28
3. 有價證券 7,432,194,605.44
4. ~~日本政府國庫金立替金~~ ~~901,748,844.65~~ ✓3103億 ...
5. SCAPIN 1965号整理會社 (推定) 200,000,000.—
6. 生命保險積立金 467,336,159.—
7. ~~遞信部關係債權~~ ~~2,043,506,744.40~~
8. 雜請求權 689,849,456.22
9. 開鎖機關財產과有價證券의二重計算補正 (一) 4,793,272,385.—

16,407,722,285.16

外 (1) 船舶

(2) 旧總督府建物、朝鮮奬學會建物

(3) 對徵用者未拂金死亡慰藉料等

歸還日胞主拫金額 ✓ 100,000,000.—

8/15 以后 ... 補償

韓國內保管日系通貨內訳表

1.	日本銀行券 (가)	1,491,676,748.00
2.	滿洲中央銀行券	1,462,795.41
3.	台湾銀行券	15,963.00
4.	聯合準備銀行券	64,289.30
5.	儲備銀行券 (나)	43,506.61
6.	日本軍票	23,725.00
7.	日本政府小額紙幣	19,800,042.90
8.	蒙疆銀行券	5.00
9.	代理保管日系通貨 (다)	27,757,124.95

註 (가) 日本銀行券 ~~1,462,795~~ 1491.616.748— 는下記內容으로構成됨

朝鮮銀行固有의所有 959.773.609.00

法令57号에依한預託日銀券 531.843.139.00

(나) 儲備銀行券은額面額 241.703.00 을交換率

100 : 18로円貨換算表示한것임

(다) 代理保管이라함은 解放前交換協定및日本銀行代理店으로써 当行이取得代價는決濟되었으나 法令三十三号에依하여 軍政府에歸屬된것임

(라) 其他日系通貨는 交換에依하여 保有된것임

(마) 銀行券現物은全部朝鮮銀行에서集中保管中임

本店所有有價證券內譯表

(1) 國債

銘柄	枚数	額面	備考
大東亜戰爭特別國庫	1.606	662,000	現物
〃 國庫債券	503	123,250	〃
支那事變 〃	1.394	173.360	〃
三分半利 〃	14	16,212,000	〃
	3.522	18,190,550	
食糧證券		152.006,330.08	
〃		170.196,880.08	登錄

(3) 株式

銘柄	株数	券面額	帳簿価格	備考
関東州工業土地	5.000	250,000	187,500.—	保管
満洲興業銀行	300.000	My 15,000,000	15,000,000.—	証有
華北工業銀行	30,000	Cy 1.500,000	1.500,000.—	〃
華興商業銀行	40.000	S$ 4.000,000	2.357.142.86	〃

(4) 日系外國證券

銘柄	額面	帳簿價格	備考
天津居留民國債	Cy 320,700	320,700	保管証有
濟南 〃 〃	Cy. 117.500	117,500	
	Cy 438,200	438,200	

旧朝鮮銀行本店訃定의日系有價証券一覧表

銘柄	本店所有 金額	東京支店에移管(1945.8.25) 金額	合計 金額	摘要
國債				
國債	※ 18.190.550 00	4.462.853.985 00	4.481.044.535 00	※中貸付有価証券 6.159.900 — 包含
食糧証券	152.006.330 08		152.006.330 08	
	170.196.880 08	4.462.853.985 00	4.633.050.865 08	
地方債		1.327.500 00	✓ 1.327.500 00	
社債		※ (3.660.000 00)		※北鮮鉄道公債 2回 890.000— 3回 770.000— 5回 2.000.000— } 3.660.000—
保証社債		198.579.300 00	198.579.300 00	保管証有 (本表外国証券類에 包含)
政府機関社債		35.480.300 00	35.480.300 00	在日本所在分 172.500— } 東亜興業 12.950.000—
一般社債		12.950.000 00	12.950.000 00	満中 〃 11.151.500—
		247.009.600 00	247.009.600 00	朝鮮 〃 1.626.000— 京電
株式	250.000 00	23.076.100 00	23.326.100 00	
	my 15.000.000 00		my 15.000.000 00	
	cy 1.500.000 00		cy 1.500.000 00	
	S$ 4.000.000 00		S$ 4.000.000 00	
	250.000 00	23.076.100 00	23.326.100 00	
	my 15.000.000 00		my 15.000.000 00	(帳簿價格이고 額面은 cy 300,000—)
	cy 1.500.000 00		cy 1.500.000 00	
	S$ 4.000.000 00		S$ 4.000.000 00	
日系外國証券		59.005.200 00	59.005.200 00	
		my 700.000 00	my 700.000 00	
	cy 438.200 00		cy 438.200 00	
	cy 438.200 00	59.005.200 00	59.005.200 00	
		my 700.000 00	my 700.000 00	
			cy 438.200 00	
	170.446.880 08	4.793.272.385 00	4.963.719.265 00	
	my 15.000.000 00	my 700.000 00	my 15.700.000 00	
	cy 1.938.200 00		cy 1.938.200 00	
	S$ 4.000.000 00		S$ 4.000.000 00	

旧朝鮮銀行本店所有計定中1945.8.25日東京支店에不法移管む有價証券内訳表

○ 國債

銘柄	額面	備考
大東亞戰爭特別國庫債	169.900	保管証有
〃 國庫債券	2.955.557.450	登録國債
支那事変 〃	483.091.450	〃 〃
三分半利 〃	1.015.144.175	〃 〃
〃 公債	8.888.775	保管証有
第二回支那事変割引國庫債券	2.010	〃 〃
	4.462.553.985	

(一) 政府保証 社債

銘柄	額面	備考
燃料興業債券	7.565.000.00	登録社債(東京)
戰時金融債券	17.475.000.00	〃 〃
閉刊 〃	125.000.00	〃 〃
産業設備 〃	16.081.000.00	〃 〃
朝鮮電氣社債	170.000.00	〃 〃
日鮮滿拓植社債	5.130.000.00	〃 〃
關東配電 〃	2.822.300.00	〃 〃
滿洲拓植 〃	7.479.000.00	〃 〃
國際電氣通信 〃	1.018.000.00	〃 〃
東亞海運 〃	209.000.00	〃 〃
北支開発 〃	135.508.000.00	〃 〃
中支振興 〃	5.057.000.00	〃 〃
	198.579.300.00	

(二) 政府機関社債

銘柄	額面	備考
滿鉄社債	22.137.300.00	登録社債(東京)
日鉄社債	9.995.000.00	〃 〃
東拓 〃	2.747.000.00	〃 〃
	35.480.300.00	

株式

銘柄		株数	券面額	時価価格	備考
日本窒素肥料		220	12.500	15.500.-	大阪保管
〃 〃	新	200	10.000	5.000.-	〃
明治製糖		8.352	417.600	606.355.20	東京 〃
王子製紙		9.290	464.500	614.266.45	〃
東洋紡績		1.400	70.000	98.900.00	〃
鮮鉄	新	1.000	50.000	15.000.00	〃
滿鉄	旧	150.000	7.500.000	8.100.000.00	〃
〃 〃	新	75.000	3.750.000	937.500.00	〃
滿洲電信電話	旧	43.000	2.150.000	2.107.000.00	〃
〃 〃	新	26.500	1.325.000	331.250.00	〃
滿洲興業	旧	100.000	5.000.000	4.915.000.00	〃
東亞興業	新	5.000	250.000	6.500.00	〃
中國聯合準備銀行		7.160	716.000	716.00	〃
樺太鉱業		580	29.000	29.000.00	〃
交易営団		1.000	100.000	50.000.00	〃
中日実業		19.930	996.500	1.993.00	〃
東洋紡績	新	700	35.000	35.000.00	〃
貨金統合銀行		2.000	200.000	100.000.00	〃
		451.362	23.076.100	17.960.780.65	

日系外國証券

銘柄	額面	時価価格	備考
北滿鉄道公債(政保)	3.680.000	3.310.660-	保管証有
滿洲國投資事業公債	49.400.000	46.954.930-	〃
滿洲國水力電氣 〃	900.000	855.000-	〃
〃 産業振興 〃	1.595.000	1.574.450-	〃
中華民國九六 〃	3.450.000	3.450.20	〃
滿洲國四厘 〃	my 700.000	681.800.00	〃
	59.005.000	53.410.070.20	
	my 1.700.000		

閉鎖機關清算報告

朝鮮銀行
在日本支店

1950年9月30日現在 B/S (閉鎖1945.9.30日 指定業廢止)

項目	資産 閉鎖時	資産 9月末
確定資産		
1. 回收할資産		
a. 貸出金	552,582,122.34	108,857,984.21
b. 先金及臨時貸出金	14,062,667.94	
c. 受取計定	793.01	
3. 債券(日本...)		
a. 國債	5,649,157,167.61	5,637,812,627.07
b. 株券	1,268,113.—	604,300.—
c. 外國債其他	59,150,107.10	42,186,408.23
4. 固定資產		
a. 不動産	2,709,256.—	
b. 備品	34,414.—	3,306.—
5. 其他		
a. 供託金見返	2,197,000.—	247,000.—
b. 地金銀	510,761.30	510,761.30
c. 外國取先店에対한債权	14,587,802.76	551,031.26
d. 外國為替及外国債	176,116.—	3,056,962.37
計	6,296,436,321.09	5,793,835,380.44
未確定資産		
地金銀(本店保管)	3,211,957.65	3,211,957.65
6. 債券(日本國外)	243,099,530.20	243,099,530.20
7. 其他		
a. 株券	21,746,450.80	21,746,450.80
b. 日本外地銀行에対한債权	12,223.21	12,223.21
計	267,070,162.39	268,070,162.36

項目	資産 閉鎖時	資産 9月末
現金及預金		
11. 日本銀行代理店計定	235,837,343.08	6,423,240.28
12. 投資證券		860,267,300.—
13. 其他		
a. 第二次封鎖預金及自由預金	774,259.58	
計	236,611,602.66	866,690,540.28
資產總計	6,801,118,086.11	6,928,596,083.58
負債		
清算代金中対日本人債務		
2. 未支拂税金	403,115.42	
3. 從業員債務		2,928,974.09
5. 一般債券	370,465,410.38	14,742,435.19
9. 其他		
a. 保証金	2,197,000.—	247,000.—
b. 假拂金	4,169,071.14	213,681.25
計	377,234,596.94	18,132,090.53
本店計定及株主에対한債权		
10. 海外에서発生된債務	85,682,567.09	78,885,571.75
11. 本店或은支店에支拂할金	6,174,401,478.50	5,585,363,830.47
12. 資本金及準備金		
a. 未支拂配当金	54,261.83	54,261.83
b. 余剰金	163,745,181.75	163,745,181.75
c. 清算益		1,082,415,147.25
計	6,423,883,489.17	6,910,463,993.05
負債總計	6,801,118,086.11	6,928,596,088.58

閉鎖機関清算報告

1950. 9. 30. 日現在 B/S

朝鮮殖産銀行
東京及大阪支店

項目	資産 閉鎖時	資産 9月末
確定資産	-	
1 回收될資金		
a. 貸出金	52.900.000.—	
b 先金所臨時貸付金	3.122.669.55	
c 予金-閉鎖機関	3.117.682.65	
3 債权(日本内)		
a. 国債	472.553.225.—	472.553.225.—
b. 株券	10.191.562.50	8.042.500.—
c 内国債其他	7.100.000.—	5.703.765.91
4 固定資産		
a 不動産	227.650.—	
5. 其他		
a 日本政府에対한債权		6.650—
計	549.212.789.20	436.306.140.91
未確定資産		
6. 債权(日本国外)	27.351.000.—	7.996.500.—
8 其他		
a 朝鮮貯蓄銀行에対한債权	320.40	320.40
b 株券	100.000.—	100.000—
計	27.451.320.40	8.096.820.40
現金及預金		
11 日本銀行代理店勘定	1.202.809.44	1.343.908.28
12. 投資証券		170.642.800.—
13 其他		
(a) 第一次封鎖予金支自由予金	30.001.207.52	
計	31.204.017—	171.986.708.28
資産総計	607.868.127.10	666.389.669.59

項目	負債 閉鎖時	負債 9月末
清算代金中対日本人債務		
2 未支払税金	34.399.25	
3. 従業員債務	107.732.26	102.696.85
5. 一般債務	23.071.190.92	
9 其他		
9 假払金	30.068.43	5.584.34
計	23.243.391.56	108.281.19
本店計定及株主計定		
10 海外에発生된債務		
11. 本店或은支店에支払할金	584.228.756.04	569.903.395.20
12. 資本及準備金		
b 余剰金	395.979.50	395.979.50
d 清算金		95.982.013.20
計	584.624.735.54	666.281.388.40
負債総計	607.868.127.10	666.389.669.59

閉鎖機関清算報告

1950年9月30日現在 B/S

朝鮮金融組合聯合會
東京支店

項目	資産 閉鎖時	資産 9月末
1. 可收릴資産		
b. 先金及臨時支拂金	9,966.93	
d. 予金ー閉鎖機關	2,148,076.40	
3. 債權(日本内)		
a. 國債	280,366,400.—	249,264,400.—
b. 株券	7,348,225.—	7,348,225.—
c. 内國債及其他	594,228,500.—	325,444,691.62
4. 固定資産		
a. 不動産	30,000.—	
b. 備品	4,000.—	
計	884,185,168.33	582,057,316.62
不確定資産		
6. 債券(日本國外)	460,213,400—	460,213,400—
8. 其他		
a. 可收不可能한資産	33,310.92	33,310.92
b. 株券	225,500—	225,500—
9. 缺損	7,740,655.88	7,740,655.80
10. 清算損		139,579,714.90
計	468,212,866.80	607,792,581.76
現金及預金		
11. 日本銀行代理店予金	228.40	2,241,829.46
12. 投資証券		115,259,650—
13. 其他([illegible])	14,500—	
資産總計	1,352,412,763.53	1,307,351,377.78

項目	負債 閉鎖時	負債 9月末
清算代金中対日本人債務		
2. 未支拂税金	1,236—	
3. 從業員債務	25,112—	
5. 一般債務	45,044,906.25	
計	45,071,254.25	
本店計定과株主債權		
11. 本店或은支店에対한債務	1,307,341,508.78	1,307,351,377.78
計	1,307,341,508.78	1,307,351,377.78
負債總計	1,352,412,763.53	1,307,351,377.78

閉鎖機関,清算報告

1950年9月30日現在 B/S

朝鮮信託株式会社
東京及大阪支店

項目	資産 閉鎖時	資産 九月末
確定資産		
1.回収可能社資金		
c.受取計定	46,341.24	
d.閉鎖機関의預金	126,744.30	
3.債权(日本内)		
a.国債	14,332,125—	14,333,125.—
b.株券	3,624,012.50	8,627,012.50
c.内国債其他	1,100,000—	220,000.—
4.固定資産		
8.備品	11,580.—	
計	24,241,802.94	23,180,137.50
未確定資産		
6.債权(日本国外)	8,807,500.—	8,807,500.00
8.其他		
a.株券	5,000.—	5,000.—
計	8,812,500.—	8,812,500.—
現金及予金		
11.日本銀行代理店計定	368.20	269,658.13
12.投資証券		1,988,170.—
計	368.20	2,257,828.13
資産総計	33,054,671.64	34,250,465.63

項目	負債 閉鎖時	負債 九月末
清算代金中対日本人債務		
3.従業員請求金	29,000.—	
5.一般請求金	2,769.20	
計	31,761.20	
本店計定及株主权利		
10 海外에発生社債務	6,693,575.—	6,693,575.—
11.本店或은支店에対한計定	26,329,327.44	26,237,809.87
12.資本及積立金		1,319,080.26
d 清算益		
計	33,022,902.44	34,250,465.63
負債総計	33,054,671.64	34,250,465.63

閉鎖機関 B/S 分析表

1950. 9. 30. 現在 B/S

資	産	負	債
確定資産		未払債務其他	
朝銀	5.793.835.380 94	朝銀	18.132.090 53
殖銀	486.306.140 91	殖銀	108.281 19
金聯	582.057.316 62	金聯	—
信託	23.180.137 50	信託	—
小計	(6.885.378.975 97)	小計	(18.240.371 72)
未確定債資産		株主計定其他	
朝銀	268.070.162 36	朝銀	242.635.015 33
殖銀	8.096.820 46	殖銀	395.979 50
金聯	607.792.581 76	金聯	—
信託	8.812.500 00	信託	8.012.655 76
小計	(892.772.064 58)	小計	(251.093.650 59)
現金及預金		本店에対한債務	
朝銀	866.690.440 28	朝銀	5.585.363.830 47
殖銀	171.986.708 28	殖銀	569.903.395 20
金聯	117.501.479 46	金聯	1.307.351.377 78
信託	2.257.828 13	信託	26.237.809 87
小計	(1.158.436.556 15)	小計	(7.488.856.413 32)
		清算益	
		朝銀	1.082.415.147 25
		殖銀	95.982.013 70
		金聯	—
		信託	—
		小計	(1.178.397.160 95)
総計	8.936.587.596 58	総計	8.936.587.596 58

摘	要
㉮ B/S面請求权算定	
株主計定其他	251.093.650.59
本店에対한債務	7.488.856.413.32
清算益	1.178.397.160.95
計	△ 8.918.347.224.86
㉯ 不確定債权을除外한正味財産豫算額	
	△ 8.918.347.224.86
	892.772.064.58
	−) 8.025.575.160.28

聯合國總司令部SCAPIN諸覺書의要点

1949年1月18日字覺書1965號(別添英文参照)

此覺書에 있어서는 日本國外에本社를둔 會社의 在日支店財産의 清算을指示하였는데

(1) 該會社의 範囲가確定되었고(但日本人의利權이一割以下인会社의 財産은除外함)

(2). 在日資産目錄과 報告作成에있어서는「在日財産에関한 先取特權을 갖고있는外國(人)의債權」과「在日支店의 業務에서果実된 外國또는 外國人의債權」을 分別하게되었다

1949年3月8日字覺書1965/1號(別添)
1949年8月2日字覺書1965/3號(別添)

此覺書에있어서는 清算을要하는 資産의範囲를밝혔다 (但閉鎖機関令에依해서 清算中에있는것은除外함)

(1) 日本國外本社가 所有하고있거나 또는 請求할수있는 在日財産一部(但그것에 限한 意味가아님)

(2) 日本國外本社名義로 日本國内에 登錄되어있는 各種證券 (本社名義로登錄된 證券을抹消하고 그代身 新株式 또는 新公債를發行함)

(3) 日本國外本社가 갖고있는 在日財産에対한 權利證書 在日財産에対한抵当權 銀行預金通帳 領受證書 手票送金어음 約束어음 換어음 債權·債務證書 及其他本社가 갖고있는 在日財産에関한 權利또는 利益에関한証憑書類

{1949年6月1日字覺書1965/2號(別添)
1950年7月8日字覺書1965/4號(別添)}

此覺書에 있어서는 清算方法에関한 具体的規準을 세웠다

(1) 清算이 新公社設立에 隨伴되는境遇
清算會社의 株主및社債權者에対하여는 優先權을 附與해서 再建会社의 株式및 證券을取得시킬것

(2) 清算財産処分에関한原則
清算資産의 帳簿価格이 拾萬円 時価三十万円以下인 境遇에는 隨意契約形式으로하고 拾万円以上인境遇에는 入札形式으로 公賣할수있다

(7) 在日支店業務에서 発生된果実에対한 日本國内또는 國外의 債權者及在日支店資産에対한 担保權者는 民法上의 優先順位에 依해서 支拂을 받을수 있다

(ㄴ) (ㄱ)에依해서 弁濟한後 그殘餘資産이 있는境遇에는 株主、社債証券所持人 및其他債權者 또는 外國人債權(後記)者等은 前記殘額의 範囲內에서만 補償을 請求함

(ㄷ) 外國人債權者는(前記(ㄱ)項目을除外함) 原則的으로는 그債權者가屬하는國家에 있는該會社資産또는其他利用할수있는資産으로써 或은本社또는日本國外支店을爲해서 在日會社가 負荷된債務에対한 債權은 日本國外資産으로서 各支拂받게되었으며 万一完濟되지않는 境遇에는(ㄱ)을 弁濟한後 그殘額이있으면 그不足額数에 限해서만 日本國內債權者와같이 支拂받게되는데 그것도 不足되는境遇에는 內外人平等으로 取扱되게되었다

(ㄹ) 前(ㄷ)과如히 完濟된後에 依然히 分配할수있는境遇에는 外國人株主도 日本人과같이 殘余財産의 分配를 받게되었다 그리고 外國人債權에対한 支拂이 該外國資産으로써 完濟되는境遇에는 日本國內債權者에対한 支拂을 開始하는同時에 日本國內外의 株主및 社債權所持人에対하여 按分比例로 淸算殘額의 分配를開始할수있다

1年 12月 12日字覺書 2189號 (別添)

此覺書에 있어서는 本件淸算에関한 管理事務를 日本政府에 移管하는同時에 그債權 債務弁濟方法을指示하였는데 外國人債權者의 請求에있어서는 本人의 正当한 委任形式의 手續을 거쳐서 本人이属하는 駐日代表部의 代理申請이 있는境遇에만 支拂할수있다 그리고 本件管理에 必要하였던 若干의関係覺書를 廢止하였다

1949年 7月 19日字覺書 2030號 (別添)

1949年 8月 4日字覺書 2030/1號 (別添)

此覺書에 依해서

(1) 日本國와 外國人과

(2) 本社를外國에둔 法人으로써 適当한 額數의請求를 申請하지않았던 法人을爲하여서 「外國人債權者預託計定」을 別途 設置하였는데 此計定에는 戰時中 韓國人動員者의 未拂計定도 包含되었다

2. 日韓交涉會議議事要錄(十二) 第2回請求權關係部會, 1953. 5. 19

日本外交文書 693, 네 번째 문서

1953년 5월 19일 개최된 제2차 한일회담 청구권분과위원회 제2차 회의 일본 측 회의기록이다.

이 회의에서 한국 측 장기영 대표는 '일본 또는 그 점령지로부터 귀국한 한국인의 예탁금 문제'에 관해 설명하면서, "한국 여자로서 전시에 해군이 관할했던 싱가포르 등 남방에 '위안부'로 갔다가 돈이나 재산을 놓고 귀국한 사람들이 있으며, 군 발행의 수령서를 보여주면서 무언가 해달라고 오는데 사회 정책적으로 동 수령서를 담보로 돈을 빌려준 경우도 있다. 후에 일본 자료를 통해 실태를 확인해 나가길 원한다"라고 발언, 일본군'위안부'에 관하여 언급하였다.

번역

일한교섭회의 의사요록 12

제2회 청구권 관계 부회

아시아국 제2과

1953. 5. 19

1. 일시 및 장소 1953년 5월 19일 오후 3시 10분 ~ 4시, 외무성 419호실
2. 참석자

일본 측 구보타 대표
이시다 대장성 이재국장
요시다 대장성 이재국 총무과장
우에다 대장성 이재국 외채과장
히로타 외무성 아시아국 제2과장
(시게미쓰 외무성 조약국 제3과장은 결석)

한국 측 장기영 외교위원회 위원
홍진기 법무부 법무국장
한규영 주일 대표부 3등 서기관
임송본 외교위원회 위원(식산은행장)

3. 의사 개요

(1) 모두에, 구보타 대표는 지난 회의 시 장 대표의 인사말에 인용된 미국 국무성 발양 대사 앞 서한에 관해, 일본 측의 회답을 이야기하겠다고 하고, 일본 측으로서는 이 서한의 내용에 관해서는 진작부터 알고 있었고, 법률 문제에 대한 일본 측 견해는 종래와 변함이 없다면서, 그러나 본 위원회의 토의에서 법률론에 구애된다면 회의가 진행되지 못하므로 사실관계 확인(fact finding)을 통해 문제를 해결해 나가고 싶다고 했다. 또한 이시다 국장은 금후의 의사 운영에 관해, 세세한 문제는 소위원회에 맡기고 형식에 따르지 말고 신속하게 의사를 진행해 나가는 방법에 찬동한다고 보충 발언을 했다.

이에 대해, 장 대표는 구보타 대표가 지적한 서한에 관해서는 지난번 회의에 참석할 때 수석대표로부터도 법률문제는 뒤로 돌리고 실제 문제부터 접근해 나가도록 하라는 이야기가 있었으며, 자신도 법률론을 건드리지 않고 해 나가는 것에는 동감이므로, 실제 문제부터 협의해 가면서 법리론의 차를 적게 하고 싶다고 하고, 또한 형식적인 회의를 일주일에 1회씩 한다고 해도 어려운 청구권 문제는 좀처럼 진척을 이루기 어려우므로 전문가들이 출석하여 상설적이며 계속적인 협의를 하고 싶다. 자신은 본 문제가 전문적이므로 가능한 한 매일이라도 문제를 검토해 나가고 싶다고 생각한다. 지난번 국보, 피징용자의 미불 급여에 관한 자료를 전달했지만, 오늘도 청구권 문제라고 하기보다 미 청산의 제 항목을 끄집어내어 실체를 씻는다는 의미로 자유 토론(free talking)을 하며 연구해 나가고 싶다. 필요한 자료는 계속해서 주겠다라고 말하면서 일본 측의 찬성을 구했다.

(2) 구보타 대표는 이의 없다고 답하였으며, 장 대표는 이하 4항목에 관하여 설명했다.

(가) 우선 일본 측 의견을 듣고 싶은 것은 일본에서는 작년 전상·병자와 전몰자 유가족 원호법이 제정되어 원호를 하고 있으나, 한국에서도 이 태평양전쟁 중의 전사·상자 문제로 어려운 입장에 처해 있다. 약간 오래된 통계이긴 하나, 확인된 전사·병자가 4,800명, 행방불명자가 7만 명이다. 이 사람들에 대해 일본 측이 원호법을 만들 때 고려했는지 어땠는지, 이 회의 석상에서도 좋고 비공식으로도 좋으니 이야기를 듣고 싶다.

(나) 우에다 과장에게 이야기한 대로 피징용자의 미불 급여, 기타 문제는 SCAP 시대부터 진척이 있어 왔다. 한국에서도 군정하에서 전국적으로 신고를 하도록 하여, 46년 9월 30일 현재 조사에 의하면 징용된 자는 10만 5천 명이고 그 가운데 1만 6천 명의 사망이 확인되었으며, 약 7천 명이 부상당했다. 이것에는 상세한 통계가 있다. 일본 측이 SCAP으로부터 어떻게 인계를 받았는지, 어떻게 처리할 심산인지, 공식적이 아니더라도 좋으니 방침을 듣고 싶다.

(이시다 국장의 질문에 대해, 장 대표는 조사는 신고를 위주로 했다고 하고, 신고

가 이루어진 사망자가 4,800명이고, 피징용자 가운데 1만 6천 명의 미귀국자가 있으며 그 중에는 사망자도 있는 것으로 생각할 수 있다고 말했다.)

(다) 다음으로, 재한 일은권 문제에 대해 언급하였다. 전후 조선은행이 일은권과 조선은행권의 교환을 명 받았고, 일부에서는 귀환자에게 환전하여 준 것도 있다. 이 일은권은 미 측의 명령으로 [illegible] 입회하에 소각되었으나, 일본은행의 당연한 통화 채무이며, 자신으로서는 이 회의와는 관계없이 청산되어야 하는 것이라고 생각한다.

(라) 일은권 문제와 유사한 것으로 일본 혹은 그 점령지로부터 귀환한 한국인의 예탁금 문제가 있다. 이것은 일은권 반출 제한으로 예탁된 상태 그대로 귀국한 것이며, 본인은 신고한 것이다. 그 숫자는 1억 이상이 되며, 이것을 담보로 하여 돈을 빌려달라고 하는 사람도 있다.

또한, 한국 여성으로 전시 중에 해군이 관할했던 싱가포르 등 남방에 위안부로 갔다가, 돈이나 재산을 남기고 귀국한 사람이 있다. 군 발행 수령서를 보여주면서 어떻게든 해 달라고 하는데 사회 정책적으로 수령서를 담보로 해서 돈을 빌려준 경우도 있다.

이상 이야기한 4항목에 관해서는 후에 일본 측의 자료로 실태를 확인하고 싶다.

(3) 장 대표는 다음 국보 문제로 옮겼다. 히로타 과장은 한국 측이 제시한 목록에 의해 각 방면으로 실정 조사 중이나, 워낙 방대하므로 시일을 요한다고 말했다. 장 대표는 국보에 관해서는 전쟁 직후 잘 조사한 적이 있다. 또한 작년 한국의 재일 학생이 연구 조사한 것으로, 그 내용이 정확하다고 생각한다. 또한 도쿠토미 씨 저서 및 한국 학자의 조사에도 의존했다. 한국의 박물관은 대부분 형태를 갖추지 못하고 있다. 전화(戰火)로 큰 피해를 입었다. 국보에 관해서는 일본 측이 정치적으로 고려할 여지가 충분히 있다고 생각한다. 학자는 물론, 이 대통령도 국보에 관해 큰 관심을 보이고 있다고 말했다.

(4) 장 대표는 다음 유가증권 문제로 옮겨, 한국에서는 1947년에 법인, 개인을 통해 유가증권을 조사했으며, 조선은행이 관계된 것에 대해서는 청산 문제의 핵심을 이루는 것이므로 별도 설명을 부탁하는 것으로 하고, 일본에서의 일반적인 취급에 관해 듣고 싶으니 설명해 달라고 했다. 우에다 과장 및 요시다 과장은 교대

로, 예금의 봉쇄가 이루어졌으나 국채에 관해서는 하등의 조치가 없었다는 점, 또한 기업 재건정비법으로 구 주권이 반액이 된 점, 특별조치법에 의해 기업 예금이 2차 봉쇄당하면서 버려진 것도 있다는 점을 설명했다.

조선은행권에 관해, 이시다 국장은 연합국이 점령한 지역에서 어떠한 조치가 이루어졌는지 불명료한 관계로 이 문제는 일본인 사이에도 보상 문제와 관련되어 소란스럽게 논의되고 있다고 답했다.

장 대표는 일은권에 관해 일본은행의 부담이 되는 액수는 15억 엔이며, 그 외 약 3백만 엔의 일은권을 보관하고 있고 그 입수 경로는 전부 확실한 것이라면서, SCAP 시대에 이 일은권은 청산 가능하였던 것인데 어째서 지금까지 그냥 가지고 왔는지 알 수 없다고 말했다.

우에다 과장은 지난번 한국 측이 제시한 피징용자 미불 급여에 관한 왕복 문서와 관련하여, CPC의 숫자에 오류가 있음을 지적하면서 다른 보충 자료가 있는지 물었다.

(5) 이어 장 대표는 구 조선총독부 도쿄출장소 및 조선장학회의 건물에 관해 질문이 있다고 하고, 전자의 진짜 소유자는 조선교통공제조합이며, CPC가 간여하여 처분하였다고 들었다면서, 그 결과를 알고 싶고, 실정에 관해서는 문서로 추후 우에다 과장에게 전달하겠다, 또한 장학회 건물에 관해 현상을 알고 싶다라고 했다.

(6) 구보타 대표는 금후의 청구권 문제 토의 운영방식에 관해 물었다. 장 대표가 이시다 국장과 연락하면서 해 나가겠다고 하자, 동 국장은 히로타 과장을 경유하는 편이 사정이 좋으며, 대장성도 모르는 것이 많으므로 외무성에서 업무를 나누어 관계성의 참석을 요구하는 것이 필요한 것으로 생각된다고 하고, 외무성에서도 1명 참석해 주기 바란다. 대장성은 연락 창구로 우에다 과장이 적당하다라고 말했다.

이에 대해 장 대표는 일본 측에 제출하는 자료는 2부를 만들어 1부를 외무성에 전달할 것이니 다른 관계자에게도 전달 바란다. 또한 한국 측은 한 서기관이 연락을 맡도록 하겠다라고 말했다.

4. 마지막으로 구보타 대표는 신문 발표에 관해, 최근의 요미우리 기사를 인용하면서 신문이 상상 기사를 게재하므로 이 선에서 간단히 발표를 하면 어떤가 제안하였으

며, 이에 대해 장 대표도 최근의 AP 통신에 관해 언급하면서 본국에서도 회담 경위에 관해 알고 싶어하므로 발표에는 찬성이나 그 내용은 희망을 담은 것으로 하고 싶다고 했다. 쌍방은 발표에 합의하고 (한국 측은) 일본 측이 작성한 발표안을 가지고 갔다(동 안은 한국 측에 의해 약간 정정된 후 별지와 같이 발표되었다.)

5. 차기 회의는 준비의 필요성도 있고 해서 어느 정도 여유를 두는 것으로 하여, 외무성에서 6월 2일(화) 3시 개최하는 것으로 예정했다.

신문 발표 안

주. 괄호 안은 한국 측의 희망에 의해 삽입된 것이다.

5월 19일, 청구권 관계 부회 제2회 회의에서는 쌍방이 협력하여 재산, 청구권의 실태를 구체적으로 분명히 하는 것에 의견 일치를 보았으며, (한국 측으로부터 1부 자료에 관한 설명이 있었다) 금후 수시 연락하면서 작업을 진행해 가는 것으로 했다.

日韓交渉会議議事要録(二)

第二回請求権関係部会

、アジア局第二課

昭和二八、五、一九

一、日時及び場所、一九五三年五月一九日午后三時一〇分―四時、

外務省四一九号室において

二、出席者

日本側

久保田代表

石田大蔵省理財局長

吉田 〃 〃 総務課長

上田 〃 〃 外債課長

広田外務省アジア局第二課長

(重光外務省条約局第三課長は欠席)

韓国側

張基栄外交委員会委員

洪璡基法務部法務局長

韓奎永駐日代表部三等書記官

林松本外交委員会委員、（殖産銀行頭取）

三、議事概要

㈠冒頭、久保田代表から、前回張代表の挨拶に引用された米国国務省発梁大使あて書簡に関し、日本側の回答を申上げるとして、我方においては同書簡の内容についてはつとに承知していたものであり、法律問題に対する日本側見解は従来と変りがない、然し本部会の討議において法律論に拘つていては議事が進まないのでファクト・ファインディングを行つて問題を解決して行くことにしたいと述べた。また石田局長から今後の議事運営に関し、細い問題は小分科会に譲つて余り形式張らずに迅速に議事を進めて行く方法に賛同されたいと補足した。

これに対し、張代表から、久保田代表が指摘された書簡については、前回会議に出るに当つて首席代表からも法律問題は後廻しにして実際問題からアプローチして行けという話もあつたし、自分も法律論に触れないでやつて行くということには同感であるので、実際問題から話合つて行き法理論の差を少くするようにしたい、又形式張つた会議を一週に一回位やつても困難な請求権問題は仲々はかどらないので専門にやる人に出てもらつて常設的かつ継続的に話合うこととしたい、自分は本問題が専門であるので出来れば毎日でも問題を検討して行きたいと考えている、先日、国宝、被徴用者の未払給料に関する資料を差上げておいたが、本日も請求権問題と云うより、未清算の諸項目を出すから実体を洗うという含みでフリー・トーキングをして研究して行きたい、必要な資料は引つづき差上げる、と述べ我方の賛成を求めた。

(二)久保田代表から異議のない旨を答えたところ張代表は以下の四項目について説明を行つた。

(1)先ず日本側の意見を承りたいのは、日本では昨年戦傷病者戦没者遺家族援護法が出て援護をやつておられるが、韓国でも、この太平洋戦争中の戦死傷者の問題で苦しい立場にある。少し古い統計ではあるが、確認された戦死病者は四八〇〇人で行方不明者は七万人位ある。この人達に対して日本側が援護法をつくつた時に考慮されたかどうか。この会議の席でもいいし、非公式でもよいからお話を承りたい。

(2)上田課長に話しておいたとおり、被徴用者の未払給与その他の問題はSCAP時代から進捗していた。韓国でも軍政下にあつて全国的な申告を求め、四六年九月三〇日現在の調査によると徴用された者は一〇万五千名でその中一万六千名の死亡が確認されており、約七千名が傷病した。これには詳しい統計がある。日本側におけるSCAPからの引継がどうなつているか、如何に処理される心算か、公式でなくてもいいから方針をうかがいたい。

（石田局長の質問に対し、張は調査は申告を主とし、申告のあつた死亡者が四千八百名で、被徴用者のうち一万六千名の未帰国者がありその中には死亡者もいると考えられると述べた。）

(3) 次に在韓日銀券問題に言及し、戦後朝鮮銀行が日銀券と鮮銀券の交換を命ぜられ又一部には帰還者に両替してやつたものもある。この日銀券は米側の命令で立会で焼却されたが日本銀行の当然の通貨債務であり、自分としてはこの会談とは関係なしにでも清算されるべきものであると考えている。

(4) 日銀券問題と似たものに日本あるいはその占領地から引揚

げた韓国人の預託金の問題がある。これは日銀券持出し制限で預けたまま帰国したものであり、本人から申告をとつたことがある。その数字は一億以上になつており、これを担保にするから金を貸してくれという者もある。

また、韓国女子で戦時中に海軍が管轄していたシンガポール等南方に慰安婦として赴き、金や財産を残して帰国して来たものがある。連合国軍政部発行の受領書を示して何とかしてくれといつて来るので社会政策的に受取りを担保にして金を貸したこともある。

以上述べた四項目については、後から貴方の資料で実態を堅めて行きたい。

(三) 張代表は、次で国宝の問題に移つたので、広田課長より韓国側が提示されたリストに基いて各方面につき実情調査中であるが尨大なものであるから、相当の時日を要する旨を述べたのに対し、張から国宝については戦争直後よく調べたことがあり、さらに昨年韓国の在日学生が研究調査したもので、その内容は正確と思う、また徳富氏著書及び韓国学者の調査にもよつた。韓国の博物館は殆ど型をなしていない。戦争時一番大切なものは移転したが、戦火で大きな被害を受けている。国宝については日本側で政治的に考慮される余地が充分あると思う。学者は勿論李大統領も国宝について大きな関心を示していると述べた。

(四) 張代表は、次で有価証券の問題に移り、韓国では一九四七年に法人、個人を通じて有価証券の調査が行われた。鮮銀関係のものについては清算問題の核心をなすものであるから別に説明を願うとして、日本における一般の取扱について伺いたいと説明を求め、上田課長及び吉田課長から交々、預金の封鎖は行われたが国債については何等措置をとらなかつたこと、並びに企業再建整備法で旧株券が半額位になつたこと、特別措置法によつて企業預金が第二封鎖で切捨てられたものもあることを説明した。

鮮銀券について、石田局長から、連合国が占領した地域においていかに措置されているか不明であり、この問題では日本人の間でも補償問題に関連して喧しく論議されていると答えた。

張代表は、日銀券について日本銀行の負担となる額は一五億円位で、その他に約三百万円位の日銀券を保管しておりその入手経路はすべてはつきりしたものである、スキャップ時代にこの日銀券は清算できたものを、何うして今まで持越されたかわからないと述べていた。

上田課長から、先日韓国側から提示された被徴收者の未払給料に関する往復文書につき、CPCの数字には誤りがある旨を指摘し、外に補足的資料の有無を質した。

㈤次で張代表から、旧朝鮮総督府東京出張所及び朝鮮奨学会の建物について質問があり。前者についての真の所有者は朝鮮交通共済組合であり、ＣＰＣが干与して処分してしまつたと聞いておるがその結果を承知したく、実情については書き物で後から上田課長に差上げる。また奨学会建物について現状を承知したいと述べた。

㈥久保田代表から、今後の請求権問題討議の運営方式を諮つたところ、張から石田局長と連絡をしてやつて行くことにすると述べたが同局長から、広田課長を経由した方が都合がよい大蔵省でもわからぬことが多いから、外務省で仕分けしてもらつて関係省からの出席を求めることが必要と思う、外務省からも一人立会つてほしい、大蔵省では連絡に主として上田課長が当る旨を述べた。

右に対し張から日本側に提出する資料は二部作製し、一部は外務省に渡すから他は関係者に渡されたい。また韓国側において は連絡は、韓書記官に当らしめることとすると述べた。

四、最后に久保田代表から新聞発表に関し、最近の読売の記事を引用し、新聞が想像記事をのせているのでこの辺で少し簡単な発表をしたらどうかと提案したのに対し、張も最近のＡＰ電に触れて本国でも会談経緯について知りたがつているから発表には賛成で、その内容は希望を抱かせるものにしたいと、双方は発表に合意し、日本側で作製した発表案を持帰つた（同案は韓側において若干訂正の上別紙のように発表された。）

五、次回会議は準備の都合もあり暫く余裕をおくこととし外務省において六月二日（火）三時開催されることに予定した。

新聞発表案

注、括孤内は韓国側の希望によつて挿入したものである。

五月十九日、請求権関係部会第二回会議においては、双方協力し、財産、請求権の実態を具体的に明らかにすることに意見の一致をみ、（韓国側より一部資料についての説明あり、）今後随時連絡しつつ作業を進めることにした。

여타 과거사 문제
(1) 한인원폭 피해자 문제

강제 동원 피해배상 문제와 일본군'위안부' 문제를 제외한 여타 과거사 사안, 즉 한인 원폭 피해 문제, 사할린 한인 문제 및 B·C급 한인 전범 문제 등은 한일회담 청구권 문제 교섭 과정에서 전혀 다루어진 바 없다.

아시아태평양전쟁 막바지에 미국은 일본과의 전쟁을 조기에 종식시킬 목적으로 1945년 8월 6일 히로시마(広島)에, 8월 9일 나가사키(長崎)에 각각 원자폭탄을 투하하였다. 이 원폭 투하로 당시 히로시마와 나가사키에 거주하던 한인 7만여 명(히로시마 5만여 명, 나가사키 2만여 명) 가운데 4만여 명(히로시마 3만 명, 나가사키 1만 명)이 사망하고 3만여 명의 생존자 가운데 2만 3천 명 정도가 한국으로 귀국한 것으로 알려졌다.[1]

한국 정부는 한일회담에서 이들 한인 원폭 피해자들에 대한 보상 또는 지원 문제를 전혀 제기하지 않았다. 한일회담이 시작되었던 1951년 10월은 일본 정부가 연합국 통치하에 있었던 관계로 자국민 원폭 피해자들에 대한 지원조차 검토할 수 없었던 시절이었기에, 한국 측이 일본과의 회담에서 이 문제를 거론하는 것은 생각하기 어려웠을 수도 있다. 그러나 일본 정부가 자국민 원폭 피해자들에 대한 의료지원을 시작한 1957년 이후에도 한국 측이 한일회담에서 원폭 피해 문제를 제기한 흔적은 회담 기록에 남아있지 않다.

공개된 한국 외교문서에 따르면, 한국 정부가 이 문제에 관심을 갖고 대처하기 시작한 것은 한일 국교 정상화가 이루어지고 2년여가 지난 시점이다. 1967년 11월 4일 국내 거주 원폭 피해자들(원폭협회 회원 8명)에 의한 주한일본대사관 앞 항의 시위가 있

---

1 유의상, 『한일 과거사 문제의 어제와 오늘』, 247쪽.

었다.[2] 이 시위 이후 주한 일본대사관이 재한 일본인 유지 명의의 성금을 원폭 피해자 원호협회에 기탁하는 등 피해자들에 대한 인도적 지원 움직임을 보이고, 이에 관한 기사가 한국 국내 신문에 보도되자[3] 한국 외무부가 비로소 움직이기 시작하였다. 외무부 동북아주 과장은 1968년 3월 8일 원폭 피해자 원호협회 관계자를 만나 원폭 피해자 원호와 관련한 이야기를 청취한 후,[4] 3월 9일 '원폭 피해자 구호 문제' 제하 검토의견서를 처음으로 작성하였다. 이 검토의견서에는, 원폭 피해자 가운데 "학병 내지 피징용자에 대해서는 대일 보상 문제를 일단 고려할 수 있을 것이나 이는 청구권협정으로 종결지어졌으므로 법적으로 일본 정부에 제기할 여지는 없다고 보며, 한국 정부의 그들에 대한 보상 문제는 국내 문제"[5]라는 견해가 적혀 있다. 한일회담에서 이 문제가 전혀 다루어지지 않았음에도 불구하고, 청구권협정으로 모든 청구권이 완전히 최종적으로 해결되었다는 '협정의 정신'을 충실히 따른 것이다. 3월 13일 외무부는 이 검토의견서를 토대로 주일대사에게 재일한인 원폭 피해자들에 대한 일본 정부의 구호 조치 여부 등을 확인하라는 지시를 보냈다.[6] 이러한 조치 이외에 당시 한국 정부가 국내에 거주하는 원폭 피해자들에 대해 취한 별도의 구호 조치 등은 없다.[7]

2005년 8월 26일 한국 정부는 한일회담 외교문서 공개에 따른 후속대책 마련을 위한 민관공동위원회 개최 후 보도자료를 통해, 원폭 피해자 문제는 사할린 동포 문제와 함께 한일청구권협정의 대상에 포함되지 않는다고 발표하였다.[8] 1960년대 후반부에 취했던 위 입장과는 다른 입장이었다.

---

2 "원폭 피해 보상 요구 일 대사관 앞서 데모", 『조선일보』, 1967. 11. 4; 한국 외교문서 4104, 「한국인 원폭 피해자 구호 1968-71」, 면담 기록, 1966. 3. 8, 12쪽.
3 "한국 원폭 피해자 위해 재한 일인들 성금 모아", 『대한일보』, 1968. 2. 29(한국 외교문서 4104, 「한국인 원폭 피해자 구호 1968-71」, 6쪽에서 재인용)
4 한국 외교문서 4104, 「한국인 원폭 피해자 구호 1968-71」, 면담기록, 1966. 3. 8.
5 한국 외교문서 4104, 「한국인 원폭 피해자 구호 1968-71」, 원폭 피해자 구호 문제, 1966. 3. 9, 9쪽.
6 한국 외교문서 4104, 「한국인 원폭 피해자 구호 1968-71」, 원폭 피해자 구호 문제, 1966. 3. 13, 7, 8쪽.
7 유의상, 『한일 과거사 문제의 어제와 오늘』, 258쪽.
8 국무조정실, 「한일회담 문서공개 후속대책 관련 민관공동위원회 개최 보도자료」, 2005. 8. 26.

한국 외교문서	일본 외교문서
1. 4104, 한국인 원폭 피해자 구호 1968 -71, 면담기록, 1966. 3. 8	
2. 4104, 한국인 원폭 피해자 구호 1968-71, 원폭 피해자 구호 문제, 1966. 3. 9	
3. 4104, 한국인 원폭 피해자 구호 1968-71, 원폭 피해자 구호 문제, 1966. 3. 13.	

1. 면담기록, 1966. 3. 8

한국 외교문서 4104, 한국인 원폭 피해자 구호 1968-71

한국 외무부 신동원 동북아주 과장이 1966년 3월 8일 원폭 피해 원호자 협회 배도환 부회장과 면담한 내용을 기록한 문서다.

면 담 기 록

1. 제 목 : 아국 원폭 피해자 원호 문제
2. 시일.장소 : 68. 3. 8. 오전 10 - 12시, 동북아주과
3. 면담자 : 신동원 동북아주과장
정해헌
"한국 원폭 피해자 원호 협회" 대표 이사겸 부회장 배도환

내 용(동 부회장의 의견)

1. 원폭 피해자 상황 :

원자 폭탄 낙하시 "히로시마시" 에 있던 교포 (학병, 피징용자등) 수는 약 6만명이었던바 그중 약 4만명이 사망한것으로 보며 잔여 2만명중 약 8천명이 귀국 했으며 84명은 일인으로 귀화 했음.
(아직도 잔류한 자들의 수는 약 1만 2천명, 그중 3,500. - 5,000명이 현지 민단에 등록되어 있음)
"나가사기" 의 경우에 있어서는 통계가 작성되지 않고 있음.

2. 협회의 발족, 활동 :

가. 67. 1. 27일 발족한후 7. 10일 사단법인으로서 정식 인가를 보사부로 부터 얻었으며 회원으로서 등록된 자수는 현재 약 1,600명임 발족을 위해서는 배도환이 피해자는 아니나 애타적 동기에서 주도적 역할을 했음.

나. 협회의 활동을 주로 배상자의 치료, 생활원조이며 궁극적인 사업 목표는 의료, 요양 재활을 목적으로 하는 피폭자 센타를 설치

하는 것임.

다. 협회 운영을 위한 경비는 현재까지는 "배도환" 개인의사재로 충당해 왔는바 앞으로의 비용을 위해서는 전국 극장 입장권에 부가하는 기부금 모집등 방법을 추진하고 있음.

3. 그간의 국내 각 기관과의 접촉 경위 :

청와대 : 피폭자 긴급 구호 대책에 관한 탄원서를 제출 (67. 10)

국 회 : 보사 분과위에 청원서 제출 예정
(30만명의 대상자를 갖고 있는 일본이 제정한 원자 의료법 등과 같은 특별법 제정 문제)

보사부 : 긴급 환자에 대한 국비 치료, 구호 대상자의 원호를 의정국, 사회국에 요청해 왔으나 생활 보호법에 관계 조항이 없고 전체 요구호 대상자수가 방대하므로 원폭 피해자만 특별히 구호할수 없는 입장이라는 반응을 받아 왔음. (정신적이나마 정부의 지원이 아쉽다는 것이 회원들의 심리임)

적십자사 : 시설 제한으로 무료 치료는 곤난하나 대상자들이 수용소 또는 요양소등에 집결하게 되면 어느 정도의 생계 지원 (의류, 침구 제공)은 가능할것이라는 반응을 받았음.

원자력원 : 방사능 관계 치료소가 있으나 유료 환자만을 대상으로 하고 있음.

4. 일측과의 접촉 :

가. 67. 11. 4일 일부 환자들이 (협회와 협의없이) 일본 대사관에 가서 항의한것이 계기가 되어 주한 일본 대사관으로 부터 접촉해옴. 협회측으로서는 한일 협정 체결 교섭시 대상자 구호 문제가 취급

되지 않은것을 이상하게 생각하는데 한국 정부에서는 대상자들이 "지저서"
항의 내지 문제 제기를 하지 못한 관계상 몰라서 그렇게 되었을 수도
있다고 보겠으나 문제의 중요성을 알고 있는 일본 정부가 본 문제를
취급함이 없이 그대로 넘긴것을 이해 못할 일이라고 지적한데 대하여
대사관측은 한일 협정의 "민간 보상금" 에 포함되어 있을것이라는
답변이 있었음 (미다니 참사관)

나. 그후 "미다니" 가 2. 29일 내방하여 어떻게하거나 민간 "베이스"
로 다룸이 좋겠으며 자기측도 민간 구호운동을 전개할 용의가 있다고 말했음.
자비로서 도일, 치료를 원하는자가 9.4명, 일본에 있는 친지의 원조로서
도일, 치료 하기를 원하는 자가 30명 정도 있음에 비추어 이들의 도일
등의 문제가 논의 되었는바 일측은 대상자명단을 요청하여 "마에다"
참사관이 그후 이 관계로 본국에 출장 했음.

다. 2월에 "히로시마" 외과[illegible] 편집 부장[illegible] 가 이 목적으로
내한하여 실태를 조사 했었는바 대상자 도일에는 문제가 많을 것이므로
일본의 전문의들로 구성된 의료단을 구성, 내한케하는 문제가 논의
되어 협회로서는 국내 문제밖의 일이므로 문제점이 있을 것이므로 우선
전문의 1명을 내한케하여 실정을 알아 보는 것이 좋겠다는 의견을
제시 하였음 (동 일본인 기자는 대상자들의 비참한 실정을 직접 관찰하고
대사관측에 성의 있는 조치를 취해야 될것이라고 강력히 요구 했으며 대사
대사관 활동에 큰 자극을 준 듯함. 그후 서울 주재 일본 특파원 "아사히"
"마이니찌" 등 기자가 내방하여 취재함)

마. 그간 일측으로 부터 성금을 받았다는 내역은 다음과 같음.
"재한 일본인 유지" 15만원 (2. 29일 "미다니" 가 전달)
"서울 주재 일본 기자 유지" 13,000원 (3. 5일)
"히로시마 어학원", 히로시마의 기독교 "교회부인회" 86불, 의류 27점
(이들 성금은 긴급 환자 치료등 목적에 사용하고 있음. 동부 시립

병원에 환자 취급 의뢰)

5. 기타 특기 사항 :

가. 미국의 ABCC는 "히로시마", "나가사끼"에 진료소를 설치하고 있는바 협회에서는 동 기관에 창립 취지서등을 보냈으나 반응이 없었음.

나. 대상자 구호에 관해서는 한,미,일 3개국이 관계되고 있는바, 일본은 "빼어먹은" 사람들 입장에서 책임을 지어야 할것이며 미국은 폭탄투하가 세계 평화 목적을 위한것이었다 하더라도 실제의 "가해자"로서 책임이 있다고 봄.

다. 예산이 허락하면 오는 8. 6일에 희생자 4만명을 위한 합동 위령제 내지 진혼제를 서울에서 열고, 원폭 전시회를 개최코자 함. (그 취지는 일본등의 좌익계들의 그것과는 달리 자유 진영의 핵무기 금지를 위한 것이 아니고 인접국인 중공이 핵무기를 발전 시키고 있는데 대하여 국민의 경계심을 높이는데에 있음) 끝.

아주과	공람	담당	과장	국장	차관보	차관	장관

2. 원폭 피해자 구호 문제, 1966. 3. 9

한국 외교문서 4104, 한국인 원폭 피해자 구호 1968-71

한국 외무부가 1966년 3월 9일 자로 작성한 한국인 원폭 피해자 구호에 관한 검토 의견서다.

이 검토의견서에서 외무부는 원폭 피해자에 대한 구호 문제는 청구권협정으로 종결지어졌으므로 법적으로 일본 정부에 제기할 여지는 없으며, 그들에 대한 보상 문제는 국내 문제라는 견해를 밝혔다.

원폭 피해자 구호 문제

68. 3. 9.

1. 아국인 피해자 상황 : ("한국원폭 피해자 원호협회" 제공 정보) :

   가. "히로시마" 에서의 사망자수 : 약 4만명

   나. 아직도 동시에 잔류하고 있는자수 : 약 1만 2천명

   다. 현재의 아국내 피해자 추정수 : 약 8천명

   (그중 1,600명이 정식 등록)

   ("나가사끼" 의 경우는 통계 미파악)

2. 당부와의 관련 사항 :

   가. 대일 청구권 문제 :

   피해자중 학병 내지 피징용자에 대해서는 대일 보상 문제를 일단 고려할수 있을 것이나 이는 청구권 협정으로 종결지워졌으므로 법적으로 일본 정부에 제기할 여지는 없다고 봄

   (정부의 그들에 대한 보상 문제는 국내 문제)

   나. 일본 대사관 의 활동 :

   일본 대사관은 피해자들의 항의를 계기로 관심을 갖기 시작하여 "재한 일본인 유지" 명의의 성금 15만원을 협회에 기탁해오며 자국내에 있어서의 민간 원호 운동 개시를 위한것이라 하여 "마에다" 참사관이 본국 출장 했다함.

   다. 재일 교포 피해자 구호 문제 :

   "히로시마" 에 상금 거주하고 있는 대상자 수가 1만 2천명 정도 될것이라는바 그들이 일본의 "원자 의료법" 등 법규가 보장한 혜택을 충분히 받고 있는지가 문제임. (법에 대한 무지등으로 못 받고 있는자들이 있다고함. 협회측의 말)

다. 미국기관ABCC 의 원조 문제 :

동 기관은 "히로시마", "나가사기" 에 기관을 설치하여 치료 활동등을 행하고 있다는바 아국의 관계 협회와는 관계를 맺고 있지 않고 있다함.

마. "원폭 전시회" 개최등과 관련한 대미 문제 :

상기 협회에 의하면 예산이 확보되면 오는 8. 6일에 사망자 4만명에 대한 합동 위령제, 진혼제 및 "원폭 전시회" 를 서울에서 개최할 계획이라는바 이에 대해서는 미국 정부가 많은 관심을 갖게 될것으로 봄. 또는 관계단체가 기하는이

3. 고려 할수 있는 당부의 조치 사항 :

가. 대일본 대사관 :

1)일본 대사관 활동에 대한 관심 표명 (반 비공식적)

2)재일 교포 피해자에 대한 일본 정부 보호 대책에 대한 관심 표명

나. 대 주일 대사관 :

1)관계 면담 기록등 참고 사항 통보

2)재일 교포 피해자들에 대한 입속 구원 상황에 관한 정보 수집 지시

3)ABCC 의 성격, 일본내 활동에 대한 정보 수집 지시

다. 대미국 대사관 :

1)ABCC 의 한국내 활동 가능성 타진 (비공식적)

2)위령제, "원폭 전시회" 개최 계획에 대한 비공식적 의견 교환.

동북아주과	공람		담당	과장	국장	차관보	차관	장관

3. 원폭 피해자 구호 문제, 1966. 3. 13
한국 외교문서 4104, 한국인 원폭 피해자 구호 1968-71

한국 외무부가 1966년 3월 13일 주일대사에게 원폭 피해자 원호와 관련하여 조사를 지시한 공문이다.

기 안 용 지

분류기호 문서번호	아북 700	(전화번호)	전결규정 8 조 항 국장 전결사항
처리기한		기 안 자	결 재 자
시행일자	60. 3. 13.	동북아주과 정 애 현	
보존년한			국 장
보 과 장			
조			
기			
관			
협 조			
경 유 수 신 참 조	주일대사	공 지	검열 1968. 발송 1968. 3. 18 외무부
제 목	원폭 피해자 구호 문제		

1. "히로시마", "나가사끼"에서 원폭 피해를 받은 아국인들에 대한 치료 내지 구호 문제가 대두되어 최근 주한 일본 대사관은 관계관을 "한국 원폭 피해자 원호 협회"에 보내어 재한 일본인 유지 명의의 성금을 기탁하는등 관심을 표명하고 있음이 최근 국내 신문에 보도 되었음에 따라서 동북아과에서는 3. 8일 동 협회의 관계자를 초치하여 관계 상황에 관하여 질의한바 있읍니다.

2. 그 결과 일본에서 조치할수 있는 사항으로는 가) 아직도 일본에 체재하고 있는 피해자 교포들에 대하여서도 일본이 원폭자 구호 관계 특별법에 규정된 바에 의거, 자국민에 대하여 제공하고 있는바와 같은 충분한 구호를 하고 있는지의 여부 확인, 나) 상기

공용서식 1-1-1 (갑) (18절지)

협회에 의하면 일본에서 치료 활동 구호를 하고 있다는 미국기관 ABCC (Atomic Bomb Casuality Commission 내지 한) 의 성격, 활동 내용을 파악하여 아국내 피해자들 (약 8천명으로 추정된다함) 에 대해서도 동 기관이 치료 내지 구호 활동을 개시 하도록 하는 가능성 타진 (다) 일본 대사관의 활동 (아국 내 피해자 구호를 위한 민간 운동 전개 지원 ... 별첨 참조) 의 귀취파악등이 고려 되오니 상기 3개항 (특히 "가", "나" 항) 에 관하여 필요한 정보를 수집 하시고 그 결과를 조속 알려 주시기 바랍니다.

첨 부 : 1. 면 담기록 1부

2. "원폭피해자 구호 문제" 1부. 끝.

공용서식 1-2 (을) (18절지)

여타 과거사 문제
(2) 사할린 한인 문제

일본은 러일전쟁에서 승리한 후 1905년 9월 5일 포츠머스 조약 체결을 통해 사할린섬의 북위 50도선 이남의 반을 러시아로부터 넘겨받아 일본 영토로 편입하였다. 일본 정부는 자국 영토가 된 사할린의 개발 및 석탄 채굴 등을 위해 상당수의 일본인과 한인 노동자를 동원하였다. 사할린에 동원된 한인들의 숫자는 여러 가지 설이 있으나, 한국 정부가 사할린으로부터 귀환한 한인들의 증언을 토대로 추정한 바에 따르면 전쟁 종료 당시 약 43,000명 정도가 사할린에 남아있었다고 한다.[1] 이들 중 상당수는 일제의 전시 동원계획에 따라 강제로 동원된 사람들이나,[2] 일부는 1917년부터 1930년대 중반까지 일제의 식민정책에 의하여 사할린으로 간 사람들도 있었다. 아시아태평양전쟁이 끝날 무렵인 1945년 8월 8일 소련이 사할린을 점령하고, 1952년 4월 28일 샌프란시스코 대일강화조약의 발효로 이 섬이 다시 공식적으로 러시아 영토가 되면서 이곳에 거주했던 일본인들은 일본 정부의 도움을 받아 대부분 본국으로 귀환하였다. 당시 일본 정부의 방침은 일본 호적에 등재되어 있는 일본인들만 귀환시킨다는 것이었기 때문에, 한인들은 일본 국적자와 결혼한 사람 등 극히 일부를 제외하고는 본인 의사와 무관하게 사할린에 남을 수밖에 없었다.[3]

한국 정부는 1950년대 후반부터 사할린에서 일본인 배우자와 함께 귀환한 한인들의 진정 등을 통해 사할린에 남겨진 한인들 가운데 한국 또는 일본으로 귀환(영주 귀국)하기를 원하는 사람들이 많다는 사실을 인지하게 되었다. 그러나 한국 정부는 한일

1 한국 외교문서 2044, 사할린 교포 귀환 문제, 1966, 재화태 억류 교포에 대한 송환 문제의 연구와 건의, 1966. 1. 21. 한국 정부의 다른 보고서(재화태 억류 교포 송환 문제, 작성일 불명)에는 1948년 기준 5만명(주일대사가 외무성이 제시한 바를 보고한 숫자) 정도로 나와 있다.

2 전시동원계획에 따라 1939~1943년간 사할린에 강제 동원된 한인은 총 16,113명이다. 한혜인, 「사할린 한인 귀환을 둘러싼 배제와 포섭의 정치-해방 후~1970년 중반까지의 사할린 한일 귀환 움직임을 중심으로」, 『사학연구』 102, 2011, 168쪽에서 재인용, 山田昭次 외 2인, 2005, 『朝鮮人戰時勞動動員』 岩波書店, 69쪽.

3 유의상, 『한일 과거사 문제의 어제와 오늘』, 231-233쪽.

회담에서 일제의 강제 동원으로 파생된 이 문제를 토의 대상으로 삼지 않았다.[4] 그뿐 아니라 사할린 한인들의 귀환을 위하여 적극적으로 나서지도 않았다. 한일회담 기간 중 이승만 정부가 취한 조치는 ① 한일회담과는 무관하게 1957년 8월 6일 주일한국대표부가 일본 외무성에 구상서(사할린으로부터 귀환한 한인들에 대해 일본인과 동일한 귀환 수당 등의 지급을 요청하고, 사할린에 남아있는 한인들에 대한 정보 제공 및 이들의 귀환에 필요한 조치를 촉구하는 내용) 송부,[5] ② 1957년 8월 8일 유엔을 통해 소련에 사할린 한인의 귀환을 요구하겠다고 발표,[6] ③ 1958년 초반 일본 정부가 오무라(大村) 수용소에 억류되어 있던 불법입국 한인 가운데 일부를 북한으로 송환하려 하자 이에 대한 대항 카드로 사할린 한인의 한국 귀환 문제 제기,[7] ④ 국제적십자위원회 주노 부위원장에게 사할린 한인 송환 알선을 요청하고, 김용식 주제네바 공사가 계속 교섭[8] 하는 정도였다. 장면 민주당 정권은 1960년 12월 국제적십자사에 한차례 사할린 한인 귀환 추진에 관한 협조를 요청하는데 그쳤다.[9] 박정희가 권력을 잡은 후에도 한국 정부의 사할린 한인 귀환 문제에 대한 소극적 태도는 바뀌지 않았다.

이렇듯 한국 정부가 이 문제 해결에 소극적이었던 이유는 첫째, 당시 반공을 국시로 삼고 있던 상황에서 장기간 소련 지배하에서 공산주의 세뇌를 받았을 것으로 여겨지는 사할린 한인들의 사상 문제를 우려하지 않을 수 없었고, 둘째, 일본 정부가 재일 한인들의 북송을 인도적 차원의 문제로 포장하여 추진해 나가고 있던 차에 한국 정

---

4 한국 정부는 2015년 8월 26일 한일회담 문서공개 후속 대책을 위한 민관공동위원회 개최 후 발표한 보도자료를 통해 '사할린 동포 문제'는 '원폭 피해자 문제'와 함께 한일청구권협정 대상에 포함되지 않았음을 분명히 한 바 있다.

5 한국 외교문서 1689, 사할린 교포 귀환 문제, 1957-65, 주일한국 대표부의 일본 외무성 앞 구상서, 1957. 8. 6, 4-6쪽.

6 나가사와 유코, 「한일 국교 정상화 이후 양국 교섭과 역사 인식의 외교 문제화」, 동북아역사재단 한일문제연구소 편 『한일협정과 한일관계-1965년 체제는 극복 가능한가』 2019, 313쪽; 樺太抑留者の釋放 韓國, 國聯通じソ連へ, 『読売新聞』 朝刊, 1957. 8.9.

7 한혜인, 「사할린 한인 귀환을 둘러싼 배제와 포섭의 정치-해방 후~1970년 중반까지의 사할린 한일 귀환 움직임을 중심으로」, 『사학연구』 102, 2011, 175쪽; 1960. 12. 3, 『경향신문』 조간, 아 망향 22년, 1967. 8. 15.

8 한국 외교문서 2044, 재화태 억류 교포 송환 문제(작성일 불명), 72쪽.

9 한혜인, 2011, 179쪽; 樺太교포 송환을 추진 韓赤에서 國赤 통해, 『경향신문』 조간, 1960. 12. 3.

부가 일본 측에 인도적 견지에서 사할린 한인 귀환 문제에 적극적으로 대응토록 요청할 경우, 그들에게 북송을 합리화하는 명분을 줄 수 있다는 고민이 있었으며, 마지막으로, 한국의 어려운 경제 사정상 이들의 국내 정착에 필요한 지원에 나서기가 쉽지 않았기 때문이다.[10] 사할린 잔류 한인들의 인권 문제는 정권의 주된 관심사가 아니었다.[11]

한국 외교문서	일본 외교문서
1. 1689, 사할린 교포 귀환 문제, 1957-65, 주일한국대표부의 일본 외무성 앞 구상서, 1957. 8. 6	
2. 2044, 사할린 교포 귀환 문제, 1966, 재화태 억류 교포에 대한 송환 문제의 연구와 건의, 1966. 1. 21	
3. 2044, 사할린 교포 귀환 문제, 1966, 재화태 억류 교포 송환 문제(작성일 불명).	

10 한국 외교문서 2044, 재화태 억류 교포 송환 문제(작성일 불명), 67쪽

11 유의상, 『한일 과거사 문제의 어제와 오늘』, 234쪽,

1. 주일한국 대표부의 일본 외무성 앞 구상서, 1957. 8. 6
한국 외교문서 1689, 사할린 교포 귀환 문제, 1957-65)

주일한국 대표부가 1957년 8월 6일 자로 일본 외무성에 보낸 구상서다.

이 구상서에는 한국 측이 일본 측에 대해 사할린 잔류 한인의 조기 귀환을 위해 일본 정부가 조치를 취해 줄 것을 촉구하는 내용이 담겨 있다.

번역

PKM-21

구상서

주일한국 대표는 외무성에 경의를 표하며, 사할린으로부터 귀환한 한인과 관련하여 다음과 같이 언급하는 영광을 가집니다.

언론 보도에 따르면, 사할린에서 귀환한 사람들 가운데 일본인들은 관계성으로부터 1만 엔의 귀환 수당, 여비 및 여타 지원금 등을 받게 될 것이나, 한인들은 이를 받지 못할 것이라고 합니다. 만일 이 정보가 사실이라면, 그것은 지원금 또는 마땅히 받아야 할 보상금을 지급함에 있어, 일본 정부가 한인 귀환자와 일본인 귀환자를 차별하는 불공정하며 인도의 원칙에 반하는 일이 될 것입니다. 왜냐하면 이 귀환 한인들은 일본 정부에 의해 전시 노동자로서 징용되어 사할린으로 가게 되었고, 제2차 세계대전 종료 후 소련 지배하의 그곳에 남게 되었기 때문입니다. 대표부는 또한, 한국 정부가 과거, 한인 귀환자들에게는 일본 귀환자들과 같은 카테고리 안에서 합당한 보상과 각종 수당 등을 포함한 동일한 대우가 이루어져야 한다고 한 주장을 다시 한번 분명히 하고자 합니다.

이러한 점에 비추어 대표부는 외무성이 필요한 조치를 통해 이 한국인 귀환자들이 일본인 귀환자들에게 주어지는 것과 동일한 대우를 받을 수 있도록 해 주기를 희망합니다.

이와 관련하여, 사할인에는 많은 한인들이 남아있고, 일본 정부에 의해 제2차 세계대전 중에 징용 노동자로 사할린에 오게 된 이들 대다수는 사할린으로부터 귀환하기를 강하게 원하고 있다는 정보가 있습니다.

대표부는 따라서 외무성에 한인 징용자들에 관한 필요한 정보를 제공하여 줄 것과 이들 한인들의 귀환이 조속히 실현되도록 효과적인 조치를 취해 줄 것을 요청합니다.

도쿄, 1957, 8. 6

PKM-21 [1957.8.6]

NOTE VERBALE

The Korean Mission presents its compliments to the Ministry of Foreign Affairs and, in regard to those Koreans recently repatriated from Sakhalin, has the honour to state as follows:

According to press reports, the Koreans among the repatriates from Sakhalin would not be paid the repatriation allowance of ten thousand yen(Y10,000), travel expenses and other assistance fund, dte., with which the Japanese repatriates from the same locality will be provided by the Ministry concerned of the Jananese Government. If the above information should turn out to be true, it would be unfair and contrary to the principles of humanity for the Japanes Government to discriminate Korean repatriates from the Japanese in providing necessary assistance fund or due compensations, for those Koreans had been originally conscripted and brought to Sakhalin by the Japanese Government as war time labour draftees and subsequently confined there under the Soviet rule since the end of World War II.

It is also pointed out that the Mission has repeatedly clarified the stand of the Government of the Republic of Korea in the past that Korean repatriates should be accorded the same treatment as accorded to Japanese repatriates under same category, including due compensations and various allownaces, etc.

In the light of the above, the Mission wishes to request the Ministry to make necessary steps so that those Korean repatriates under reference shall not fail to be provided with the same treatment as accorded to the Japanese repatriates.

In this connection, information reveals that there are a large number of Koreans still remaining in Sakhalin and that most of them originally brought to Sakhalin by the Japanese Government as labour draftees during World War II are strongly desirous of repatriating themselves from Sakhalin.

The Mission feels therefore obliged to request the Ministry to furnish the former with necessary information about those Korean draftees and, to take effective measures to expedite an early realization of such Koreans' repatriation.

Tokyo, August 6, 1957

2. 재화태 억류 교포에 대한 송환 문제의 연구와 건의, 1966. 1. 21

한국 외교문서 2044, 사할린 교포 귀환 문제, 1966

사할린 잔류 한인 문제에 대해 검토한 결과 및 건의가 담긴 보고서다.

기 안 지

기 안 자	교민과 정 참	전화번호		공 보	필 요	불필요
	과 장	국 장	차 관	장 관		
협조과명	동북아과장				보존년한	
기안년월일	66. 1. 21.	시행년월일	통제관		정 서	기 장
분류기호 문서번호	외아교 725					
경유 수신 참조	건 의		발 신			
제 목	재화태 억류 교포에 대한 송환 문제의 연구와 건의					

1. 재화태 교포의 억류 경위와 현황

가. 일본의 강제 징용

1) 제2차 대전중 일본은 "전시 노동법"을 제정, 한국인을 강제로 징용하여 전시하 노동력의 보충을 도모하였던바 종전과 더불어 그중 자유 진영의 속하는 영역으로부터는 대부분 귀환하여 별문제가 없으나 공산 진영에 잔류하고 있는 교포는 그 정확한 동태 파악이 어려운 실정에 있는중

2) 대전시에 일본 영토였다가 종전과 더불어 동 지구를 점령한 소련의 영토가 된 남화태 (the Southern part of Sakhalin (=Saghalien) Island)로 강제 징용 당해 갔던 교포는 현재 약 43,000명으로 추산됨.

19 . . . 에 예고문에 의거 일반문서로 재분류됨

나. 생활 실태

이들의 출신지는 대부분이 남한이고 직업은 거의 노무에 종사하며 (개인 기업은 허용되지 않음) 겨우 먹고 사는 정도의 생활을 유지

공통서식 1-2 (갑) (16절지)

하고 있는 형편이고 이들중 약 과반수가 한국부녀자와 가정을 이루고 있으며 잔여는 독신 혹은 소련 여성과 결혼하여 생활하고 있음(65. 8. 20. 주일영(2) 725-1279 호) ([illegible])

다. 국적 관계

1) 해방후 2년간 거류민회가 조직되었으나 소련당국으로부터 해산당하고 1955년 소련당국이 이들에게 공민권을 부여한다는 발표와 동시 지구별로 선전 활동을 하여 현재 약 25%가 공민증을 소지하고 있으며

2) 북괴에서도 1958년에 주쏘 영사를 화태에 4년간 임시 출장시켜 각 지역 단위로 선전활동을 하여 현재 약 65%가 북괴 공민증을 소지하고 있으며 ([illegible])

3) 잔여 약 10%는 소련 정부에서 국적을 인정받지 못하여 무국적 상태로 있기 때문에 모든 부면에 있어서 심한 차별대우를 받고 있는 실정임(65. 11. 25. 진정서)

마. 송환 조치 완료자

1) 한편 소련정부는 일본 정부에 대하여 일본인들은 일본으로 송환하는 동시에 1957년 한국인으로서 일본인여를 갖인자들도 송환자 범주에 포함, 4차에 걸쳐 [illegible]세대 [illegible]명의 한국인을 송환하였음.

(주) 1957년 8 월 1 일 33세대 157명
〃 10월27 일 55세대 303명
1958년 1월14 일 91세대 438명
〃 1월27 일 91세대 456명 (외무 행정10년 438면)

2) 정부 ([illegible])는 이들 송환자의 대부분이 일정하 강제 징용으로 현 소련 지구 화태에서 본의아닌 노동을 하던 자들임에 감하여 일정당국에 적극 교섭하여 이들 송환 교포에 대한 적절한 대우와 직업 알선 등 생활 보장을 해줄 것을 요구하여 현재 이들의 대부분은 일인처의 연고지를 찾아 정착하였음(외무 행정 10 년 438면)

공용양식 1-2 (을) (16절지)

2. 정부의 미 송환자들에 대한 그간의 조치

가. 화태 억류 교포들은 주로 일본으로 송환된 교포를 통하여 누차 송환을 요망하는 진정서를 제출하여 왔으며 또한 대한 적십자로부터 이들의 국내 연고자에 대한 조사요청이 있어서 연고자 신청을 공포하였던바 약 1,000명의 연고자로부터 귀환조치를 요망하는 신청이 있었는데 당시 정부는 이들이 장기간 소련정부에서 세뇌를 받은 자라는 점과 당시의 국내사정을 참작하여 적극적인 귀환조치를 취하지 않았으며 이들에 대하여 1년에 6-7회 위로 방송을 하였을 뿐임.(주일대사 앞 진정서)

나. 그러던 중 일본에 있는 "화태 억류 귀환 한국인회"는 일본정부와 주일대표부에 여러차례 억류 교포들의 귀환 실현을 진정했는데 65년 8월 이래 화태에서 돌아온 일본 사람들의 이야기와 재 화태 교포들과의 서신 연락결과 지금 재 화태교포들이 가지고 있는 신분(무국적) 증명서에 희망국적이 일본으로 되어 있는 자는 일본정부가 받아들이기만 하면 귀환해가을 한다는 사실을 확인 개별적인 연락으로 그 귀환 희망자 명단을 작성하여 66년 1월 11일에 주일대사관에 제출하였는데 그 수는 63세대 237명이며 이들은 65년 1월이래 소련 당국에 송환신청을 제출해 놓고 허가가 나오기만 고대하고 있는 중임.(66.1.17. 자 동아일보...~~주일대사에게 조회중~~)

3. 앞으로의 정부 방침

가. 한일 협정중 교포의 법적지위 협정과의 관계

1) 한일 협정 "토의 기록"(a)와 "대한민국과 일본국간의 일본국에 거주하는 대한민국 국민의 지위와 대우에 관한 협정" 제1조 1(a)를 참작하여 보면 징병, 징용등으로 1945년 8월 16일 이후에 일본에 귀환한자도 1945년 8월 15일 이전부터 일본국에 계속하여 거주한자로 간주하여 협정 영주권을 부여하도록 되어있다."(정부발행 한일 협정 해설)

(주) 1. 토의 기록(a)

일본국 정부는 협정 제1조 1(a)의 적용에 있어서는 병역 또는 징용에 의하여 일본국에서

공용서식 1-2(을) (18절지)

떠난때부터 특별 계획에 따라 귀환 할때까지의 기간을 일본국에서 계속하여 거주하고 있었던것으로 취급할 방침이다.

2. 대한민국과 일본국간의 일본국에 거주하는 대한민국 국민의 법적지위와 대우에 관한 협정

제 1 조 (1)

제 1 조, 일본국 정부는 다음의 어느 하나에 해당하는 대한민국 국민이 본 협정의 실시를 위하여 일본국 정부가 정하는 절차에 따라 본 협정의 효력 발생일로부터 5 년이내에 영주허가의 신청을 하였을 때에는 일본국에서의 영주를 허가한다.

(a) 1945년 8월 15일 이전부터 신청시까지 계속하여 일본국에 거주하고 있는 자

2) 따라서 재화태교포가 귀환하는 경우에 협정 영주권을 취득하기 위하여는 (1) 재화태 교포가 전시도 징용에 의하여 갔는 가를 확인하여야 하고 (2) 협정 발효일로부터 5년이내 (영주허가 신청시간)에는 재화태 교포의 귀환이 실현되어야 하며 (3) 기타 이에 관하여 일본정부와 구체적인 교섭도 해야 할것임.

나. 재화태 억류 교포의 국내인수

1) 재화태교포들이 귀환하는 경우에 일본에 영주하지 않고 국내거주를 희망하면 자유당 정권시와 같이 (ㄱ)이들에 대한 공산주의세뇌를 염려하고 (ㄴ) 국내사정을 감안하여 무조건 입국을 보류할것이 아니며 오히려 (1) (2) 그간의 국내사정의 변화를 고려하여 이들에 대한 국내 인수 방침을 기본으로 하여야 할것임.

2) 이에 관하여는 이미 중공지역으로부터 귀환한 교포들이 지금까지 순조로왔다는 것은 좋은 선예가 되며 아울러 북 대륙영 까지도

공문서식 1-2 (을) (16절지)

"만일 일시적인 과오로 소련계에 가담한 동포들이 본국 정부의 보호하에 돌아온다면 정부는 최대한으로 따뜻이 이들을 맞아 잘못을 따지지 않을것이며 이편에 밀입국하려다 억류되어 조국의 떳떳한 국민이 되지 못한 동포들에게도 시비를 묻지 않고 밝은 생활을 할수 있도록 보장하겠다" 고 한 담화문 (1965.12.19. 한국일보) 의 정신을 살릴때 상기 방침을 명시 하였다고 볼 수 있음.

다. 재 화태 억류 교포의 귀환 교섭

1) 일본정부를 통하여 (가) 교섭

최종 국적이 일본으로 되어 있는 무국적자에 대하여는 만일 일본정부가 받아들이기만 하면 소련정부에서 귀환허가를 한다는 것이 사실이라면 (65.12.1. 자 진정서) 정부는 일본정부와 적극 교섭하여 이들을 인수하도록 하면 소련정부는 귀환 허가를 하여 최종 국적지인 일본으로 이들을 송환 할것이 예상되니 일본 법무성 (입국심사 과장보 사까이(酒井)씨) 과 일본 적십자사 (외사부 조사과장 우드다 (太田) 씨) 는 한국인이 소련지역에서 일본국을 경유하는것은 허용되겠으나 일본 국내거주 목적의 귀환은 절대 불허할 방침이라고 하며 특히 일본 적십자사는 이것이 일본정부가 성객 합의를 본 결론이라고 하였다 하니 (65.12. 12.자 진정서) 그 교섭에 적지 아니한 난관이 있을것이지만 상기 "교포의 법적지위 협정" 과의 관계를 감안 할때 이는 너무나 일방적인 결론이라고 아니할수 없으므로 우선 제1차적으로는 귀환자의 일본국내 거주 희망을 적극화하고 그것이 도저히 타결이 어려울 때에는 귀환자들을 한국에서 인수한다는 조건하에 일본경유를 하기 위한 "잠정적인 인수"를 하도록 교섭을 추진 시켜야 할것임.

2) 국제 적십자사를 통하여

(가) 국제 적십자사에서 1961년에 재 화태 교포 귀환조치를 시도한다가 중단되었지만 현재 국제 적십자사의 "인도주의적 입장" 과 "거주지 선택 자유의 원칙" 에 호소하여 강력하게 귀환을 추진 할 방침이나 이에는 (1) 국제 적십자 운동의 ... 에도 불구하고 각종의 정치적 흥정을 할 가능성이 많

공통서식 1-2 (을) —— 인도주의적 (16절지)

고 (2) 거주지 선택자유 원칙에 대하여 북괴측의 정치적 책동이 우려되고 (3) 상기 2 단계를 넘어서 국제적십자사에서 소련 적십자사와 교섭한다고 할지라도 결국은 소련당국의 정책적 결정에 의존할수 밖에 없는 형편이므로 국제 적십자사를 통하는것도 그 실효성이 의문시 되기는 하나 한국의 편 국제 관계를 조사 이교섭 방법에 [illegible] 많은것으로 사료됨.

3) 제 3국을 통하여

중공 거주 교포들의 귀환은 예외없이 영국 영사관을 통하여 실현되고 있는 점을 참작하여 정부가 우선 영국정부(가능하면 기타의 제3국 정부)와 교섭하여 주소 영국대사로 하여금 귀환조치에 협조를 구하는 것이 온당한 방법임.

마. 구체적 필요조치

1) 대 화태 방송의 실시

재 화태 교포에게 과거 1 년 6 - 7 회씩 실시 하던 위로 방송이 중단된후 재 화태 교포들은 상당히 불만이 있으며 "지금도 빠짐없이 일상 육체는 동의 피로를 무릅쓰고 무전기에 귀며를 맞대이고 있는 실정" (65. 11. 5. 자 진정서) 에 있으므로 정부로서도 즉시 주일대사를 통하여 방송을 실시토록 함.

2) 재 화태 교포의 실태조사 교섭

재 화태 교포 90%가 북괴나 소련의 공민증을 가지고 있는 반면에 이들 대부분이 남한 출신임에 감하여 이들의 남한으로의 귀환을 본심으로는 희망하고 있으리라는 것이 예상되는 바 앞으로 정부의 귀환조치 실시에 있어서 일본에 있는 "재 화태 억류 귀환 한국인회" 등 단체나 개인을 통하여 재 화태 교포와의 개별적인 서신연락을 계속하게 하며 가능한 대로의 실태를 파악토록 노력할것임.

3) 귀환 희망자의 신원 파악

귀환 희망자의 명단이 입수되는 대로 관계당국에 요청하여 정확한 신원을 파악하므로서 (1)본인들의 확고한 귀국 의사의 확인과 아울러

공통서식 1-2 (을) (16절지)

(2) 이들의 정확한 연락주소를 앎으로서 정책의 신속을 기하고 (3) 송환 [illegible]에 [illegible] 보완에 대비하고 (4) 앞으로의 제반 교섭에 기초적 자료가 되도록 할것임. [illegible]

마. 예산의 확보

상기 제사업을 추진함에 소요되는 예산은 새로 확보해야 하며 앞으로 추가 예산을 요구할것임.

4. ~~국회에서 논란시의 문제~~

가. 송환의 방해

송환에 비협조적인 소련정부 및 북괴측의 태도로 보아서 국회에서 사건이 크게 문제 되었을시 그들은 더욱 더 적극적으로 가진 방법을 다하여 방해할것이 우려되며

나. 국내 연고자들의 혼란

국내 연고자들은 국회에서 "송환 결의" 등을 함으로서 조기에 송환이 실현될것으로 속단하여 사회적인 혼란을 초래할 염려가 있음.

4. 결 언

가. [illegible]

[illegible]

나. 그간에 국제적십자 [illegible]

[illegible] (1970. 1. 20 [illegible] 05반 문서로 [illegible]) (송환 [illegible])

다. 국회 [illegible]

[illegible]

3. 재화태 억류 교포 송환 문제(작성일 불명)

한국 외교문서 2044, 사할린 교포 귀환 문제, 1966

사할린 억류 동포 송환 문제에 관한 검토 보고서다.

"재화태 억류 교포 송환 문제"　　66.12.10

1.799 世帶 21939

1. 재화태 교포의 억류 경위와 현황 :

가. 제2차 대전중 일본의 "전시노동법"에 의하여 당시 일본 영토인 남화태로 강제 징용당해 갔던 한국인은 (종전 당시 약 5만에서 7만에 달하였음) 현재 약 1-2 만명으로 추산됨. (주 1) (JAW-02169 보고)

나. 남화태 (the Southern part of Sakhalin Island (Saghalien))는 현재 소련 영토로 되어 있으며 이들 재화태 교포의 대부분이 직업은 노무에 종사하고 (개인 기업 불인정) 생활은 겨우 생활을 할수 있는 정도임. 과반수가 한국 여자와 결혼하고 기타 소련여자와 사는 자, 독신자로 되어있음. (주 2)

다. 국적관계는 소련 공민증 소지자가 25%, 북괴공민증 소지자가 65%, 무국적자 (국적 불인정)가 10%이며 이중 무국적자는 심한 차별대우를 받고 있다함. (주3, 주 4)

다. 재화태 교포중 일본 여자와 결혼한 교포들은 소련 정부에서 "일본인의 동반가족"이라는 자격으로 1957년 8월 1일부터 1958년 2월7일까지 6차에 걸쳐 394세대, 1794명을 일본에 송환하였으며 정부는 이들에 대한 생활대책을 요구하여 현재 이들은 일본인처의 연고지에 정착하고 있음. (주 5, 주 6)

검토필 76.12.31

외아교 725.6-129 (66.3.9)호 참조

파 기 하 라 (불필요시)

2. 정부의 그간의 조치 :

가. 재화태 교포에 관한 누차의 진정서에 의하여 정부에서는 국제 적십자 기구등을 통하여 (주7) 많은 노력을 하였으나 (1) 그당시의 국내 사정과, (2)재화태 교포들이 장기간 소련 지배하에 공산주의 세뇌를 많이 받아 이들의 사상이 문제된다는 점등 여러가지 애로가 있었으나, 이들에 대하여 1년에 6-7회 위로방송을 한일이 있음. (주8) 한편 당시 재일 교포에 대한 일본 정부의 북송문제와 관련하여 일본측에서는 국제 적십자 위원회의 "인도주의"와 "거주지 선택 자유의 원칙"을 내세웠음으로 우리가 재화태 교포에 관하여 동일한 주의, 원칙을 제시하여 교섭하는 경우에는 (1) 일본측의 교포 강제 북송주장을 합리화시켜주는 결과가 되고. (주9) (2) 재화태 교포들이 귀환하여 일본에 거주하게되는 경우에 일본에서 이를 묵인치 않을것이 예측되어 송환 교섭에 많은 애로가 있었음.

나. 그러던중 일본인처의 동반가족 자격으로 이미 귀환한 교포들이 중심이되어 일본에서 "화태 억류 귀환 한국인회"를 조직하여 관계 요로에 여러번 진정서를 제출하는 한편 재화태 교포들과의 개별적 서신 연락이나 화태에서 돌아온 일본인들의 말을 들어본 결과 재화태 교포중 신분 (무국적)증명서에 최종국적이 일본으로 되어 있는자에 대하여는 일본 정부에서 받아들이기만 하면 소련 정부에서 귀환 허가를 한다는 사실을 확인하여 66년 1월 11일부터 누차 주일 한국 대사관에 귀환희망자 명단을 진정서와 함께 제출하여 왔는데 66년 2월 23일 현재 그 수는 106세대 455명임. (주10)
(4.25현재 672세대, 2723명) [2월 10일 현재 1,799세대 7,197명임]

3. 정부의 조치

가. 재화태 교포의 국내 인수

과거 정부에서 재화태 교포의 인수에 난점이 되어 있던것이 현재는 (1) 국내사정이 많이 변화하여 그 당시와 다르며 (2) 이들의 공산주의 사상 세뇌문제는 일편으로 선도하고 일편으로 공산측의 간접침략에 역이용하는등 방책을 구체적으로 고려한다면 이들을 국내인수하여도 무방하고 한편 중공지역에서 귀환한 교포들이 지금까지 별 말없이 순조로왔다는 점과 65년 12월 16일자 대통령 각하의 조련계 가담교포들의 본국 귀환을 받겠다는 담화문 (주11)을 참작할때 재화태 교포들의 본국인수 방침이 더욱 뚜렷하다고 할수 있음.

〈해도 무방하다고 할수 있음〉

나. 재화태 교포들의 귀환 교섭

(1) 일본 정부를 통하여

ㄱ. 최종국적이 일본으로 되어있는자에 대하여 일본정부가 받아들이기만 하면 소련 정부에서 귀환 허가를 한다는것이 사실이라면 (주12) 우선 일본 정부에 적극 교섭하여야 할것이나 그 경우에 (ㄱ)교포의 북송문제와 관련하여 원래 일본 정부의 주장을 합리화할 염려가 있고 (적십자사를 통한 교섭과 관련하여 (ㄴ) 귀환 희망자중 일본에 거주를 희망하는자에 대하여 일본에서는 환영하지 않으며 한국이나 제 3국에서의 거주목적으로 가는 경우에 일본은 "경유지"역할을 하는정도이며 (ㄷ) 당시 일본의 강제 징용으로 화태에 갔었다는 사실의 증명이 필요하는 등 제약점이 있음. (주 13)

ㄷ. 일본과의 교섭은 "인도적 문제"라는 입장을 떠나 "정치적 문제"라는 차원에서 일본의 과거 책임을 묻는 형식으로 교섭함에 가하며 "교포의 법적 지위협정" (토의기록)과의 관계를 감안하여 (주 14) 우선 제1차적으로는 귀환자의 일본 국내 거주교섭을 적극화하고 (주 15) 그 타결이 도저히 어려울 때에는 귀환자들을 전부 한국에서 인수한다는 조건하에 송환 교섭을 종용함.

(2) 국제 적십자 기구를 통하여

ㄱ. 현재 국제 적십자 기구의 "인도주의적 입장"과 "거주지 선택 자유의 원칙"에 호소하는 경우에 (ㄱ)국제 적십자 운동의 인도주의적 성격에도 불구하고 각종의 정치적 오점을 남길 가능성이 많고 (ㄴ)거주지 선택 자유의 원칙에 대하여 북괴측의 정치적 책동이 염려되고 (ㄷ)국제적십자 기구가 소련측에 교섭하는 경우에 결국 소련 당국의 정치적 결정에 의존할수밖에 없으며 (ㄹ)인도적 입장과 거주지 선택자유의 원칙을 주장하는 경우에 일본의 과거 재일 교포에 대한 강제 북송문제를 합리화 시킬 염려가 있음. (주 16)

ㄴ. 따라서 우선 현재 공산 지역에 있는 우리 교포의 수나 생활상 귀환 희망등 제반 실태를 조사하는 범위, 정도에서만 국제적십자 기구를 통하여 교섭을 전개함이 가함.

(3) 제 3 국을 통하여

중공 거주 교포의 귀환에 영국 정부를 통하여 시행하고 있는 선례를 참작하여 재차 영국 정부와 (가능하다면 서독등 제 3 국) 교섭하여 중계역할을 맡주도록 요청함이 마당함.

주 1 :

JAW -02169 호 주일대사 보고 :

일본 외무성의 제시한바로는,

(1) 1941년 말 .... 19,768 명

1943년 - 1945년 7가지의 입주자 ... 5만 - 7만명

1948년 .... 5 만명

1966년 현재 .... 1만 - 2 만명 (사망, 북한행, 일본귀국 등으로 감소된것으로 추정됨.)

(2) 1941년 말 거주지역

ㄱ) "에스토미" 지구 .... 10,774 명

ㄴ) "시이가" 지구 ...... 1932 명

동지함에 탄광이 있으므로 현재도 동지구에 다수 거주하는것으로 추정됨.

주 2 :

주일영 (2) 725 - 1279

주 3 :

65. 11. 5. 자 주일대사의 진정서

주 4 :

북괴 공민증 소지자중 약 7000명 (모두 독신자)이 1959년 7-8월경에 북괴로 강송되었음 .... 1959. 10. 22. 자 한국일보

주 5 : 1957 년 8 월 1 일 33 세대 157 명

1957 년 10월 27 일 55세대 303 명

1958 년 1 월 14 일 91세대 438 명

" 1 월 27 일 91세대 456명 (이상 : 외무행정 10년 438면)

" 2 월 7 일 (5.6차) 124세대 711명 (1959.3.25 자 화태 인양 한국인 원호등에 관한 청원서) JAW-02169호 주일대사 보고 ... 1,794 명 (일본인처 제외)

제 6 :

정부는 이들 송환자의 대부분이 일정하 강제 징용으로 현 소련 지구인 화태에서 본의 아닌 노동을 하던자들 임에 감하여, 일정 당국에 적극 교섭하여 이들 송환 교포에 대한 적절한 대우와 직업 알선등 생활 보장을 해줄것을 요구하여 현재 이들의 대부분은 일인처의 연고자를 찾아 정착하였음 (외무행정 10년438 면)

주 7 :

정부는 주미대사관, 주"유엔" 대표부, 주 제네바 대표부를 통하여 소련의 재화태 한인을 하루 속히 귀환시킬것을 요구하였는데 당시 양 유 찬 주미대사는 미국의 "유엔"대표인 인권 전문가 "메리. 피. 로드"여사와 이문제를 협의하고 미국이 재화태 교포 송환 문제를 "유엔" 총회에 제출할것을 촉구한바 있으며, 또한 "주노" 국제 적십자 위원회 부위원장에게 도 재화태 교포 송환의 알선을 요청한 정부는 당시 김 용 식 주 "제네바"공사를 통하여 국제 적십자 위원회와 이문제에 관하여 계속 교섭을 진행시킨바 있음.

(1959. 10. 22. 자 한국일보 석간)

주 8 :

1965. 11. 5. 자 주일대사 앞 진정서

주 9 :

당시 일본의 재일 교포 강제 북송 문제가 대두하여 재 화태 교포의 송환을 더욱 곤란하게 하였으니 즉, 일본은 재일 한인의 북한 송환 문제는 정치와 분리하여 인도적인 견지에서 1957년의 "뉴델리" 국제 적십자 회의의 결의 (소위 거주지 선택의 자유)에 비추어 조속한 시일내에 실현하여야 한다는 종래의 입장을 재 확인하고 이뜻을 북괴적십자사에 통지한후 1959. 1. 29. 일본 후지야마 (藤山)외상의 재일 한인의 북한송환은 인도적인 견지에서 신속히 실현하겠다는 성명으로 북한 송환에 대한 일본 정부의 태도는 완전히 표면화하게 되었는데 이에 대하여 정부는 북송문제가 완전히 "정치적 문제"임을 천명하여 국제 적십자 위원회의 개입을 허용치 않는 방향으로 나아가는 반면 일본 정부는 여전히 "인도적 문제"임을 내세워 국제 적십자 위원회의 개입을 적극 종용하게 되어 (후에 결국 일본과 북괴는 소위 "캘카타" 협정 (1959.8.13)에 의하여 북송을 실현하였음) 한일 양국은 북송문제를 둘러싸고 심각하게 대립하는 입장에 서 있었는데 만일 당시 정부가 재화태 교포의 송환에 관하여 인도적입장을 주장하여 교섭을 전개하면 일본의 재일교포 강제 북송을 합리화 시켜주는 곤란한 결과에 빠지게 되었으므로 정부는 이들의 송환 교섭에 적지 아니한 애로를 겪은바 있음.

주 10 :

주일정 772 - 17 (66. 1. 20) --- 37세대 153

주일정 772 - 32 (66. 1. 27) --- 63세대 239

주일정 772 - 60 (66. 2. 11) --- 76세대 304

주일정 772 - 76 (66. 2. 23) ---106세대 455

-03140 (66. 3. 8) ---------227세대 1053

(주일정 772 -93 (66.3.9) ---------227세대 1053)

JAW --3459 (66.3.22) ---------353세대 1543

JAW -04060 (66.4. 4) ---------435세대 1853

JAW -04078 (66.4. 6) ---------546세대 2270

JAW -04479 (66.4.25) ---------672세대 2728

*** 귀국 희망지 별 통계

한국 명

일본 명

한국 또는 일본 명

특별히 희망 없는자 명

*** 국 적 관 계

무국적 명

사 연 명

북 괴 명

주 11 :

1965.12.19. 자 한국일보 "단 일시적인 과오로 조련계에 가담한 동포들이 본국 정부의 보호하에 돌아온다면 정부는 관대함으로 따뜻이 이들을 맞아 잘못을 따지지 않을것이며 이번에 밀입국하려다 억류되어 조국의 떳떳한 국민이 되지 못한 동포들에게도 전비를 묻지 않고 밝은 생활을 할수 있도록 보장하겠다"

주 12 :

66. 1. 11 자 진정서

주 13 :

JAW -03129, (66.3.7.), JAW -03676 (66.3.31)에 의하면 일본정부의 공식 입장을 다음과 같이 제시하였음.

The Japanese Government is ready to enter into talkes with Soviet Government about the return to Korea of the Korean Residents in Saghalien desiring to return to the ROK, provided the Korean Government accepts the following two conditions.

(1) The Korean Government shall accept all such Korean.

(2) The Japanese Government shall not be obliged to shoulder any of the expenses that may be incurred in the course of the Return.

주 14 :

(1) 한일 협정과 교포의 법적 지위 협정과의 관계

1) 한일 협정 "토의기록" (a)와 "대한민국과 일본국간의 일본국에 거주하는 대한민국 국민의 지위와 대우에 관한 협정" 제 1 조1(a)를 참작하여 보면 "징병, 징용 등으로 1945년 8월 16일 이후에 일본에 귀환한자도 1945년 8월 15일 이전부터 일본국에 계속하여 거주한자로 간주하여 협정 영주권을 부여하도록 되어있다." (정부발행 한일협정 해설)

(주) 1. 토의 기록

일본국 정부는 협정 제1조 (a)의 적용에 있어서는 병역 또는 징용에 의하여 일본국에서 떠난때부터 복원계획에 따라 귀환할때까지의 기간을 일본국에서 계속하여 거주하고 있었던것으로 취급할 방침이다.

재일교포에 관한 한·일간의

2. ~~대한민국과 일본국간의 일본국에 거주하는 대한민국 국민의~~ 법적지위와 대우에 관한 협정

제 1 조 (a)

제 1 조. 일본국 정부는 다음의 어느 하나에 해당하는 대한민국 국민이 본 협정의 실시를 위하여 일본국 정부가 정하는 절차에 따라 본 협정의 효력 발생일로부터 5년이내에 영주 허가의 신청을 하였을 때에는 일본국에서의 영주를 허가한다.

(a). 1945년 8월 15일 이전부터 신청시 까지 계속하여 일본국에 거주하고 있는 자.

(2) "교포의 법적 지위 협정"과의 관계를 감안할때 주 12 (JAW -03676)의 일본측 제의 조건은 너무나 일방적인 결론이라고 아니할수 없음.

주 15:

WJA -04296으로 주일대사에게 다음과 같이 지시함.

대 : JAW -03676

"대호의 일본측 제의 조건은 현재로서는 수락할수 없으며 재화태 억류 교포의 송환문제는 교포의 법적지위 협정중 토의 기록 (a)와 관련하여 귀환 화태 교포에게 그들이 신청한다면 당연히 협정상의 영주권을 부여하도록 일본측과 계속 교섭을 추진하시기 바람."

주 16:

일본의 재일 교포 강제 북송과 관련하여 1956. 7. 16. 국제 적십자 위원회의 대한 적십자사, 일본적십자사 및 북괴적십자사에 대하여 " The problem presented by certain Koreans living at present either in Japan or Korea itself who wished to find a home of their choice on Korean soil... ....
....
....
....
" 에 관한 제의를 한일이 있는데 이는 일본과 한국에 거주하는 한국인의 자유로운 의사에 의하여 그들이 선택하는 한국내 지역에 갈수 있도록 전기 3 개 적십자사가 합의한다면 국제적십자 위원회도 이에 협조하겠다는 요지인데 이건은 (1)북한 억류 납치

인사의 귀환 (2) 남한에 있는 공산분자의 원복 (3)재일교포의 북송 (4) 재일 교포의 대한민국 귀환의 4가지 의도가 내포된것으로 추측되는데 일본은 이를 " Master Formular " 라고하여 재일교포 북송문제에 적용한것이므로 한국측이 국제 적십자 위원회의 상기 원칙을 수락하여 인도적 입장에서 문제를 해결하려고 하는 경우에는 결국 일본의 재일 교포 강제 북송을 합리화 시켜주는 결과밖에 되지 않을뿐 아니라 잘못하면 남한에 있는 공산분자들도 북한으로 귀환시켜야 하는 해괴한 사태를 초래할 염려까지 있는것이므로 정부로서는 국제 적십자 위원회의 소위 인도주의나 거주지 선택 자유의 원칙을 그대로 수락하여 교섭의 기초로 하기에는 너무나 큰 애로가 있음.

여타 과거사 문제
(3) 한인 B·C급 전범 문제

한인 B·C급 전범은 아시아태평양전쟁 기간 중 일본 군인 또는 군무원으로 근무하다가 종전 후 연합국인 미국, 영국, 네덜란드, 호주 등이 주재한 국제전범재판(1945년 10월~1951년 4월)에 회부되어 B·C급 전범으로 처벌받은 한인들을 말한다. 일본 후생성 원호국이 1955년 12월 1일 작성한 '한국, 타이완 출신 전쟁 재판 수형자 명부(韓國, 臺灣出身戰爭裁判受刑者名簿)'에 따르면 한인 B·C급 전범으로 처벌받은 인원은 총 148명이다. 홍사익 중장을 비롯해 필리핀에서 게릴라전을 수행했던 군인이 3명, 중국 전선에서 일본군 통역자로 근무했던 사람이 16명, 연합군 포로 감시원(군무원 신분)으로 근무했던 사람이 129명[1]이다. B·C급 전범의 대다수를 차지하는 포로 감시원들은 연합군 포로들을 학대했다는 이유로 유죄 판결을 받았다. B·C급 전범 148명 가운데 23명(홍사익 중장, 일본군 통역 8명, 포로 감시원 14명)은 사형되었고, 나머지 125명은 1945년 9월부터 싱가포르 등의 감옥에서 수형생활을 하다가 일본인 전범들과 함께 일본으로 송환되어 스가모(巢鴨) 형무소에 수용되었다. 이들은 도중에 가석방된 사람도 있기는 하였으나, 대부분 1957년이 되어서야 감형 또는 만기로 출소하였다.[2]

한인 B·C급 전범 문제는 한일회담에서 청구권 문제에 관한 교섭 과정에서는 논의된 바 없으며, 재일한국인 법적지위 문제를 다루는 위원회에서 한 차례 논의된 적이 있다. 1952년 2월 4일 개최된 제29회 재일한국인 법적지위위원회 회의에서, 한국 측은 스가모(巢鴨) 형무소에서 복역 중인 한인 전범자에 대한 일본 정부의 방침을 문의하였다. 이들에 대한 피해보상 문제를 제기하였다기보다는 대일강화조약이 발효될 경우, 정식으로 일본 국적을 이탈하게 되는 이들이 계속해서 수감생활을 해야 하는지에 관한 관심을 표명한 것으로 생각된다. 이에 대해 일본 측이 "그것은 별도 문제이니 별

---

1 대일항쟁기 강제 동원 피해조사 및 국외 강제 동원 희생자 등 지원위원회, 2011, 『조선인 B·C급 전범에 대한 진상조사 보고서: 포로감시원 동원과 전범 처벌 실태를 중심으로』, ii쪽, 23쪽.

2 대일항쟁기 강제 동원 피해조사 및 국외 강제 동원 희생자 등 지원위원회, 『조선인 B·C급 전범에 대한 진상조사 보고서: 포로감시원 동원과 전범 처벌 실태를 중심으로』, 2011.

도 연구할 것"이라면서 이 위원회에서 다룰 사안이 아니라는 반응을 보임에 따라 더 이상 논의가 이루어지지 않았다[일본 기록(제3차 처우소위원회 제8회 회의)에는 관련 내용이 기재되어 있지 않음].

한일회담이 타결된 직후, 한인 B·C급 전범자 단체인 '동진회'는 주일 대표부에 청구권협정으로 한인 전범의 일본 정부에 대한 보상 청구권이 소멸되었는지 여부에 대하여 문의하였다.[3] 이에 대해 한국 정부는 "~연합국의 승리 및 전쟁 후의 전범재판에 기인한 한국인 전범의 피해에 관하여는 당초부터 일본에 대한 청구의 대상이 아니었으며, 따라서 협정 조인 이후에 국내 조치로서 개인 청구권의 보상 문제를 검토함에 있어서도 고려의 대상 밖"이라는 입장을 전달하였다.[4] 이후 한국 정부는 동진회를 비롯하여 한인 B·C급 전범자들로부터 많은 탄원서를 접수하였다. 그러나 원칙적으로 국제전범재판에 의한 처벌로 피해를 입은 한국인 B·C급 전범 문제는 일본이 주도적으로 책임을 져야 할 문제라는 태도를 취하면서, 별다른 대응을 하지 않았다. 그러다가 2010년경부터 일본 측에 다양한 외교적 경로를 통하여 입법 등을 통한 해결을 지속적으로 촉구해 오고 있다.[5]

한국 외교문서	일본 외교문서
1. 81, 제1차 한일회담 재일 한인의 법적지위 위원회 제29차 회의 회의록, 1952. 2. 4	
2. 1473, 한일회담 청구권 관계 자료, 1965-66, 3. 한국 출신 전범자 단체 '동진회'의 국가 배상 탄원, 1965-66, 한국 출신 전범자 보상, 1965. 7. 5	
3. 1473, 한일회담 청구권 관계 자료, 1965-66, 3. 한국 출신 전범자 단체 '동진회'의 국가 배상 탄원, 1965-66, JAW 09483, 동진회 관련 한국 정부 입장 독촉, 19 65. 9. 24	

3 한국 외교문서 1473, 한일회담 청구권 관계 자료, 1965-66, 3. 한국 출신 전범자 단체 '동진회'의 국가 배상 탄원, 1965-66, 한국 출신 전범자 보상, 1965. 7. 5.

4 1473, WJA-09378, 동진회 관련 본부 입장, 1965. 9. 28.

5 유의상, 『한일과거사 문제의 어제와 오늘』, 동북아역사재단, 325쪽.

한국 외교문서	일본 외교문서
4. 1473, 한일회담 청구권 관계 자료, 1965-66, 3. 한국 출신 전범자 단체 '동진회'의 국가 배상 탄원, 1965-66, 'WJA-09378, 동진회 관련 본부 입장, 1965. 9.28.	
5. 1473, 한일회담 청구권 관계 자료, 1965-66, 3. 한국 출신 전범자 단체 '동진회'의 국가 배상 탄원, 1965-66, 동진회 탄원, 1966. 6. 10	
6. 1473, 한일회담 청구권 관계 자료, 1965-66, 3. 한국 출신 전범자 단체 '동진회'의 국가 배상 탄원, 1965-66, WJA-10287, 동진회 탄원에 대한 본부 입장, 1966. 10. 17	

1. 제1차 한일회담 재일한인의 법적지위위원회 제29차 회의 회의록, 1952. 2. 4

한국 외교문서 81, 제1차 한일회담 재일한인의 법적지위위원회 회의록, 제1-36차, 1951. 10. 30-1952. 4. 1

1952년 2월 4일 개최된 제1차 한일회담 재일한인 법적지위위원회 제29차 회의 회의록이다.

이 회의록에는 한국 대표가 스가모(巣鴨) 형무소에서 복역 중인 한인 B·C급 전범자에 대한 일본 정부의 방침을 문의한 기록이 남아 있다. 일본 측의 같은 회의 회의록에는 이 같은 협의 내용이 없다.

第二九次在日韓僑法的地位分科委員會經過報告

一、日時 二月四日(月)午前十時十三分 於日本外務省

二、參席者

韓國側 ー 俞代表、林代表、洪委員、金光東委員、李一國書記官

參觀

日本側 ー 田中代表、今井、神原、両委員、佐治事務官參觀

出入國管理庁鈴木部長、大藏省理財局事務官、文部省初等教育局庶務課長

三、會議經過

(一) 義務教育問題

今日은 特히 日政文部省関係者로부터 義務教育에 対한 見解로서 義務教育은 國民固有의 权利이므로 이것은 第一項에 國

大韓民國駐日代表部

民國府의 權利의 하나로 挿入함이 若何하냐는 提議가 有하며 我側으
로부터 義務敎育에 關한 問題는 이번 會談의 議題에서는 빼라는 것
이 韓國側 方針인바 그러나 敎育에 關하여 韓日間에 解決하여야
할 問題가 많이 있기 때문이나, 爲先 二, 三點을 말한다 하여도 旧朝
連系學校施設의 返還問題와 大學專門入學時의 推薦狀問
題가 있는데 探聞한 바에 依하면 閉鎖된 旧朝連系學校 中
에는 日政에서 公立으로 改編運用하여 現在 日人이 校長이 되 敎
頭以下 其外의 全敎員이 旧朝連系 敎員으로서 共産主義
敎育을 하고 있다 한다. 此는 言語道斷이고 甚至於는 各大學
에서 入學願書를 接受할 때에 過去 日帝時에 旧朝鮮總
督府가 惡用한 現在는 純全한 左翼系 團體라고 볼 수 있는 朝鮮奬
學會의 推薦狀이 없으면 願書를 受理하지 않는다 하니 우리

는 其眞意는 理解할 수 없다. 調査에 関하여는 吾人의 出身學校当局에 一任할 것이 上策이 아닌가. 韓國側으로서는 可及的速히 旧朝連系의 學校施設等은 돌려주어야 韓國의 民族敎育을 할 수 있게 하여주기 바라며 日本側에서도 或是 韓國側에서 治外法權的인 學校는 要求하지 않는가 우려하시지만 우리로서는 그러한 特殊學校를 바라는 것은 決코 아니다. 日本側에서는 義務敎育은 國民固有의 權利라고 하지만 在日韓僑도 日本의 모든 稅金을 納入하고 있으니 日本의 敎育施設을 利用할 權利가 있으니 日本의 公立學校에서 修學을 願하는 者에게는 이를 許容함이 可하다. 日政文部省에서 그렇게까지 念慮한다면 該問題는 別途協議함이 어떠하냐 하며 日本側에서 同意하고 追後

日政文部省에서 此에 對한 方案을 作成하며 駐日代表部
에 送致하겠다는 答辯이 있었음.

(二)

期間問題

義務教育에 對한 討議가 끝난 後 日本側으로부터 協定要綱의 語句에 關하여 政府内部에서 協議한 結果 退去強制條項中의 連絡는 韓國提案에 있는 前段을 削除도 좋으나 處遇의 表現에 있어 多少 異論이 있었는데 大体로 解決가 成立되었다는 說明이 있으며 期間問題에 드러가 日本側으로는 退去強制協議期間이나 歸還期間이나 前会議에서 主張한 三年이 合理的이니 그대로 하자는 提議가 有하여 我側으로부터 該兩表現에 있어서는 最終條約文을 完成시킬 때에 더 研究할 것이나 至今으로서는 이 반한

程度로서는 可하나 다만 一定期間問題에 있어서는 前會議에
서 我側이 說明한대로 最大讓歩의 線인 退去強制協議는
十年 歸還은 五年으로 해주기 바란다고 再提議한바 日本
側으로서는 前會議에서 말한 바를 되푸리하고 조금도 讓歩
치 않고 退去強制協議에 關한 試案으로서 期間은 明
記하지 않고 「當分間」으로 하며 全文은 「永住許可를 받
은 者에 對한 退去強制에 關하여는 日韓兩國의 關係當局은
當分間 그 運用에 關하여 必要에 따라 協議하기로 한다」
로 함이 若何한지는 提案이 有하여 我側 그것도 好案으로
生覺되나 必要에 따라 하게 되면 一方的으로 日本이 必要한 때
만 가오기게 되므로 但書에 副途協議만 드러가게 된다면 兩者
할 余地가 있다 하였는바 日本側必要에 따른다는 것은 双

大韓民國駐日代表部

方이 必要은 느끼는 境遇이나 其實 諒解만기 바라고 協定에 別途協議은 規定할 必要가 없지 안나 再考하여 달나고 하며 結局 다시 新提案은 硏究하기로 하였음 特別取扱은 許容한 歸還의 期間問題에 關하여는 我側案대로 1年이라면 無理는 않이는 것이나 그러한자 强硬히 主張하였음에 日本側 絶対同意치 안하며 다시 次回로 넘기기로 하고 我側에서 分科委員会에서 期間問題에 關하여 合意은 보지 못하면 上層部의 協議에 맷기는 밖게 없다는 것을 附言하였음

(三) 韓國人戰犯者問題

韓国側으로 부터 現在 巢鴨刑務所에 服役中인 韓人戰犯者에 対하여 日本政府의 方針 若何은 問議한바 日

本側으로부터 그것은 別個問題이니 別途研究할 것이라는 答弁이 有하였음

(四) 會談結果의 發表問題

日本側으로부터 會談이 이만큼 進展을 보았으니 具体的인 發表는 避하고 大略 原則的으로 合意를 보았다는 簡單한 發表로 함이 어떠하냐는 提議가 有하여 我側考慮키로 하였음

(五) 效力發生日 規定問題

日本側으로부터 本協定의 效力發生日은 請求權條約發效日로 하여 協定에 明示함이 若何하냐는 提議가 有하여 我側은 請求權條約發效前에도 本協定이 調印되는 때는 그리하여 調印이 그後가 된때는 明確한 年月日을 記入할

大韓民國外務部

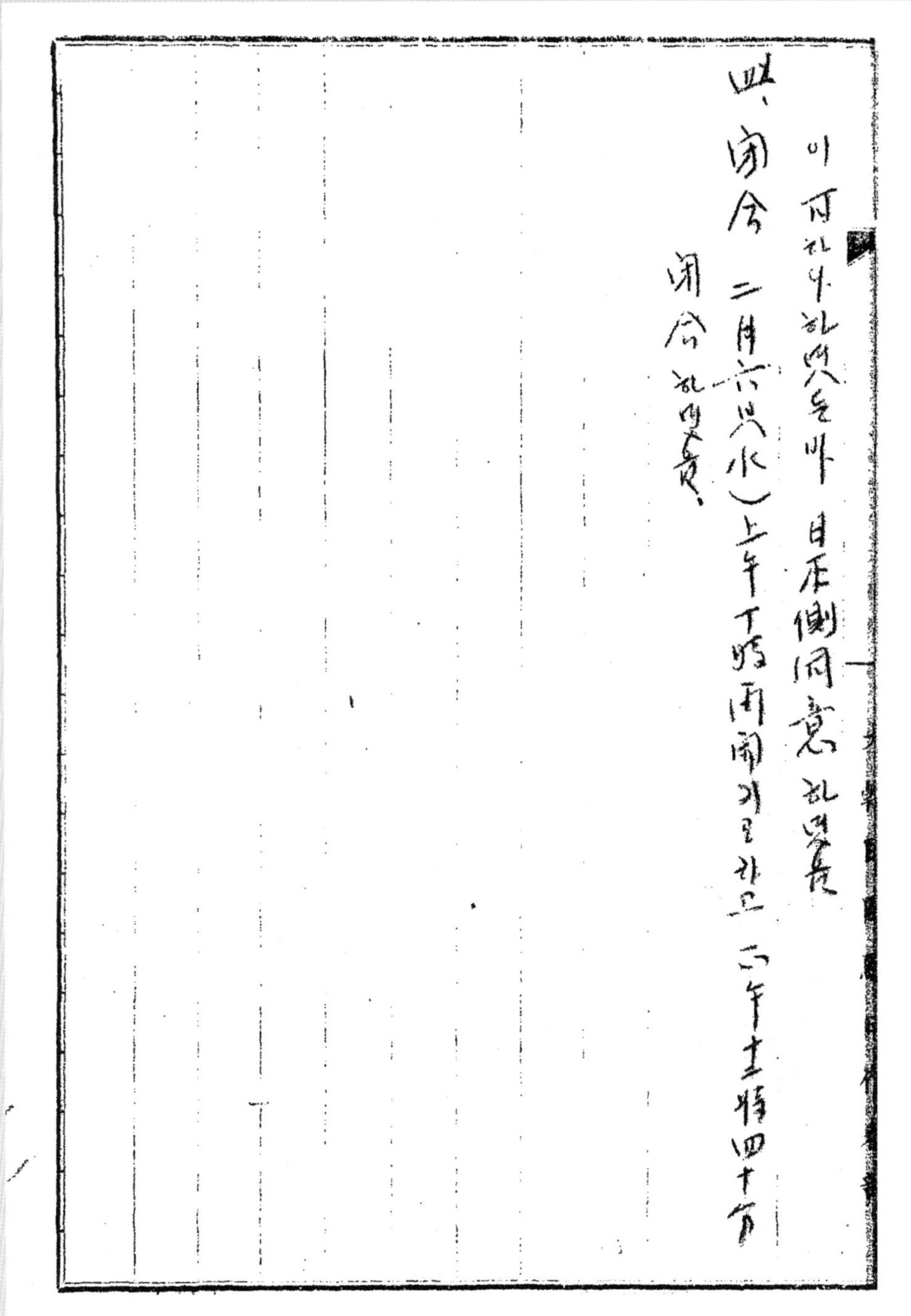

이 再하자 하였든바 日本側同意 하였음

四、閉會 二月六日(水)上午十時開會키로 하고 下午十二時四十分

閉會 하였음.

2. 한국 출신 전범자 보상, 1965. 7. 5

한국 외교문서 1473, 한일회담 청구권 관계 자료, 1965-66, 3.
한국 출신 전범자 단체 '동진회'의 국가 배상 탄원, 1965-66

한인 B·C급 전범 단체인 '동진회'가 주일한국 대사관에 일본 정부에 대한 보상 청구권이 한일청구권협정으로 소멸되었는지 여부를 문의해 왔음을 보고하는 문서다.

주 일 대 표 부

주일정 722 - 226　　　　　　　　　　1965. 7. 5.

수 신: 외무부 장관

제 목: 한국 출신 전범자 보상

1. 당지의 한국 출신 전범자 단체인 "동진회"로부터 일본국 정부에 대한 보상 청구권이, 한일간 청구권 협정에 의하여 소멸되었는지 여부를 관계 서류의 제시로 문의하여 왔으므로, 별첨 관계 서류를 송부하오니 이에 대한 아국 정부의 견해를 조속히 회시하여 주시기 바랍니다.

2. 참고 사항:

동회 대표의진술에 의하면 참고 사항은 다음과 같음.

형사자　23명

유무기형　125명

유무기형　125명중 한국으로 63명이 영주귀국, 2명이 자살 (유가족 없음), 2명이 병사 (유가족 없음)하고 5명이 이북으로 북송(유가족 없음)되고 현재 53명이 체일중이라 함.

별첨: 동 관계 서류 1부. 끝

김 동 조

발송 1965. 7. 5. 주일대표부

3. JAW-09483, 동진회 관련 한국 정부 입장 독촉, 1965. 9. 24

한국 외교문서 1473, 한일회담 청구권 관계 자료, 1965-66, 3.
한국 출신 전범자 단체 '동진회'의 국가 배상 탄원, 1965-66

동진회의 문의에 대한 본부(한국 정부) 입장을 독촉하는 주일대사관 문서(전문)다.

대한민국 외무부

번 호: JAW-09483

일 시: 241643

종 별

수 신 인: 외무부장관

발 신 인: 주일대사

연: 주일정 722-220 (65.7.)

연호로 보고한바에 따라여 "동 진 회" 측으로 부터 아국 정부의 견해를 문의하고 있아오니 조속히 회시하여 주시기 바람 (주일정 -외아북, 외통협)

전범관계 ?

4. WJA-09378, 동진회 관련 본부 입장 통보, 1965. 9. 28
한국 외교문서 1473, 한일회담 청구권 관계 자료, 1965-66, 3. 한국 출신 전범자 단체 '동진회'의 국가 배상 탄원, 1965-66

동진회의 문의에 대한 본부(한국 정부)의 입장을 통보하는 문서(전문)다.

본부는 전범재판에 기인한 한국인 전범의 피해에 관하여는 애초부터 일본에 대한 청구의 대상이 아니었으며, 협정 조인 이후에 국내 조치로서 개인 청구권의 보상 문제를 검토함에 있어서도 고려의 대상 밖이라는 입장을 취했다.

대 한 민 국 외 무 부

번 호: WJA-09378

일 시: 281110

총 별

외 신 과	
접 수	암 호

수 신 인 : 주 일 대 사

대: JAW-09483

1. 주일정 722-226 (65. 7. 5.) 및 대호로 보고한 한국인 출신 전범자 단체인 "동진회" 의 문의에 대하여 다음과 같이 알리오니 동 회측에 잘 설명하시기 바람.

2. 일본의 징용 및 징병등의 사유로 발생한 한국인의 대일청구권에 관하여서는 "대일청구요강" 의 일환으로서 이를 한일회담을 통하여 일본정부에 청구하여 온바이나, 본건 연합국의 승리 및 전쟁후의 전범재판에 기인한 한국인 전범의 피해에 관하여는 당초부터 일본에 대한 청구의 대상이 아니었으며, 따라서 협정조인 이후에 국내조치로서 개입청구권의 보상문제를 검토함에 있어서도 고려의 대상밖임.

3. 일본인 전범에 대한 일본정부의 보상조치는 전후 일본이 독립을 회복한 후에 취한 조치인 바, 일본에 거주하는 본건 해당 한국인에 대하여는 일본측 고려에서 조처가 취하여 질수 있도록 적절한 시기에 일측에게 촉구하도록 하시압. (외아북)

장 관

5. 동진회 탄원, 1966. 6. 10

한국 외교문서 1473, 한일회담 청구권 관계 자료, 1965-66, 3.
한국 출신 전범자 단체 '동진회'의 국가 배상 탄원, 1965-66

동진회의 거듭되는 탄원에 대한 외무부의 검토의견서다.

주일대사에게 일본 정부가 해결하도록 요청하라는 내용이 담겨 있다.

외 무 부

처리전 1966. 6. 10.

담 당	과 장	국 장	차 관	장 관	공람

1. 제 목 同進會(日本在住 韓國出身 戰犯者 團体) 歎願

2. ~~의견~~ 要旨

1. 第二次世界大戰 末期, 聯合軍 俘虜監視員으로 徵發되었다가 戰後 戰犯者로 取扱된 者의 團体로서, 日本政府에 對하여

가. 刑死者 遺骨送還 (23柱)

나. 遺族 補償 (刑死者 1柱當 五百萬圓)

다. 釋放者의 補償을 日本政府에 請求함에 있어 駐日大使를 通하여 協助하여 줄것을 要望한다는 것임.

3. 조치를 요하는 사항 (조치완료 예정일자)

駐日大使에게 適當한 機會에 日本政府에 對하여 ~~本件 補償을~~ 積極 解決해 줄것을 要請토록 指示함 (訓令 電文)

(人道的인 見地에서 本件을

4. 비 고

本件에 對하여는 1965.9.28에 韓日間 "財産및 請求權에 關한 問題의 解決과 經濟協力에 關한 協定"에 依해 解決된 性質이 않이고 日本政府當局에 請求토록 同會側에 說得한것을 이미 指示하였음

6. WJA-10287, 동진회 탄원에 대한 본부 입장, 1966. 10. 17

한국 외교문서 1473, 한일회담 청구권 관계 자료, 1965-66, 3.
한국 출신 전범자 단체 '동진회'의 국가 배상 탄원, 1965-66

동진회의 탄원에 대한 본부 입장을 전달하는 문서(전문)다.

보상 문제의 논의는 불가하며, 인도적 견지에서 일본 정부에게 적절한 구호 조치를 취하도록 요망하라는 지시가 담겨 있다.

대 한 민 국 외 무 부

종별 통 상

번 호: WJA-10289

일 시: 171740

외 신 과	
접 수	암 호

수 신 인 주 일 대 사

제2차대전의 한인 전범자 단체인 "동진회"의 탄원은 본부에서도 당사자들로 부터 직접 진정을 받고 있는바, 그 성격상 새삼스러이 보상문제가 논의될수는 없는것이나, 인도적인 견지에서 적당한 기회에 일본정부에 대하여 적절한 구호조치를 취하도록 요망하시기 바람.(아북)

장 관

동북아주과

북한지역에 대한 청구권 문제

한국 정부는, 한일회담에서 청구권 문제 관련 교섭이 진행되는 동안 일관되게 대일청구권의 대상 지역에 북한이 포함된다는 입장을 취하였다. 한일회담 기록을 살펴보면, 우선 예비회담이 개최되고 있던 1951년 11월, 한국 측은 북한지대의 확정채권에 관한 신고를 추가 조사의 대상으로 하여 처리한다는 내부 방침을 수립함으로써 한국의 대일청구권에 북한지역을 포함시켰다.[1] 1953년 10월 13일 제3차 한일회담 제2차 본회의에서 일본의 구보타 간이치로(久保田貫一郎) 대표가 "미군정의 관할 밖에 있던 북한지역의 구 일본재산에 관해 북한이 한국의 관리하에 들어갈 경우 어찌할 것인가" 묻자, 김용식 대표는, "유엔 결의는 한반도에서 대한민국 정부가 유일 합법 정부라고 하였으니 북한에 관한 모든 권한은 우리 정부가 갖고 있는 것"이라고 대응하였다.[2] 1962년 3월 6일 제6차 회담 일반청구권소위원회 제11차 회의에서는 일본의 요시오카 에이치(吉岡英一) 수석위원이 한국의 대일청구권 대상은 남한지역에 관한 것만 해당되어야 한다고 하자, 한국의 김윤근 수석위원은 "일본 측은 한국의 대일청구권은 남한에 국한되는 것이냐고 말하였으나 평화조약의 해석으로도 그런 결론은 나오지 않는다. (중략) 한국의 채권은 남·북한 전 영역에 미친다는 것을 주장해 둔다"라고 하면서 일본 측 주장을 반박하였다.[3] 그러나 이후 청구권 문제 교섭이 '대일청구요강안' 8개 항목에 대한 실무 교섭 방식에서 정치적 '일괄(lump-sum)타결' 방식으로 바뀌고, 1962년 11월 12일 '김종필-오히라 마사요시' 합의가 이루어지면서 북한지역에 대한

* 이 부분은 『일본공간』 제23호(2018. 6)에 게재된 필자의 졸고 「북일수교회담 전망과 한국의 대응 전략-과거 청산 문제를 중심으로」(국민대 일본연구소)에서 일부를 발췌하여 이 자료집에 맞게 수정 보완한 것이다.

1 한국 외교문서 87, 제1차 한일회담 청구권 관계자료, 1952, 북한지대의 확정채권 처리에 관한 건, 1951. 11. 3. 같은 문서, 북한지대의 대일 확정채권 처리에 관한 건, 1951. 11. 7.

2 한국 외교문서 95, 제3차 한일회담 본회의 회의록 및 1-3차 한일회담 결렬 경위, 1953. 10-12, 제3차 한일회담 제2차 본회의 경과보고, 1953. 10. 13.

3 한국 외교문서 750, 제6차 한일회담 청구권위원회 회의록, 1-11차, 1961. 10. 27-62. 3. 6, 제6차 한일회담 일반청구권소위원회 제11차 회의 회의록, 1962. 3. 6.

청구권 문제는 더 이상 논쟁의 대상이 되지 않았다.

한편, 일본 정부는 6·25 전쟁이 진행 중이던 한일회담 초기에는 한국 정부와 마찬가지로 한국의 대일청구권에 북한지역을 포함하였다. 그러다가 1960년 12월 북한지역을 제외하는 입장으로 바뀐 후 회담 타결 시까지 이 입장을 그대로 유지하였다. 한일회담 예비회담이 개최 중이던 1951년 11월 일본 외무성은, '북한지역 관계 문제를 어떻게 취급할 것인가' 제하 문건에서 "북한 당국은 대한민국이라는 정당한 정부에 대해 반란을 일으키는 '지방적 사실상의 정부'에 불과하며, 교전 단체 이전의 존재로 다룰 수밖에 없다"라는 견해를 피력하였다.[4] 그리고 이 견해에 따라, 1952년 1월에 걸쳐 작성한 '일한 화친조약' 초안의 양국 재산 및 청구권 상호포기 관련 조항에서 한국 측의 청구권 대상 지역에 북한을 포함했다.[5] 이 화친조약은 하나의 조약에 한·일 간의 기본관계, 청구권 문제, 어업 문제 등에 관한 기본적인 사항들을 모두 포함하여 처리코자 한 것이었는데, 한국이 각 사안별로 별개의 교섭을 희망함에 따라 곧바로 폐기되었다.

1952년 2월 12일 제1차 회담 개최에 앞서 일본 외무성이 작성한 '일한회담 대처 근본방침 안'에는 한국의 대일청구권 주장에 대항하는 전술적 차원에서 북한 소재 구 일본재산에 대한 소유권도 주장하는 방안이 포함되었다.[6] 그러나 회담에서는 남한 내 재산에 대한 청구권(역청구권)을 주장하는 것만으로도 충분한 효과를 거둠에 따라 북한 문제는 거론하지 않았다. 제1차 회담이 일본의 역청구권 주장으로 결렬되자 중재에 나선 미국이 1952년 4월 한일 회담의 개최 근거가 된 샌프란시스코 강화조약 제4조에 관해 "한국 내에 있는 일본과 일본 국민의 재산은 모두 박탈되었다"[7]는 해석을 내놓았

---

4 日本外交文書 1835, 두 번째 문서 北鮮地域關係の問題をどう取扱うか(未定稿), 1951. 11. 8.

5 日本外交文書 1835, 일곱 번째 문서, 日本國と大韓民國との間の和親條約草案(第二次案), 1952. 1. 12.

6 日本外交文書 1125, 日韓國交正常化交渉の記錄, II. 第1次日韓會談と對日平和條約の發效, 1. 代表の任命と會談への對策.

7 한국 외교문서 86, 제1차 한일회담 청구권분과위원회 회의록, 제1-8차, 1952. 2. 20-4. 1, 구 일본 및 일본인 재산처리에 관한 군정법령 및 대일강화조약 중 의의 해명에 관한 건(청구권 조항 해석에 관한 1952. 4. 29 미 국무부 회한 송부의 건), 1952. 5. 6.

다. 이 해석으로 한국에 대한 역청구권을 계속 주장하는 것이 불리하다는 판단을 하게 된 일본은, 앞서 서술한 바와 같이 1953년 10월 제3차 회담에서 북한지역에 있는 구 일본재산의 관리 문제를 제기하였다.

1958년 4월 제4차 한일회담을 앞두고 일본은 회담 수석대표에 대한 훈령을 통해, 명분상으로는 전 한반도에 걸친 문제를 한국 정부와 교섭하는 것으로 하되, 대한민국 정부의 지배가 북한에 미치지 않는 현실을 고려, 한국 정부와 타결하는 제반 협정의 효력이 북한에 미치지 않을 수도 있다는 전제하에 한국과 교섭을 진행한다는 방침으로 전환하였다.[8] 이러한 노선 변화는 한반도의 정세변화에 따른 것이라 할 수 있다. 제3차 회담 개최 당시만 해도 6·25 전쟁은 종료되었으나 한반도 관련 정치회담이 개최되는 등 한반도의 통일 가능성이 남아있는 상황이었다. 그러나 4년 반이 경과하여 제4차 회담이 개최될 무렵에는 이미 한반도의 분단이 고착화되고 일본도 북한과의 별도의 수교 가능성을 고려해야 했기 때문에 이러한 입장을 취한 것으로 보인다.[9]

한국의 정권 교체 이후 1960년 10월부터 제5차 회담으로 재개된 한일회담에서 교섭의 타결 가능성이 점차 가시화되어 가고, 재일한인 북송 등으로 북한의 존재감이 커지자 일본 외무성은 12월 6일 내부 검토를 통해, 다소 애매한 상태로 놔두었던 한반도에서의 남·북한의 법적지위와 북한지역의 청구권 문제 처리에 관한 입장을 다음과 같이 분명하게 정리하였다.[10]

- **한국의 지위**: 조약의 상대국으로서의 한국 정부의 지위는 1948년 유엔 결의 195(III)의 내용에 따라 한반도에 수립되어 있는 유일한 합법 정부이나, 그 실효적 지배와 관할은 남한 부분에만 미치고 있는 것으로 한다.

---

8 日本外交文書 1536, 訓令(　)號, 日本國と大韓民國との全面會談における, 1958. 4.

9 유의상, 『대일외교의 명분과 실리』, 236, 237쪽.

10 인용 내용은 필자가 임의로 번역, 재정리한 것임.

• **북한의 지위**: (샌프란시스코) 강화조약 제2조 a)의 해석상 북한에 존재하는 조선민주주의인민공화국 정부는 동 지역을 사실상 지배하고 있는 정권으로 해석한다.

• **재산 및 청구권**: 재산 및 청구권 문제는 배상과 달리 본래 지역적 성격의 것이라는 입장에서 처리한다. (중략) 강화조약 제4조로 볼 때 한국이 처리할 수 있는 재산, 청구권의 대상은 남한 부분에 한정해야 한다.[11]

한국의 관할권과 청구권 대상은 남한 부분에만 적용된다는 이 견해는 1962년 3월 6일 제6차 회담 청구권소위원회 제11차 회의에서 한국 측에 통보되었다. 한국이 이에 반발하였음은 앞에서 서술한 대로이다. 일본은 피징용 관계 전문가 회의에서 피징용 한국인의 미수금을 산정하면서 남북한 인구비례에 따라 북한 지분 30%를 공제하는 행태를 보이기도 했다.[12] 그러나 후일 청구권 문제가 양국 간에 정치적 '일괄 타결' 방식으로 해결됨에 따라 이러한 계산은 모두 무의미한 것이 되고 말았다.

시나 에쓰사부로(椎名悦三郎) 일본 외상은 1965년 10월 29일 중의원 한·일 조약 및 협정 등에 관한 특별위원회에서 "청구권 문제는 일본의 재산청구권으로 한국의 실제 관할에 있는, 지배할 수 있는 지역에만 한정된 것이고, 또한 한국의 대일청구권 혹은 재산이라는 것은 명백히 전 한반도라고 쓰지 않고 한국 및 한국민이라고 쓰고 있다. 따라서 청구권의 문제에서 북한은 제외되어 있다"[13]라는 발언을 통해 이 문제에 관한 일본 정부 입장을 재확인하였다.

이상에서 살펴본 바와 같이 한국과 일본은 청구권 문제교섭에 있어서 북한 요소를

---

11 日本外交文書 1410, 두 번째 문서, 日韓交渉のおける日本政府の立場に關する法律上の問題點, 1960. 12. 6.

12 대장성은 인구비례에 따라 남북한 7:3, 외무성은 징용자 대부분이 남한 출신이라는 점을 감안 95:5로 계산하였다. 장박진, 『미완의 청산』, 역사공간, 2014, 746쪽.

13 日本國會 50回 衆議院 日本国と大韓民国との間の条約及び協定等に関する特別委員会 會議錄 第6號, 1965. 10. 29.

둘러싸고 현격한 입장 차를 보였다. 한국이 대일청구권 대상에 북한지역이 포함된다고 주장한 것은 헌법의 영토 조항과 당시 북한 정권의 실체를 인정하지 않는 시대적 상황이 반영된 것이라 할 수 있다. 하지만 일본으로부터 조금이라도 더 많은 액수의 자금을 받아내기 위한 전술적, 실리적 이유 또한 컸다고 보는 것이 타당하다. 1970년대 이후 한국 정부는 헌법에 영토조항이 그대로 유지되고 있음에도 불구하고, '평화통일 외교정책 선언'(1973년 6월 23일), 남북기본합의서(1991년 12월 13일), 그리고 남북정상회담(2000년 6월 및 2007년 10월) 등을 통해 사실상 정치적으로는 북한의 실체를 인정하는 입장을 취해 왔다. 한국은 또한, 1991년 북일 수교 회담이 개최된 이래 북한이나 일본에 대해 한국의 관할권이 북한에 미친다고 주장하거나, 북한의 대일청구권이 한국에 속해 있으므로 북한은 아무런 권리가 없다고 문제를 제기한 적도 없다. 앞으로도 그럴 가능성은 희박해 보인다. 일본 정부 역시 한국의 청구권 대상에 북한이 포함되지 않는다는 생각을 바꾸지는 않을 것으로 여겨진다. 만일 북일 수교 회담이 재개되어 북한의 대일청구권 문제(북한은 청구권이 아닌 보상을 주장하고 있지만)가 다시금 협상 테이블에 오르게 된다면 이 문제는 한국의 헌법상의 법리적 입장과 무관하게 북일간에 해결하면 되는 것이다.

한국 외교문서	일본 외교문서
1. 87, 제1차 한일회담 청구권 관계자료, 1952, 북한지대의 확정채권 처리에 관한 건, 1951. 11. 3	
2. 87, 제1차 한일회담 청구권 관계자료, 1952, 북한지대의 대일 확정채권 처리에 관한 건, 1951. 11. 7	
	3. 1835, 두 번째 문서, 북한지역 관계의 문제를 어떻게 취급할것인가(미정고)(北鮮地域関係の問題をどう取扱うか(未定稿)), 1951. 11. 8

한국 외교문서	일본 외교문서
	4. 1835, 일곱 번째 문서, 일본국과 대한민국 간의 화친조약 초안(제2차 안)(日本国と大韓民国との間の和親条約草案(第二次案)), 1952. 1. 12
	5. 1125, 국교정상화 교섭의 기록 총설 II. 제1차 일한회담과 대일평화조약의 발효, 1. 대표의 임명과 회담 대책(日韓国交正常化交渉の記録総説 II. 第1次日韓会談と対日平和条約の發效, 1. 代表の任命と会談への対策)
6. 86, 제1차 한일회담 청구권분과위원회 회의록, 제1-8차, 1952. 2. 20-4. 1, 구 일본 및 일본인 재산처리에 관한 군정법령 및 대일강화조약 중 의의 해명에 관한 건(청구권 조항 해석에 관한 1952. 4. 29 미국무부 회한 송부의 건), 1952. 5. 6	
7. 95, 제3차 한일회담 본회의 회의록 및 1-3차 한일회담 결렬 경위, 1953. 10-12, 제3차 한일회담 제2차 본회의 경과보고, 1953. 10. 13	
	8. 169, 두 번째 문서, 일한교섭 제2회 본회의 의사 요록(日韓交渉第二回本会議講事要録), 1953. 10. 13
	9. 1536, 훈령 (　)호, 일본국과 대한민국과의 전면회담에서(訓令(　)号, 日本国と大韓民国との全面会談における), 1958. 4
	10. 1410, 일한교섭에서의 일본 정부의 입장에 관한 법률상의 문제점(日韓交渉のおける日本政府の立場に関する法律上の問題点), 1960. 12. 6
11. 750, 제6차 한일회담 청구권위원회 회의록, 1-11차, 1961. 10. 27-62. 3. 6, 제6차 한일회담 일반청구권소위원회 제11차 회의 회의록, 1962. 3. 6	

1. 북한지대의 확정채권 처리에 관한 건, 1951. 11. 3

(한국 외교문서 87, 제1차 한일회담 청구권 관계 자료, 1952)

북한으로부터 월남한 사람들이 북한 소재 채권에 관한 증빙서류를 보유하고 있는지를 조사하고자 한다는 내용의 재가 문서다.

국무회의에 상정하여 의결을 구한다는 내용이 담겨있다.

未完結 種

甲 第 號

施行年月日番號

年 月 日接受 記錄 … 決裁 … 合 … 件

四二八四年十一月三日起案 張 決裁

關係番號 外政第一二一〇號

政務局長

第一課長

事務官

起案者

長官

次官

文書課長

件名 北韓地帶의 確定債權處理에 關한 件

稟議

首題件에 關하여 左記와 如한 原則에 依하여

処理함이 (予先 來十月六日(火) 開催된 國務会議에 上程하여 其議決에 依하여 施行함이) 可하다고 思料되오나 如何하올지 玆以

裁決을 仰請하나이다.

(全件의 說明書)

今般 韓日会談의 交涉에 있어 日本政府에 対한 確定債權의 辨償要求는 原則的으로 賠償問題와 区別하여 其債務履行의 正當性을 促求하는 同時에 優先

的으로 迅速한 償還과 決裁를 하도록 檀紀四二八二年九
月一日現在 調査된 対日賠償要求調書에 依據하여
强調할것이나 不幸이도 六、二五 動亂以後, 이에 關한
證據書類消失로 追加調査를 하지 못하고 또 其調査의
地域的範囲도 三八以南에 限定하여 調査綜合하였
음에 実地現況을 비추어보면 越南同胞로서 三八

外務部

以北에 있어서의 確定債權에 関한 証據書類를 携帶하여 申告할려는 者 多數 有한 矢 思料됨으로 此際 左記와 如한 原則에 依하여 處理爲計임

記

一. 原則

北韓地帶의 確定債權에 関한 申告를 追加調査의

対象으로 하여 受理할 것.

二. 解決

追加調査되는 確定債權의 額數를 附加하여 要求할 것

檀紀四二八二年九月一日現在調査된確定債權 外務部長官

~~萬若要求金額에 未達하는 報償은 ...~~

關係部處에 通諜하여 財務部長官이 貴下 該銀行에 指示하여 実施하도록 되었음

2100

0458

受理할 것.

外務部

2. 북한지대의 대일 확정채권 처리에 관한 건, 1951. 11. 7
한국 외교문서 87, 제1차 한일회담 청구권 관계 자료, 1952

앞에 수록한 품의 문서의 건의대로 국무회의에서 의결하였다는 내용이 담긴 문서다.

國務會議

總議第 259號

(外務部關係)

一、北韓地帶의 對日確定債權處理에 關한 件、

原案대로 議決하다、

以上、

總務處

3. 北鮮地域關係の問題をどう取扱うか(未定稿), 1951. 11. 8
日本外交文書 1835, 두 번째 문서

한일회담에서 북한지역에 대한 문제를 여하히 처리할 것인가에 관한 일본 외무성의 검토 의견이 담긴 문서다.

이 문서에는 "북한 당국은 대한민국이라는 정당한 정부에 대해 반란을 일으키는 '지방적 사실상의 정부'에 불과하며, 교전 단체 이전의 존재로 다룰 수밖에 없다"는 내용이 기재되어 있다.

번역

북한지역 관계의 문제를 어떻게 취급할 것인가(미정고)

1951. 11. 8, 조약국 법규과

1. 현재 우리나라는, 대한민국 정부를 조선(한반도)의 정통 정부로 인정하고, 동 정부를 한반도 전역에 걸쳐 평화조약 제4조에 규정된 소위 '행정을 행하고 있는 당국'으로 간주하는 입장을 갖고 있다. 그러나, 동 정부의 시정이 북한에는 미치지 않고 있는 것도 사실이다. 그래서, 북한지역에 있는 재산 문제의 처리 등에 관해 일본 정부가 어떠한 태도를 취해야 하는가가 문제가 된다.
2. 생각할 수 있는 제1의 방법은, 대한민국 정부를 한반도 전역에 걸친 행정 당국으로 인정하는 방침을 취하면서도, 현실적으로 반도의 북쪽에 그 권력이 미치지 못함을 인정하여 재산 상의 문제에 관해 교섭하는 경우는 동 정부의 권력이 객관적으로 미치고 있는 지역에 관한 것만 하고, 그 권력이 공간적으로 확대해 갈 것이라는 정도로 응하여, 그 한도 내에서 문제를 처리하는 방법을 취하는 것이다.
3. 그러나 만약 현재 객관적으로 대한민국 정부의 권력이 미치지 않는 지역에 대해서도 그 지역에 있는 일본재산 문제 등의 처리를, 예를 들어 지면상에 지나지 않더라도 해결하고자 한다면 다음 방법을 생각하지 않으면 안 된다.
   가. 우리나라로서는, 조선(한반도)의 적법 정부로 인정하는 대한민국 정부에 대한 교전 단체로서의 지위를 북한 정권, 즉 '조선민주주의 인민공화국' 정부에 대해 인정하고, 북한을 한반도 북쪽에서 일본재산 등의 문제 처리에 관한 교섭 상대로 하는 것을 생각할 수 있다. 그러나 이 방법은 동시에 우리나라가 남·북한 간의 전투를 국제법상의 전쟁과 같은 형태로 생각하여 우리나라가 전시 중립의 의무를 부담하는 것을 인정한다는 의미다. 이렇게 한다면, 우리나라가 국제연합에 대한 협력의 명분으로 대한민국 측의 군사행동에 협력하고 있는 실정으로 볼 때 부적당할 뿐만 아니라, (대일강화) 조약 발효 후는 조약 제5조에 있는 국제연합 협력이 일본의 의무가 되므로 부조리가 된다.

따라서 적어도 우리나라 입장에서 볼 때는, 북한에 있는 '조선민주주의인민공화국'이라고 하는 정권은 단순히 '지방적 사실상의 정부'이며, 그 정부의 대한민국 정부에 대한 관계는 정통 정부에 대해 항전하고 전국적 정부의 수립을 목표로 하는 '반란 상태'에 있는 지방 정치 단체로서, 교전 단체 이전의 것이라고 생각할 수 있다.

나. 교전 단체로서의 승인을 부여하지 않고 편의상 기술적 문제의 처리를 위해 사절을 보내 교섭하는 방법㈜도 생각해 볼 수 있다. 그러나 이 방법도 한반도의 현상에서 볼 때 현실성이 있는 안이 되지는 않는다.

(주) 스페인 내란 시 영국 정부는, 1937년에 프랑코 정권에 대해 교전 단체로서의 승인의 의미조차 포함시키는 것을 부정하면서, 재류민의 보호 또는 경제상의 이익 옹호를 위해 프랑코 정권과 사절 교환의 편의 조치를 강구했다.

다. 대한민국의 권력이 미치지 않는 지역에 대해서까지 문제를 지면으로 해결하고자 한다면 결론으로, 일본은 다음 라인 이외는 생각할 수 없다.

1) 전기와 같이 대한민국 정부를 조선(한반도) 전역에 걸쳐 제4조에서의 행정당국으로 간주하고, 대한민국 정부가 주장하는 대로 북한지역이라 해도 대한민국 정부의 관할 하 지역이며, 북한지역 주민도 따라서 대한민국 내의 주민이라고 하는 것을 인정한다.

2) 가) 북한 정권은 그 존재를 무시하는 것이 되므로, 북한 정권 자체에 관계되는 재산 상 문제라고 하는 것은 생각할 수 없다.

나) 북한지역 주민의 재산으로 일본에서 처리해야 하는 것들과 북한지역 주민의 일본 정부 또는 일본 국민에 대한 청구권 처리에 관해서는 대한민국 정부가 그 교섭의 상대방으로서의 책임을 지도록 한다.

다) 북한지역에 있는 일본 국유재산은, 대한민국 정부에 인계하는 것으로 한다. 그것을 유상으로 할 것인가, 무상으로 할 것인가는 남한지역의 일본 국유재산 취급에 따른다.

라) 일본 국민의 북한지역에 있는 사유재산 일반에 관해서는 남한지역의 것과 같이, 예를 들어 실제 반환은 기대할 수 없더라도 당해 재산 또는 그 매매금에 대한 일본 측 청구권을 주장하는 입장을 취하고, 일본 국민의

북한지역 주민에 대한 청구권과 함께 한국 측에 대해 일본 측이 빌려주는 것으로 생각하여 대한민국 정부가 그 교섭의 상대방으로서의 책임을 지도록 한다.

（未定稿）

北鮮地域関係の問題をどう取扱うか

（二六、一一、八条、法）

一、現在わが国は、大韓民国政府をもつて朝鮮の正統政府と認め、同政府を朝鮮半島全域にわたつて、平和条約第四条に所謂「行政を行つている当局」であると見なす立場をとつている。しかし、同政府の施政が、北朝鮮に域及んでいないことも事実である。そこで、北鮮地区にある財産の問題の処理などにつき、日本政府として、いかなる態度をとるべきかが問題となる。

二、考えられる第一の方法は、大韓民国政府をもつて朝鮮半島全域にわたる行政当局と認める建前をとりつつも、現実に半島の北半にその権力が及んでいない事実をも認めて、財産上の問題について交渉するにあたつては、同政府の権力の客観的に及んでいる地域についてのみ、その権力の空間的に拡大してゆくであろう程度に応じて、その限度内で、問題を処理する方法をとる

外務省

ことである。

三 しかし、もし現在、客観的に大韓民国政府の権力の及んでいない地域についても、その地域にある日本財産の問題などの処理を、たとえ紙面上にすぎなくとも、解決しようとすれば次の方法を考えなければならない。

(一)わが国としては、朝鮮の適法政府と認める大韓民国政府に対する交戦団体としての地位を、北鮮政権即ち「朝鮮民主人民共和国」政府について認め、これを朝鮮北半における日本財産などの問題の処理の交渉相手とすることも考えられる。しかし、これは同時に、わが国が南北鮮の戦闘を国際法上の戦争と同じ様に考え、わが国として戦時中立国の義務を負うことを認めることを意味する。これでは、わが国が国際連合への協力の建前で大韓民国側の軍事行動に協力している実情よりして不適当であるのみならず、条約発行後は、条約第五条

外務省

に掲げる国連協力が日本としての義務となるから、不条理となる。

従つて、少くともわが国より見れば、北鮮にある「朝鮮民主人民共和国」という政権は単なる「地方的事実上の政府」であり、その大韓民国政府に対する関係は、正統政府に対して抗戦し、全国的政府の樹立を目標とする「叛乱状態」にある地方政治団体であつて、交戦団体以前のものであると考えられる。

(二) 交戦団体としての承認を与えず便宜上、技術的問題の処理のために使節を送つて交渉せしむる方法（注）も考えられる。しかし、これも朝鮮の現状よりして現実性ある案ではなかろう。

（注）スペイン内乱の際英国政府は、一九三七年においてフランコ政権に対し、交戦団体としての承認の意味さえも

外務省

含ませることを否定しつつ、在留民の保護又は経済上の利益擁護のために、フランコ政権との間に、使節交換の便宜措置を講じた。

(三)大韓民国の権力の及んでいない地域についてまで問題を紙面で解決させようとするならば結論として、日本として次のライン以外は考えられない。

(1)前記の如く大韓民国政府をもつて、朝鮮全域にわたつて第四条における行政当局と見なし、大韓民国政府が主張するとおりに、北鮮地区といえども大韓民国政府の管轄下の地域であり、北鮮地区の住民も、従つて、大韓民国内の住民であると認める。

(2)(イ)北鮮の政権はその存在を無視することになるから、北鮮政権自体に関係する財産上の問題というものは考えられない。

外務省

(ロ)北鮮地区の住民の財産で、日本国にあるものの処理、北鮮地区の住民の、日本政府又は日本国民に対する請求権の処理については大韓民国政府をもつて、その交渉の相手方としての責任をとらせる。

(ハ)北鮮地区にある日本国有財産は、大韓民国政府に継受されるものとする。それを有償とするか無償とするかは南鮮地区の日本国有財産の取扱に従う。

(ニ)日本国民の北鮮地区にある私有財産一般については、南鮮地区におけるものと同様、たとえ実際に返還は期待できないとしても当該財産又はその売得金に対する日本側の請求権を主張する立場をとり、日本国民の、北鮮地区の住民に対する請求権と共に、韓国側に対する日本側の貸方として考え、大韓民国政府をもつてその交渉の相手方としての責任をとらせる。

外務省

4. 日本國と大韓民國との間の友好條約草案(第二次案), 1952. 1. 12

日本外交文書 1835, 일곱 번째 문서

한국의 대일청구권에 북한을 포함하는 내용이 담긴 '일한우호조약' 두 번째 초안이다.

번역

일본국과 대한민국 간의 우호조약 초안 (제2차 안)

1952. 1. 12 아시아2과

일본국 및 한국은, 1951년 9월 8일에 샌프란시스코시에서 서명된 일본국과의 평화조약 규정에 따라, 양국 관계가 주권을 가지는 대등한 국가로서의 관계가 되었음에 기초하여 상호 상대 당사국의 정치적 독립과 영토 보전을 존중하고, 또한 양국 간에 항구적인 평화 및 견고하고 영속적인 우호 관계 및 경제 관계를 유지할 것을 결의하며,

또한 양국 간의 신 관계 발생에서 유래하는 각종 현안을 화협의 정신에 의하고 정의와 형평의 원칙에 따라 신속하게 해결하는 것이 전기(前記)의 목적에 기여하는 것임을 인정하면서,

이에 따라 이 우호조약을 체결하는 것을 결정하여,

그것을 위해 다음과 같이 자국의 전권위원을 임명했다.

일본국 정부

....

대한민국 정부

....

이들 전권위원은 그 전권위임장을 제시하고, 그것이 양호 타당한 것임을 인정하였으므로 다음 규정을 협정하였다.

제1조

일본국 및 대한민국은, 국제연합 헌장의 목적과 원칙에 따라, 또한 양국 간의 친근관계에 즉응하는 방법에 의해, 공통의 복지를 증진하고, 아울러 동아시아 및 세계의 평화 유지에 기여하기 위하여 우호적으로 협력한다.

제2조

일본국 및 대한민국은, 이 조약의 효력 발생 후 가능한 한 신속히 양국 간에 외교 및 영사 관계를 확립한다.

제3조

(a) 일본국 및 대한민국은, 무역, 해운 및 기타 통상 상의 관계를 안정되고 또한 우호적인 기초 위에 올리기 위해, 최혜국 대우 및 내국민 대우의 원칙에 일반적으로 기초하고 있는 통상항해조약을 체결할 목적을 가지고 가급적 신속하게 교섭에 들어간다.

(b) 당해 조약이 체결될 때까지 1951년 9월 8일 샌프란시스코시에서 서명된 일본국과의 평화조약의 최초 효력 발생 후 1년간 일본국 및 대한민국 간에 통상, 항해 관계는 다음 규정에 따르는 것으로 한다.

1) 어느 일방 당사국의 국민이, 다른 당사국의 영역에 입국하고, 체재하며, 여행하고 거주하는 것을 허가한다. 그렇지만 전기의 권리를 향유함에 있어서는, 일반적으로 외국인에 대하여 동일하게 적용되어야 하는 당해국의 법령 및 규칙에 따라야 한다.

2) 어느 일방 당사국, 그 국민, 산품 및 선박은, 다른 당사국에서 다음의 대우를 부여받는다.

i) 화물의 수입 및 수출에 대한, 또는, 이것과 관련된 관세, 과금, 제한 및 기타 규제에 관한 최혜국 대우, 자연인의 입국, 여행, 체재, 거주 및 출국에 관한 최혜국 대우

ii) 해운, 항해 및 수입품에 관한 내국민 대우, 자연인, 법인 및 이들의 이익에 관한 내국민 대우. 이 대우는, 세금의 부과 및 징수, 재판소에의 출소, 계약의 체결 및 이행, 재산권, 법인에의 참가 및 일반적으로 모든 종류의 사업 활동 및 직업 활동의 수행에 관한 모든 사항을 포함한다.

또한, 각 당사국의 국영기업의 국외에서의 매매가 상업적 고려에 기초하는 것을 확보한다.

(c) 이 조의 적용상 차별적 조치로, 그것을 적용하는 당국의 통상조약에 통상적으로 규정되어 있는 예외에 기초한 것, 그 당사국의 대외적 재정 상태 또는 국제 수지를 보호할 필요에 기초한 것 또는 중대한 안전상의 이익을 유지할 필요에 기초한 것은, 사태에 상응하면서, 바라는 대로 또는 불합리한 방법으로 적용되지 않는 한 각각 내국민대우 또는 최혜국 대우의 부여를 해하는 것으로는 인정하지 않는다.

제4조

일본국 및 대한민국은, 1945년 9월 2일 이전의 그 어느 시점부터인가 일본국에 계속해서 거주한 한국인의 국적의 결정에 관해, 각각의 국가가 취한 조치를 상호 승인한다.

제5조

일본국은, 전기 한국인에 대해 그 국적 변경부터 발생하는 과도적인 곤란을 경감하기 위해, 별도로 협정되는 것에 따라 과도적 조치를 강구하는 것을 고려한다.

제6조

일본국 및 대한민국은, 일본국 및 그 국민의 재산으로 대한민국에 있는 것 및 일본국 및 그 국민의 청구권(채권을 포함한다)으로 대한민국 및 그 국민에 대한 것의 처리 및 일본국에 있는 대한민국 및 그 국민의 청구권(채권을 포함한다)의 처리에 관해, 화협의 정신에 의해 그리고 정의와 형평의 원칙에 따라 신속하게 해결한다.

(주) 본 조에서의 대한민국에는 북한지역을 포함하는 것을 별도 의정서 적당한 방법에 의해 명백하게 해 둔다.

제7조

일본국 및 대한민국은, 이 조약의 효력 발생 후, 별도 동의한 가능한 한 빠른 시기에 양국 영역을 연결하는 일본국 소유의 해저전선에 관한 교섭을 개시한다.

제8조

일본국 및 대한민국은, 공해의 어업자원을 개발하는 각자의 권리에 비추어, 자유 그리고 평등한 방법에 의해 공해에서 어획의 규제 또는 제한 및 어업의 보존 및 발전을 규정하는 협정의 체결을 추진한다.

제9조

이 조약은, 체약국에 의해 각자의 헌법상 절차에 따라 비준되어야 한다. 비준서는, 가급적 신속하게 도쿄에서 교환하는 것으로 하고, 비준서 교환일부터 실시된다. 단, 1951년 9월 8일 샌프란시스코시에서 서명된 일본국과의 평화조약의 효력 발생일 이후로 한다.

이상의 증거로서, 아래 이름의 전권위원은, 이 조약에 서명했다.

1952년 월 일에 도쿄에서, 동등하게 정문인 일본어 본 및 한국어 본으로 본 서 2통을 작성했다.

極秘

23-21

日本国と大韓民国との間の友好条約草案（第二次案）

（昭二七、一、五）

アジア二課

日本国及び大韓民国は、千九百五十一年九月八日にサンフランシスコ市で署名された日本国との平和条約の規定によつて、両国の関係が主権を有する対等者の関係となつたことに基き、相互に他方当事国の政治的独立と領土保全を尊重し、且つ、両国間に恒久の平和及び堅固且つ永続的な友好関係及び経済関係を維持することを決意するので、

また、日本国及び大韓民国は、両国間の新関係発生に由来する各種の懸案を、和協の精神により、且つ、正義と衡平との原則に従つて迅速に解決することが、前記の目的に資する所以であることを認めるので、

よつて、日本国及び大韓民国は、この友好条約を締結することに決定し、

そのために次のとおり自国の全権委員を任命した。

日本国政府

、、、、、、、、

大韓民国政府

、、、、、、、、

これらの全権委員は、その全権委任状を示し、それが良好妥当であると認められた次の規定を協定した。

第一条

日本国及び大韓民国は、国際連合憲章の目的と原則に従い、且つ、両国間の親近関係に即応する方法によって、共通の福祉を増進し、更に、東亜及び世界の平和の維持に寄与するために友好的に協力する。

第二条

日本国及び大韓民国は、この条約の効力の発生の後なるべくすみやかに、両国間に外交及び領事関係を確立するものとする。

第三条

(a) 日本国及び大韓民国は、貿易、海運及び他の通商上の関係を安定した且つ友好的な基礎の上におくために、最恵国待遇及び内国民待遇の原則に一般的に基いている通商航海条約を締結する目的をもつて、なるべくすみやかに交渉にはいるものとする。

(b) 当該の条約が締結されるまで、千九百五十一年九月八日にサンフランシスコ市で署名された日本国との平和条約の最初の効力の発生の後一年間、日本国及び大韓民国の間の通商、航海関係は次の規定に従うものとする。

(1) いずれの一方の当事国の国民も、他方の当事国の領域に入り、滞在し、旅行し及び居住することを許される。もつとも前記の権利を享有するに当つては、一般にすべての外国人に対して等しく適用されるべき当該国の法令及び規則に従うものとする。

(2) いずれの一方の当事国、その国民、産品及び船舶も、他方の当事国において次の待遇を与えられる。

(i) 貨物の輸入及び輸出に対する、または、これに関連する関税、課金、制限及び他の規制に関する最恵国待遇、並びに自然人の入国、旅行、滞在、居住及び出国に関する最恵国待遇。

(ii) 海運、航海及び輸入品に関する内国民待遇、並びに自然人法人及びこれらのものの利益に関する内国民待遇。この待遇は、税金の賦課及び徴収、裁判所への出訴、契約の締結及び履行、財産権、法人への参加並びに一般にすべての種類の事業活動及び職業活動の遂行に関するすべての事項を含むものとする。

また、各当事国の国営企業の国外における売買が商業的考慮にのみ基くことを確保する。

(iii) この条の適用上、差別的措置であつて、それを適用する当事国の通商条約に通常規定されている例外に基くもの、その当事国の対外的の財政状態又は国際収支を保護する必要に基くもの又は重大な安全上の利益を維持する必要に基くものは、事態に相応しており、且つ、ほしいままな又は不合理な方法で適用されない限り、それぞれ内国民待遇又は最恵国待遇の許与を害するものとは認めない。

第四条

日本国及び大韓民国は、千九百四十五年九月二日以前のいずれかの時より日本国に引き続いて居住する朝鮮人の国籍の決定に関して、それぞれの国が採つた措置を相互に承認する。

第五条

日本国は、前記の朝鮮人に対し、その国籍変更より生ずることあるべき過度の困難を軽減するため、別に協定されるところに従い適当な過渡的措置を講ずることを考慮するものとする。

第六条（代案）

日本国及び大韓民国は、日本国及びその国民の財産で大韓民国にあるもの並びに日本国及びその国民の請求権（債権を含む。）で大韓民国及びその国民に対するものの処理並びに日本国にある大韓民国及びその国民の財産並びに日本国及びその国民に対する大韓民国及びその国民の請求権（債権を含む。）の処理について、和協の精神により、且つ、正義と衡平の原則に従つて迅速に解決するものとする。

（注）本条における大韓民国には北鮮地域を含むことを別に議定書等適当な方法によつて明らかにして置く。

第七条

日本国及び大韓民国は、この条約の効力発生の後、別に同意されたなるべくすみやかな時期において、両国の領域を結ぶ日本国所有の海底電線に関する交渉を開始するものとする。

第八条

日本国及び大韓民国は、公海の漁業資源を開発する各自の権利に照らし、自由且つ平等の立場において公海における漁獲の規制又は制限並に漁業の保存及び発展を規定する協定の締結をはかるものとする。

外務省

第八条

日本国及び大韓民国は、国際法及び国際慣習の原則に基く公海の漁業資源を開発する各自の権利に照らし、自由、且つ、平等の立場において、漁業の保存及び発展のために公海における漁猟の制限又は規制を規定する協定を締結する。

第九条

この条約は、締約国により各自の憲法上の手続に従つて批准されなければならない。批准書は、なるべくすみやかに東京で交換されるものとし、批准書交換の日より実施される。但し、千九百五十一年九月八日サンフランシスコ市において署名された日本国との平和条約の最初の効力発生の日以後とする。

以上の証拠として、下名の全権委員は、この条約に署名した。

千九百五十二年　月　日に東京で、ひとしく正文である日本語及び韓国語で本書二通を作成した。

公海における漁獲の規制又は制限並びに漁業の

5. 1. 代表の任命と會談への對策

日本外交文書 1125, 日韓國交正常化交渉の記錄, II. 第1次日韓會談と對日平和條約の發效

한국의 대일청구권 주장에 대항하는 전술적 차원에서 북한 소재 구 일본재산에 대한 소유권을 주장하는 방안이 포함된 일본 외무성의 1952. 2. 12.자 '일한회담 대처근본방침안'이다.

번역

일한회담 대처 근본방침안

외무성은 회담 시작 3일 전인 1952년 2월 12일 다음과 같은 '일한회담 대처 근본정책안'을 세우고 있었다.

첫째, 일한회담의 목표를 다음의 네 가지로 한다.

1. 평화조약의 의무를 충실히 수행하기 위해 한국의 독립을 승인하고 외교관계를 설정하며 평화조약 중에서 한국에 적용되는 여러 조항에 따른 사태에 대응하고 이를 우호적으로 처리하는 기본원칙 등을 내용으로 하는 우호조약을 체결한다.
2. 상기한 것 외에 구체적인 제목으로서는 우선,
   (가) 양국 및 양국 국민의 재산 및 청구권
   (나) 어업협정
   (다) 선박에 관한 현안

   이러한 세 가지 문제를 다루고 타결하도록 노력한다.
3. 회담은 양국 관계의 미래에 대한 기초공작이 되도록 해야 하고, 회담 과정에서 한반도 지역의 지리적 특수성을 감안해, 적어도 남한은 우리 일본과의 긴밀한 협력 없이는 생존의 기본 조건이 충족되지 않는다고 자연스럽게 한국 측에 인식시킬 것.
4. 한국 측의 이러한 인식 정도에 따라 우리 측은 태평양지역의 공동 안보 체제 형성 과정에서 양국의 협력 또는 합작 의지를 보일 것. 따라서 이 입장에서 볼 때도 앞으로 한국에 대해 경제협력을 아끼지 않을 것임을 깨닫게 하고, 이를 통해 우리 일본에 대한 신뢰감을 조성할 것.

둘째, 일한회담에서는 대체로 다음과 같은 방안에 의거한다.

1. 한국 정부가 대다수 한국인이 거주하고 있는 지역에 효과적인 지배권과 관할권을 소유하고 합법적으로 설립된 정부이며 유일한 합법 정부임을 인정하고, 상당한 행정 능력을 갖춘 것으로 간주하지만, 북한지역에 대해서는 지배권이 미치지 못

하는 현실의 사태를 경시하지 말 것.

2. 우리 측이 안을 제시할 수 있는 부분과 관련해서는, 가능한 한 회담의 벽두에 한 번에 이것을 전부 제기하여 선제 태세를 취할 것.
3. 우호조약은 그 내용이 외교 관계의 설정, 국적 확인 및 통상 상의 최혜국 대우 등 2-3개 문제 이외에는 대체로 추상적인 원칙의 규정이므로 우리에게 불리하지 않다는 점을 감안해 최대한 신속하게 타결짓도록 노력할 것.
4. 작년 가을 이후 별도로 진행되어 온 한인의 국적 및 처우 문제에 관해서는 당장 해결할 필요가 있기 때문에 본격적인 교섭의 시작(2월 15일) 이전에 타결되지 못할 경우에는 최종적인 마무리를 본 교섭으로 옮겨 가능한 한 서둘러 협정을 완성할 것.
5. 어업 교섭은 최선을 다해 논의한 다음 협정을 타결하길 희망하지만, 상대측의 성의를 얻어낼 수 없는 경우에는 평화조약 발효 후에, 또 우리 측 해상 경비태세 등이 정비가 갖춰지길 기다렸다가 해결한다는 마음가짐으로 대처할 것.
6. 재산권 및 청구권의 처리를 보면 궁극적으로 남한지역에 존재하는 국유·공유재산은 무상양도를 할 수밖에 없다. 사유재산 및 개인의 청구권에 관해서는 사유재산 존중의 원칙을 명분으로 내세워 맞서지만, 주한 미군정에 의해 처리된 것은 반대 요구를 할 수 없는 입장이라는 점도 각오해야 할 것. 그러나 이 경우에도 한국정부의 지배권이 영향을 미치지 않는 북한에 있는 우리 자산의 몫을 주장하고 상대방 청구권의 주장과 대결하도록 노력하여, 문제의 전면적인 해결은 장래를 기약할 것.
7. 선박 현안 처리의 대상은 주로 종전에 연합국 최고사령부가 내린 지령과 관련된 선박에 한정하고, 정부가 대선(代船)을 하여 이것을 한국 조선에 대한 우리 측 협력의 첫걸음이라는 명목으로 인도할 것.

   다만, 본 건의 타결은 가능한 한 다른 문제와 연관지어 우리 측 입장을 유리하게 이끌도록 할 것.
8. 상대측이 협력하는 성의를 보이지 않는 경우에는 구체적인 문제에 대한 협정은 일단 필요한 최소한의 것으로 한정하고 서서히 객관적 정세의 추이를 기다리는 태도로 대처할 것. 또한평화조약 발효 후 적당한 시기에 미국 정부와 기탄없는 협의를 한 다음에 한국에 대한 처리 방침을 개정할 것.

2-9

外務省は会談開始の3日前の2月12日、次の「日韓会談対処根本方針案」を立てていた。

GA-6 外務省

日韓会談処理基本方針

「第一、日韓会談の目的を左の四点に置く。

一、平和条約ノ義務を忠実に履行するため韓国の独立を承認して外交関係を設定し、韓人の国籍を確認す

外、平和条約中朝鮮に適用ある他の諸規定に基く諸懸案に処理し之を友好的に処理する基本原則等を内容とする友好条約を締結すること。

二、右の外、具体的細目としては差当り

(イ)両国及び両国民の財産及び請求権

(ロ)漁業協定

(ハ)船舶に付ての帰属

の三問題を採り上げ妥結に努めること。

三、会談は両国の関係の将来への基礎工作たるべく会談の過程において、朝鮮の地域の地理的特殊性に鑑み、少くとも朝鮮は我が国との緊密な協力なくしては生存の基礎条件を欠く所以のものを自然に韓国側に認識せしむること。

四、韓国側の右認識の程度に応じ、我が方は太平洋地域の共同安全保障体制形成の過程における両国の協力又は合作の場を有すること。従って、この立場からも将来韓国に対し経済協力を営むものに非ざることを覚らしめ、以って我が国に対する信頼感を醸成すること。

第二、日韓会談においては概ね左の方策に據る。

一、韓国政府が大多数の韓人の居住している部分に対し効果的な支配権と管轄権を有する合法的に成立された政府であり唯一の合法政府であることを認め且つ相当の行政能力ありと見做すが前記に北鮮地域に対しては支配権が及ばぬ現実の事態は之を軽視せぬこと。

二、我が方より案を提示し得る題目にあっては、出来得る限り会議の劈頭に近き時期に全部之を提案し、先制の態勢をとること。

三、友好条約は、その内容が外交関係の設定、国籍の離脱及び通商上の最恵国待遇等二三の問題以外は概ね抽象的原則の規定であつて我が方に不利ではない点にも鑑み、極力[illegible]か速かな妥結に努めること。

四、昨秋来別途進行中なる韓人の国籍及び処遇問題に付ては当面解決の望があるから、本交渉開始（一二月十五日）以前に妥結せざる場合は之が最後的仕上げを本交渉に移し成るべく早く協定を完成すること。

五、漁業交渉は最善を尽して話合いの協定妥結を見るか、先方の誠意の期すべきもののなき場合は平和条約発効後の時期において、我が方海上警備態勢の整備の緒につくを俟って解決を期する肚にて対処すること。

六、財産及び請求権の処理に関しては、外国において、韓国地区所在の国有、公有財産は無償譲渡はやむを得ざるべく、また私有財産及び私人の請求権については私有財産尊重の原則を楯に斗うが、在韓アメリカ軍政処理済のものは反対要求をすることが出来ぬ立場に付ても覚悟を決めておくこと。但し、この場合においても韓国政府の支配権の及ばざる北鮮に所在した我が方財産取り分の主張を以つて先方請求権の主張と対抗せしむるに努め、問題の全面的解決は将来に期すること。

七、船舶、漁船処理の対象は主として従前連合国最高司令部指令の指令に依る船舶に止め代船を政府が買上げ、之を韓国政府への渡が協力の第一歩たるの名目にて引渡すこと。但し本件の妥結になるべく他の問題と牽連せしめ我方立場を有利に導くものとすること。

八、先方の態度に協力の誠意なき場合は、具体的問題に付ての協定は差当り必要なる最少限度に止め、徐々に客観的情勢の推移を俟つの態度を以って対処すること。平和条約発効後適当の時機にアメリカ政府と腹蔵なき協議を遂げたる上にて対韓処理方針を改訂すること。

（以上）

6. 구 일본 및 일본인 재산처리에 관한 군정법령 및 대일강화조약 중 의의 해명에 관한 건(청구권 조항 해석에 관한 1952. 4. 29 미 국무부 회한 송부의 건), 1952. 5. 6

한국 외교문서 86, 제1차 한일회담 청구권분과위원회 회의록, 제1-8차, 1952. 2. 20-4. 1

샌프란시스코 대일강화조약 제4조에 관한 미 국무부의 해석이 담긴 앨리슨 차관보의 양유찬 주미대사 앞 서한이다.

이 서한에서 미 국무부는 "한국 내에 있는 일본과 일본 국민의 재산은 모두 박탈되었다"는 해석을 제시하였다.

번역

미 국무부 앨리슨 차관보의 양유찬 대사 앞 서한

1952년 4월 29일

각하,

본인은, 각하께서 대일강화조약 제4조의 효력과 재한일본 및 일본인 재산에 관한 미군정의 지령에 관한 미국 측의 공식 해석을 요청한 1952년 3월 25일 자 각하의 서한을 잘 받았음을 확인하는 영광을 가집니다.

미국은 일본과의 강화조약 제4조 b)항, 재한 미 군정청의 관련 지령과 조례 등에 의해 한국 내에 있는 일본과 일본 국민의 재산의 모든 권리, 소유권 및 이해 관계는 박탈되었다는 견해를 가지고 있습니다. 따라서 미국은 그러한 재산에 대한 청구권 또는 그 재산에 관한 이해 관계는 일본에 의해 주장될 수 없다는 의견입니다. 그러나 일본이 조약 제4조 b)항에서 유효하다고 인정한 그 재산의 처분은 조약 제4조 a)항에서 상정하고 있는 협정에서의 고려사항과 관련이 있다고 봅니다.

본인이 각하에 대해 최대한의 배려를 하고 있음을 다시 한번 확인하고자 합니다.

국무장관을 대신하여

/서명/ 존 엠 앨리슨

양유찬 박사 각하
한국 대사
워싱턴 D.C.

694.95/3-2552

C
O
P
Y

April 29, 1952

Excellency:

I have the honor to acknowledge the receipt of your note of March 25, 1952, in which you request an official United States interpretation of the effect of Article 4 of the Treaty with Japan, and the relevant directives of the United States Military Government with respect to the property of Japan and Japanese nationals in Korea.

The United States is of the opinion that by virtue of Article 4(b) of the Treaty of Peace with Japan and the relevant directives and acts of the United States Military Government in Korea all right, title and interest of Japan and of Japanese nationals in property within the jurisdiction of the Republic of Korea have been divested. Accordingly, in the opinion of the United States, valid claim to such assets or to an interest therein cannot be asserted by Japan. The disposition of such assets, which Japan has recognized as valid in Article 4(b) of the Treaty, is relevant, however, in the opinion of the United States, in the consideration of the arrangements contemplated by Article 4(b) of the Treaty.

Accept, Excellency, the renewed assurance of my highest consideration.

For the Secretary of State:

/s/ John M. Allison

His Excellency
Dr. You Chan Yang
Ambassador of Korea,
Washington, D. C.

694.95/3-2552

7. 제3차 한일회담 제2차 본회의 경과보고, 1953. 10. 13

한국 외교문서 95, 제3차 한일회담 본회의 회의록 및 1-3차 한일회담 결렬 경위, 1953. 10-12

1953년 10월 13일 개최된 제3차 한일회담 제2차 본회의 경과를 보고한 문서다.

이 회의에서 일본 측은 북한지역에 있는 구 일본재산의 관리 문제를 제기하였다.

韓日會談第二次本會議經過報告

一、時日 및 場所 檀紀四二八六年十月十三日(火) 自午前十時四十分至十一時五十五分
於日本外務省 第四一九号室

一、出席者、我側、金溶植、任哲鎬、柳泰夏、張暻根、洪璡基、
崔圭夏、李相德、李壬道、韓奎永、張潤傑、
韓麒鳳
日本側、久保田貫一郎、下田武三、鈴木政勝、小島太作、高橋覺、
大畑哲郎、竹內春海、木本三郎、清井正、永野正二

一、討議事項、
開会劈頭、我側金公使는「새로 我側代表団의 一員으로 參席하신
任哲鎬代表를 紹介합니다」고 말하며 人事가 끝난 다음、「이 全体會議
는 各委員会에서 討議한 結果 무슨 困難한 問題가 있으면、이를

大韓民國駐日代表部

調整하든가, 이会談은 全体的으로 討議하는것이 任務라고 生覺되나, 我側도 其側도 지난二週日間 各委員会에서 各代表들이 討議한 結果를 報告만 들은바에 依하며, 討議하여나가자고 提議하니 日本側은 이미 同意하였으므로 全公使는 大略 別紙 一、二(二는 漁業問題에 関하여 補充한것임)과같은 意見을 말하였음.

이에 対하여 日本側 久保田代表는 大略 다음과같이 말하였음.

「이会談에서 率直하게, 建設的으로 相互意見交換을 함으로서 両国의 懸案을 早速히 解決하자는데 対하여는 全然同感이다. 그러나 本人이 아는바에 依하면, 어떤 国家間의 国際会議는 対等한 立場에서 行하여져야 하는것이며, 어떤 一方的인 主張이든가, 希望만을 貫徹시켜서는 成功을 하지않는것이라고 生覺된다. 따라서 서로 議論을 徹底하게 하여서 妥協点을 発見하도록 하는것이 좋은것이라고 믿는다.

①、于先漁業問題에 関하여 말한다면、

㉮ 日本側은、韓國側에서 國際會議가 始作되기前에 一方的으로 李라인을 宣布하고、이를 强制執行하며 많은 漁船을 拿捕、裁判하고 있는 것은、漁族保護를 爲하여 双方이 討議決定하려는 漁業委員会의 開催에 앞서서 그 任務의 機先을 制하여 一方的으로 먼저 規定하며 그 規定(李라인 設定)을 承認하라고 하나、國際会議의 慣例에 不合理하다고 思料한다。

㉯ 韓國側에서는 所謂 李라인은 國際法上 또는 TRUMAN 宣言에 依拠한 것이라고 하나、

ⓐ TRUMAN 宣言은 領海의 擴張이 안인데 比하여 李라인은 韓國側에서 主權을 行使하며、自由航海까지 拿捕하는 事例로 보아서라도 主權行使라고 認定된다。

大韓民国駐日代表部

(2) TRUMAN 宣言은 他國의 利害關係를 尊重하며 그國家와 相議하여서 漁業資源保存措置를 取한다고 한데 比하여 李라인宣言은 全的 利害關係國과의 協議同意없이 一方的으로 그의 國內法을 外國漁船等에 適用한다는 것은 日本側으로서는 受諾할수없으며, 李라인은 오히려 中南美諸國의 宣言에 恰似하다고 思料되며, 國際法先例에 依한 것이라고 볼수없다.

(다) 韓國側은 對日平和條約第九條 및 第二十一條에 依하여 兩國間에 漁業協定을 한 것이 妥當한 것이며 이것은 双方의 充分한 科學的調査를 基礎로 비로서 規制가 必要한 問題라고 보며, 따라서 協定이 締結되기前에 李라인을 宣布한 것은 不當한 일이며, 協定締結前에 李라인을 넘어서 日本漁船이 從業하는 것은 當然한 權利라고 본다。또 日本側이 韓國近海漁業資源을

涸渴시킨다고하나、이것은韓國側의一方的主張이며、그事実如否를알수없다。日本側은오히려協定이締結될때까지의暫定的措置를取하기爲하여考慮한用意가있었다。

②請求權問題에関하여

(가) 日本側이從來主張하여오든이 日本은在韓日人財産에対하여請求權이있다는主張을撤回하지않는다。또梁大使가前般韓日會談의非公式會議에서日本側이在韓財産請求權을抛棄하면韓國側도対日財産請求權을抛棄할것이라고말하였다는것이誤解라고하나、一九五二年四月一日과十六日과通合三回에亘하여말한것으로理解한다。그러나、이것은公式記錄이아님으로 이상 다루지않겠다。

(나) 賠償權(RESTITUTION)問題

日本은 戰爭中 東南亞細亞諸國에서 掠奪을 한 것이든지, 破壞를 한데 對하여 賠償을 할려고 하고 있으나, 日本이 韓國에서 그런 일을 한 事實이 없으므 賠償할 것이 없다고 본다. 萬一 있다면 賠償할 것이다.

(다) 船舶返還問題

日本이 韓國에 船舶을 返還할려는 것은 先般에 日側代表가 말한 바와 같이 SCAP의 命令이 있었으므로 返還할려는 것이 아니며, 韓國의 經濟復興을 爲하여 返還할려는 것이다. 拿捕된 日本船舶을 卽時 返還하면 日本側은 前日에 松本首席代表가 말한 此數以上의 船舶을 早速히 返還하도록 現在에 建議하겠다. 또 此數가 不足하다고 하나, SCAP 命令에 依하여 返還한 것과 今後 返還할 것으로 合하면 相當數되니, 그렇게 不足한 것은 아니다.

(라) 財産請求權問題에 關한 日本側 質問

㉮ 梁大使는 在日財産의 八五%를 日本이 韓國에 請求한다고 말하는데, 이 八五%의 根據如何

㉯ 韓國의 主張에 依하면 美在韓軍政이 韓國政府에 在韓日人財産을 歸屬시킨 것이므로 日本은 在韓日人財産의 請求權이 없다고 하는데 美軍政이 韓國에 歸屬시킬 때에 美軍政도 그렇거니와 現在 韓國政府도 그 實際權限外에 있는 北韓에 있는 日本財産에 對하여서는 韓國側으로서 如何한 見解를 가지고 있는가

이 點을 明白히 해주기 바란다

(마) 國籍處遇問題

現在 大村收容所에 있는 韓人을 日本側도 韓國側도 韓國人이라고 看做하고 있는 故로 送還시킬려고 하였는데 韓國側에서 要求하지 않어서 못보내고 있어 遺憾될 뿐이다. 이 問題는 國籍處遇委員

大韓民國駐日代表部

會에서 繼続討議하기로 하였다.

바) 基本關係問題

韓國側에서는 犯罪人引渡에 關한 問題를 解決할 것을 主張하였으나, 이 問題는 此会議와는 다른 問題이며, 또 時間을 要하는 問題이므로, 此會議에서 取扱하면 이 會議를 遷延시킬 憂慮가 있으니, 此會議에서는 討議할 수 없다고 본다.

以上 大略 各問題別로 其 向의 各分科委員会로부터의 報告에 依하여 金代表의 發言에 參하였다. 日本側으로서는 此会議가 前述에 對하여 悲観하지 않으며, 따라서 相互努力하여 互讓의 길을 밟어주기 바란다.

이에 對하여 我側 金公使는 大略 다음과 같이 反論하였음.

「이 韓日会談에서 迅速히 建設的으로 相互意見交換을 하여서 早速히 解決하자는 데 對하여 同意를 하니 기쁘다.

(1) 漁業問題에 關하여

(가) 貴側에서는 我國政府가 韓日會談 開催前에 李라인을 宣布하여서 漁業問題에 關하여 一方的으로 規定하여 國際會議에 先例에 어그러지는 일을 하였다고 主張하나, 韓日會談의 經由를 보건데 韓國側은 一九五一年 十月二十日 會談開催(SCAP時代, 對日講和條約署名後) 時에 漁業問題를 包含한 韓日間의 모든 問題解決을 爲한 討議를 提議하였는데 日本側은 準備가 없다는 理由로 이를 拒否하였으므로 不得已 韓國沿岸漁族保護를 爲하여 韓國만이 保存措置를 取하였고, 또 韓國內에 根據地를 둔 漁船만이 開發하였기 때문에 一九五二年 一月十八日에 李라인을 宣布한 것임.

(나) 李라인이 主權行使라고 日本側은 非難하나, 이는 宣言文中 四項에 明示된 바와 如히 航行의 自由를 保障하고 있으며, 宣言은 漁族保

大韓民國駐日代表部

護를 主目的으로 한 것이나, 트루-만 宣言과 그 精神이 꼭 같은 것이라

(다) 또 이 宣言은 沿岸國이 沿岸에서의 無制限한 漁業을 容認함으로써 發生되는 紛爭의 防止를 하는데에도 貢獻할 것이라

(라) 李라인 宣言은 韓國周辺의 漁業을 韓國만이 開発하였고, 韓國만이 保存措置를 하여온 까닭으로 宣布한 것이므로 트루-만 宣言의 "利害關係가 美國만에 있는 境遇에는 美國이 一方的으로 必要한 措置를 取한다는 趣旨와 다름 없는 것이라

(마) 이 宣言은 魚族保存을 為한 管轄權을 設定한 것이지 領海의 擴張이 아님을 거듭 말하여 둔다.

② 財産請求權問題

(가) 梁大使가 第一日本側이 在韓日人財産의 請求權을 抛棄하면 韓國側은 韓國의 在日財産에 對한 請求權을 抛棄할 것이라고

말하였다는것은 어ㄴ데까지나 日本側의 誤解인것이다. 日本이 在韓日人의 財産에 対한 何等의 請求權이 없다고 我側에서 말한것은 벌서 数十回 나되니 거듭 말할 必要가 없다

(나) ⓐ 北韓에 있는 日人財産問題.

我側立서는 UN의 決議文에 있는 바와같이 大韓民國만이 韓半島에서의 唯一合法的政府이며. 따라서 北韓은 大韓民國의 一部이며. 南北統一은 곧 大韓民國이 잃었든 北韓領土를 回復하는것인 故로, 勿論 北韓自体가 우리의 것일뿐 아니라 在北韓日人財産도 我国의 것이다.

ⓑ 韓國에 있는 全財産의 八五%를 日本或은 日本人이 所有하고 있었었다는 梁大使의 発言은 正確한것이며. 最少限度 日人은 右 八五% 以上을 가지고 있었든것이다。

大韓民國駐日代表部

(3) 船舶返還問題

我側으로서는 船舶返還은 純全히 SCAP/N에 依據한 問題라고 生覺하므로 萬一 船舶返還이 純全히 日本側에서 我國의 經濟復興을 爲하여 返還하는 것이라고 한다면 船舶返還問題와는 別途의 問題가 된다고 보며 또 我側으로서는, 어데까지나 SCAP/N의 依한 船舶返還請求를 할 權限이 있다. 또 日本이 임이 返還할 遭遭船舶이 있다고 하는 것은 海難을 當한 船舶의 返還을 가르키는 것으로 本件 船舶返還問題와는 別個이고 如何間 早速히 모든 問題를 解決하기를 바란다.

이에 對하여 日本側 久保田代表는 此問題는 委員會에 마끼고 重要한 것만 말한다고 하며, 다시 反復하여

「①李라인 內에는 航海의 自由가 없는 것은 十月六日에 東支那海에서 漁撈

하고 帰路에 李라인 內에서 拿捕당한 日本漁船의 例로 보아도 안다. 또 紛争防止策으로 李라인을 宣布하였다고 하나, 이것은 双方이 協議하여 決定지어야 할 問題이지 一方的으로 國際法에 違反되는 宣言으로서 되는 것이 안이란.

② 日政은 서로의 論韓國이 南北이 分裂되어 있는 것을 遺憾으로 녀기고 또 南北統一을 達成할 것을 希望하고 있으나, 비록 南北이 統一된 날이 올지라도, 三八線以北에는 美軍政法令第三十三号가 適用되지 않는 것을 考慮하여 在北韓日人財産에 関한 問題가 依然 남는 것으로 안다. 또 UN의 決議의 趣旨는 大韓民國은 UN韓國委員会의 監視下에서 選挙가 実施된 地域에 있어서의 唯一한 合法政府라는 것을 말함이라고 生覚한다.

本人으로 早速処理를 希望한다」고 발언하였음.

大韓民國駐日代表部

我側全代表는 「反復하여 말하는 것이 되나, UN決議는 韓半島에서 大韓民國政府가 唯一合法政府라고 하였으니 北韓에 關한 모든 權限은 우리 政府가 갖고 있는 것이며, 美軍政法令第三三号는 在韓 모-든 日人財産에 關한 措置의 根本原理에서 나온 것이라, 李라인은 TRUMAN宣言의 前項에서 말한 1個國만이 利害關係國인 境遇 一方的으로 魚族保存에 必要한 措置를 取한다는 原理와 原則과 符合되는 것이라」

一、次回會議는 火曜日午前十時半에 開催키로 함.

8. 事要錄, 1953. 10. 13
日本外交文書 169, 두 번째 문서

1953년 10월 13일 개최된 제3차 한일회담 제2차 본회의 일본 측 회의록이다.

번역

일한교섭 제2회 본회의 의사요록

아시아국 제2과 1953. 10. 13

1. 일시 및 장소 1953년 10월 13일 오전 10시 45분부터 11시 55분까지, 외무성 419호실

2. 참석자

일본 측 지난 회의와 동일

한국 측 임철호 외교위원, 한규영 서기관이 새로이 참석하였고, 장사홍 서기관은 결석, 나머지는 지난 회의와 동일

3. 의사 개요

가. 김(용식) 대표의 임철호 위원 소개가 있은 후, 토의에 들어가 구보타 대표가 의사진행에 관해 한국 측 의견을 구하자, 한국 측은 본 회의의 임무가 각 위원회의 곤란함을 조정함에 있다고 답했으며, 구보타 대표의 의견에 따라, 아직 위원회 내에서 곤란을 조정할 정도로 토의가 진행되지 않았으므로 오늘은 쌍방 대표가 각각의 위원회 참석자로부터 보고를 받는 것을 기초로 의견 교환을 하는 것으로 되었다.

나. 우선 김 대표는, 다섯 개의 위원회 토의는 현재까지 별로 진전이 없으나, 조기 타결을 바란다, 일본 측 신문에 교섭 분위기를 해하는 파괴적인 비평이 있는 것은 유감이다, 곤란을 타개하고 신속한 해결에 이르기 위해서 솔직하게 이야기하고 싶다고 전제한 뒤, 문서로 전달한 다섯 개 현안에 대한 한국 측 견해를 다음과 같이 말했다.

1) 청구권 문제는 가장 중요한 문제이며, 한국 측은 앞에서도 말했듯이 일본의 청구권을 인정할 수 없다. 일본에 청구권이 없는 것은 국무성 서한에 나와 있다. 일본이 그 주장을 견지한다면, 그것은 한국 국민감정을 자극하는 것만이 된다. 일본은 위원회에서 (한국의 대일청구권과 일본의 대한청구권) 상쇄를 시사했으나, 존재하지 않는 일본의 청구권과 상쇄하는 것은 불가능하다. 일본은 그러한 시사와 관련하여 양 대사의 이야기를 인용하였으나, 이것은 양 대

사 발언에 대한 오해에 기초하는 것이다. 일본의 청구권과 한국의 청구권은 거래의 대상이 되지 않는다. 한국의 주장은 배상이 아닌 반환(restitution)이다. 일본은 진심으로 한국에 반환할 어떠한 것도 없다고 생각하는가.

2) 선박 문제에 관해서는 일본의 재고를 바란다. 이 문제는 장기에 걸쳐 논의되어 왔지만, 가장 간단한 문제이며, 일본에 정말로 해결할 의지가 있는지 의심하지 않을 수 없다. SCAPIN에 나와 있는 바와 같이 일본은 한국에 선박을 반환해야 한다. 이 문제가 타결되면 다른 현안 교섭에도 좋은 영향을 줄 것으로 생각한다.

3) 어업 문제에 관해서는, 한국이 설정한 수역은 어업 자원 보호와 분쟁 방지를 위한 것으로, 이것을 무시하고 일본이 거대한 어선단을 계속해서 출어시킨다면 본 교섭의 의의는 상실되는 것이다. 이 문제 해결의 유일한 방법은 필요한 보존 조치를 강구하는 것이며, 샌프란시스코 평화조약 제9조 및 제21조는 어업 보호의 권리와 의무에 기초한 협정의 체결을 규정하고 있으므로 이 점에 있어서 공해 자유는 존재하지 않는다. 한국이 설정한 관할권은 트루만 선언 기타에 의해 국제법상으로도 확립된 관할권이다.

4) 국적 처우 문제와 관련해서, 현재 오무라 수용소에는 2년 이상 수용되어 있는 사람도 있으므로 즉시 석방을 희망한다.

이상 이야기한 것은, 전 문제의 신속한 해결을 기원하는 것에 다름 아니다.

다. 이에 대해 구보타 대표는 현안의 조기 해결을 위해 솔직하게 협의하는 것에 대해서는 동감이라고 한 뒤, 국제회의에서는 대등한 입장에서 협의해야 하므로 일방적 주장이나 희망을 강압적인 투로 말해서는 해결이 불가능하다고 전제하면서 다섯 현안에 대한 일본 측 입장을 다음과 같이 분명히 했다.

1) 어업 문제에 관해서는, 한국 측은 회담 개최 전에 이 라인을 일방적으로 선언하고 일본 어선을 나포하여 재판에 넘기고 있으나 이것은 대등한 것이 아니다.

이 라인은 트루만 선언과 달리 영해의 확장이다. 또한 트루만 선언은 어족의 보호에도 관계국의 이해를 고려하고 있으나 이 선언은 그것이 없다.

이 라인은, 미국 정부로부터도 항의를 받은 남미 제국의 조치와 유사한 것이며, 국제적으로 승인받은 것이라고는 말하기 어렵다. 어족 보호 조치라고 하더라도 그것은 일·미·카 조약과 같이 쌍방의 주장을 반영하고, 과학적 근거에 기초하며, 관계국의 협의 위에 진행되어야 하는 것이다. 그러한 협의 전에 일방적으로 주장을 강행하는 것은 국제법 위반이다.

이 협의 전에 일본 어선이 출어하는 것은 당연한 권리다. 또한 일본 어선이 자원을 고갈시킨다고 하나 과학적 조사에 의한 것이 아니면 승복하기 어렵다. 다만, 일본 측으로서는 그전에도 잠정적 조치에 관해 협의할 용의가 있다.

2) 청구권 문제에 관해서는, 일본 측은 현재 종래의 재한 재산에 대한 주장을 포기하지 않고 있다.

양 대사가 언명한 것은, 일본 측 기록에 의하면 두세 차례에 걸쳐 말한 것으로, 일본 측의 창작이 아니다. 아니 땐 굴뚝에 연기가 나겠느냐는 생각이지만, 합의의사록이 아니므로 깊숙하게 추궁하지 않겠다. 위원회에서 일본 측은 양 대사 발언의 의미를 물었을 뿐이며 상호 포기를 제안한 것은 아니다.

한국 측은 반환 운운하였는데, 일본에는 한국에 대해 반환 문제를 유발하는 약탈 재산은 없다.

한편, 이 상황에서 다음 두가지 점에 대해 한국 측이 질문하고 싶다.

a) 일본의 재한재산이 한국 총재산의 85%라고 하는 한국 측 주장의 근거는 무엇인가.

b) 한국의 주장은 재한 미 군정부의 일본재산 접수 명령에 기초한 것이라고 듣고 있는데, 미군 정부의 관할 밖에 있는 재북한 일본재산에 관해서는 장래 북한이 한국의 관할하에 들어올 때 어떻게 할 것인가.

3) 선박 문제에 관해서는, 일본 측은 총사령부 지령과는 별도로 약간의 선박을 증여하여 선박 문제 전부를 해결하고 싶다. 작년 제시한 리스트 이외에 다소의 추가도 고려하고 있는 것은 작년 회담에서 말한 대로다. 다만, 한국 측이 나포한 선박은 반환하기 바란다. 현재와 같이 어선이 나포된 채로 선박을 증여하는 것은 국민감정 상 곤란하다.

증여할 선박이 적다고 하는데, 총사령부 시대에 이미 인도한 선박도 있으므로 한국 측의 주장과 큰 차이는 없다.

4) 국적 처우 문제에 관해서는, 오무라 수용소에 수용되어 있는 사람의 문제는 법무성의 출입국 관리국과 이야기하기 바란다.

5) 기본 관계는, 범죄인 인도 문제는 우리의 임무 외의 문제이며, 외교관계가 설정되고 난 후에 교섭하는 것이 적당하다. 현재 이 문제를 거론하는 것은 회의를 지연시킬 우려가 있다.

이상 각 현안에 관해 쌍방의 견해에는 차이가 있으므로 상호 양보할 필요가 있으며, 교섭의 전도에 관해서는 비관하지 않는다고 말했다.

라. 김 대표는, 현안의 신속한 해결 필요에 관해 일본 측의 찬의를 얻은 것은 기쁜 일이라고 하고, 그러기 위해서는 위원회를 빈번히 개최할 필요가 있다고 응답한 후, 문제의 제 점에 관해 재차 다음과 같은 의견을 진술했다.

1) 어업 문제에 관해서는, 일본 측은 한국 측이 일방적으로 어업 수역을 설정했다고 주장하나, 재작년 10월 12일 한국 측이 어업 문제에 관해 교섭 개시를 제의했을 때, 일본 측은 준비가 되지 않았다는 이유로 거절하였다. 이 선언은 그 후인 1952년 1월 18일에 이루어진 것이다. 선언 제4항에는 공해의 자유 항행에 간섭하지 않는다고 되어 있다. 이 선언은 어업 자원의 보호를 목적으로 하는 것이며 근본적인 아이디어는 트루만 선언과 동일하다. 일본 측이 이것을 보고 영해 확장이라고 하는 것은 오해다. 이 선언의 다른 또 하나의 목적은 평화와 분쟁 방지다. 무제한적인 자유 경쟁은 분쟁을 초래한다. 일본 어선단은 방대하여 자원이 파괴되므로 한국이 이 수역을 설정했으며, 이것은 영해의 확장은 아니다.

2) 청구권 문제에 관해서는, 일본 측이 양 대사의 언명 운운을 반복하고 있으나, 오해에 기초한 것이며 양 대사는 그렇게 이야기하지 않았다.

한국 측이 주장하고 있는 것은 배상이 아니라 반환이다, 그 점은 한국 측이 제출한 항목을 보면 알 수 있을 것이다. 그렇게 하는데도 일본은 한국에 돌려줄 것이 아무것도 없다고 생각하는가.

두 번째 질문에 관해서는, 북한은 1945년 이래 분리되어 있지만 한국 영토의 일부다. 그것은 한국을 한반도에서 유일한 합법 정부로 인정한 유엔 결의에도 나타나 있다. 그 통일 회복은 우리의 희망이다.

첫 번째 질문에 관해서는, 양 대사가 샌프란시스코에서 말한 85% 운운은, 우리 모두가 알고 있는(we know) 것으로, 재한 원 일본재산은 적어도 85%이다. 만약에 일본이 이 주장을 고집한다면 한국 국민감정을 자극하는 결과가 될 것이다. 여하튼 한국은 일본의 주장을 용인할 수 없다. 일본은 정말로 이 재산을 가지고 갈 의향인가.

3) 선박 문제에 관해서는, 일본은 총사령부 시대에 상당한 수를 인도했다고 주장하고 있는데, 한국의 주장은 SCAPIN에 기초한 것으로 SCAPIN은 일본 측 주장과 다르다. 한국은 어떠한 선박도 받지 않았다.

한편, 이상의 문제에 관해서는 위원회를 보다 빈번히 개최할 것을 제의한다.

마. 이에 대해 구보나 대표는, 위원회를 빈번히 개최하는 것은 찬성이다, 김 대표의 발언 상세에 관해서는 이것을 위원회에 넘기길 원하며, 중요한 것 몇 가지를 이야기하고자 한다고 전제한 뒤,

1) 이 라인에 관해서는 여전히 이해할 수 없다. 영해 확장이 아니라고 부정하나, 트루만 선언에는 주권이라고 하는 단어를 사용하고 있지 않은데 이 선언은 주권이라는 단어를 사용하고 있으며, 또한 현재 취하고 있는 조치를 보면 영해 확장이라고밖에는 생각할 수 없다. 이번 달 6일에 지나해에 출어한 일본 어선이 귀도에 이 라인을 침범하여 나포되었으며 항행의 자유도 지켜지지 않고 있다. 분쟁 방지를 위한 것이라고 해도 여하튼 협의를 통해 행해야 할 것이며 일방적 조치는 유감이다.

2) 청구권에 관해서는, 한국의 북한 통일 요망은 알고 있으나, 그렇다고 해서 미군 정부가 권력을 행사하고 있었던 것은 남한이라는 사실은 변하지 않는다. 유엔 결의에는, 한국에 트집을 잡으려 하는 것은 아니지만, 유엔한국위원회의 감시하에 선거가 행해진 지역에서 유일한 정부 운운하는 단어가 있다. 또한 북한이 한국 영토라고 하더라도, 북한에 있었던 재산은 별개의 문제다.

기타 문제에 관해서는, 위원회에서 토의하는 것으로 하고 싶다. 위원회를 빈번히 개최하는 것에는 찬성하지만, 실무적으로 제약이 있다고 생각한다.

바. 김 대표는 이에, 유엔 결의는 한반도에서 유일한 합법 정부(only legal government in Korea)라고 인정하고 있으며, 북한은 한국의 일부라고 강조한 뒤, 어업 수역에

관해서는, 트루만 선언에도 두 개의 수역이 있는데 하나는 협정을 요하며 또 하나는 일방적인 것으로 보존 수역에는 일방적 관할권을 주장하고 있다. 한국의 주장은 이 보존 원칙에 따른 것이며 트루만 선언과 다른 것이 없다. 청구권에 관해서는, 법령 제33호는 지도 원칙이다. 미군 정부의 관할은 38도선 이남이어도 명령은 재산처리의 지도 원리를 나타내는 것이므로 북한에 있는 재산도 동일하게 처리되어야 한다라고 답했다.

사. 구보타 대표가 반복해서, 한국이 유일 합법 정부인 것에는 의문이 없으나 힘이 미치는 범위에 관해서는 유엔 결의는, "having effective control and jurisdiction over that part of Korea where the Temporary Commission was able to observe…"(임시위원회가 관찰할 수 있는 한반도의 지역에 대한 효과적인 통제와 관할권을 가지며…) 라고 하고 있다. 북한은 한국의 실력이 미치지 않는 범위이다. 또한 법령 제33호는 군정부의 권한 외의 것은 언급하기 않고 있다고 생각된다. 이 라인은 트루만 선언의 보존 조치와 동일하다고 하나, 이 조치는 이해 관계국이 없는 경우의 것으로 일본의 경우는 제2항이 적용되어야 한다. 한편, 한국이 현재 이 라인으로 시행하고 있는 것은 영해가 아니면 할 수 없는 것이 아닌가. 구체적인 것은 위원회에서 토의하기를 원한다라고 하면서 반박했다.

아. 김 대표는 쌍방의 의견에는 커다란 차가 있으므로 회합을 더 해 나갈 필요가 있다는 정도로 하고, 많은 이야기는 하지 않았다.

자. 구보타 대표는, 회합을 늘리는 것도, 요원과 회의장의 크기에 제약을 받는 사정이 있다고 하고, 모레(15일) 오전에 청구권위원회를, 필요하면 오후에 선박위원회를 개최할 것을 약속하고 산회했다.

日韓交渉第二回本会議議事要録

アジア局第二課
昭和二八、一〇、一三

一、日時及び場所　一九五三年十月十三日午前十時四十五分から十一時五十五分まで、外務省四一九号室にて

二、出席者

日本側　前回通り

韓国側　任哲鎬外交委員、韓奎永書記官が新に出席し、張師弘書記官欠席、その他は前回通り

三、議事概要

(一)金代表から任哲鎬委員の紹介があつた後、議事に入り、久保田代表から議事進行について韓国側の見解を求めたところ韓国側は本会議の任務は各部会の困難調整であると答えたが、久保田代表の意見で、未だ部会内において困難を調整するまで進んでいないので、本日は、双方代表がそれぞれの部会出席者から報告を受けたことに基いて意見を交換することとなつた。

(二)まず全代表から、五部会の討議は現在までのところ余り進捗していないが、早期妥結を望む日本側新聞に交渉の雰囲気を害するような破壊的批評のあるのは遺憾である。困難を打開し、速かな解決に達するために率直なお話をしたい、と前提して書物にして来た五懸案に対する韓国側見解を次の通り述べた。

(イ)請求権問題は最も重要な問題であるが、韓国側はさきにも述べた通り、日本の請求権を認めることはできない。日本に請求権のないことは国務省書簡に示されている。日本がその主張を固持するならば、それは韓国の国民感情を刺戟するのみである。日本は部会で相殺を示唆したが、存在しない日本の請求権と相殺は出来ない。日本は右の示唆について梁大使の言を引いたが、これは梁発言に対する誤解に基くものである。日本の請求権と韓国の請求権は取引の対象とならない。韓国の主張は賠償でなくレスティテューションである。日本は本気で韓国に返す何物もないと考えておられるか。

(ロ)船舶問題については日本の再考を望む、この問題は長期にわたり論議されてきたが、最も簡単な問題で、日本に真に解決の意思ありやを疑わざるを得ない。SCAPINに示されてある通り、日本は韓国に船舶を返還すべきである。この問題が妥結すれば他の懸案交渉にも好影響ありと思う。

(ハ)漁業問題については、韓国の設定した水域は漁業資源保護と紛争防止のためで、これを無視して日本が巨大な漁船隊を引続き出漁させるなら本交渉の意義は失われることとなろう。この問題解決の唯一の途は必要な保存措置を講ずることであり、桑港平和条約第九条及び第二十一条は漁業保護の権利と義務に基く協定の締結を定めており、この点においては公海の自由は存しない。韓国の設定した管轄権はトルーマン宣言その他によつて国際法上も確立された管轄権である。

(ニ)国籍処遇問題に関連して、現在大村収容所には二年以上収容されているものもあるが、即時釈放を希望する。

(ホ)基本関係では、犯罪人引渡について日本側も考慮していただきたい。

以上申上げたのは、全問題の迅速な解決を祈念するに他ならないからである。

四 これに対し久保田代表から懸案の早期解決のため率直に話合うことについては同感であるが、国際会議においては対等の立場で話合うべきで一方的な主張や希望を押し付けるのみでは解決はできないと前提して五懸案に対する日本側の立場を次の如く明らかにした。

(イ) 漁業問題については、韓国側は会談開催前に李ラインを一方的に宣言して日本漁船を拿捕し裁判に付しているが、これは対等的でない。

李ラインはトルーマン宣言と異り領海の拡張である。またトルーマン宣言は魚族の保護にも関係国の利害を考慮しているが李宣言にはそれがない。

李ラインは米国政府からも抗議を受けた南米諸国の措置に類するもので国際的に承認されたものとは云い難い。魚族保護の措置といつても、それは日米加条約のように双方の主張をとり入れ科学的根拠に基いて、関係国の話合の上で行われるべきもので、その話合前に一方的に主張を強行することは国際法違反である。

5

この話合前に日本漁船の出漁するのは当然の権利である。また日本漁船が資源を涸渇させるといつても科学的調査の上でなければ承服し難い。ただし、日本側としてはその前にも暫定的措置について話合う用意はある。

(ロ) 請求権問題については、日本側は目下のところ従来の在韓財産に対する主張は放棄していない。

梁大使の言明は、日本側記録によれば、再三にわたり述べられたもので日本側の創作ではない。火のない所に煙は立たないと思われるが、合意議事録でないので深くは追求しない。部会において日本側は梁大使の発言の意味を質したのみで相互放棄を提案したわけでない。

韓国側は返還を云々したが、日本には韓国に対して返還の問題を生ずべき略奪財産はない。

なお、この際次の二点について韓国側に質したい。

(a) 日本の在韓財産が韓国総財産の八五%あるという韓国側主張の根拠は何か。

(b) 韓国の主張は在韓米軍政府の日本財産接収命令に基くとい

6

われるが、米軍政府の管轄外であつた在北鮮日本財産につ
いては、将来北鮮が韓国の管轄下に入つた際如何にされる
考であるか。

(ハ)船舶問題については、日本側は総司令部指令とは別に若干の船舶を贈与して船舶問題全部の解決としたい。昨年提示したリスト以外に多少の追加も考慮していることは昨年の会談において述べた通りである。ただし韓国側が拿捕した船舶は返還願いたい。現在のように漁船が拿捕されたままで船舶を贈与することは国民感情の上からも困難である。

贈与する船舶が少いといわれるが、総司令部時代に既に引渡した船舶もあるので、韓国側の主張と大きな懸隔はない。

(ニ)国籍処遇問題に関しては、大村収容所に収容されている者の問題は法務省の出入国管理局と話合つて貰いたい。

(ホ)基本関係では、犯罪人引渡問題は、われわれの任務外の問題であり外交関係が設定されて後に交渉することが適当である。現在この問題をとり上げることは会議を遅延させるおそれがある。

以上各懸案について双方の見解には相当懸隔があるのでお互に歩み寄る必要があるが交渉の前途については悲観していないと述べた。

五、金代表は、懸案の迅速な解決の必要について日本側の賛意を得たことは先決である。そのためには部会をもつと頻繁に開く必要があると応じた後、問題の諸点について更に次のような意見を陳べた。

(イ)漁業問題については、日本側は韓国側が一方的に漁業水域を設定したと主張されるが、一昨年十月二十二日に韓国側から漁業問題について交渉開始を提議した時に、日本側は準備がないという理由で拒絶している。李宣言はその後の一九五二年一月十八日に行われたものである。その第四項には公海の自由航行に干渉しないことを述べている。李宣言は漁業資源の保護を目的とするもので根本のアイデアはトルーマン宣言と同一である。日本側がこれを目して領海拡張というは誤解である。李宣言の他の一の目的は平和と紛争防止である。無制限な自由競争は紛争を招来する。日本漁船隊は厖大なもので資源が破壊されるので韓国はこの水域を設定したが、これは領海の拡張ではない。

(ロ)請求権問題については、梁大使の言明云々を日本側は繰返しているが、誤解に基くものであつて梁大使はそういつていない。

韓国側の主張しているのは賠償でなく返還である、その点は韓国側の提出した項目を御覧になればわかることである。それとも、日本は韓国に返すものは何もないと考えておられるのか。

御質問の第二点については、北鮮は一九四五年以来別れているけれども韓国領土の一部である。そのことは韓国を朝鮮における唯一の合法政府であると認めた国連決議にも示されている。その統一恢復はわれわれの希望である。

御質問の第一点については、梁大使が桑港で述べている八十五%云々は、われわれ全てが知つている（we know）ところで、在韓元日本財産は少くとも八十五%である。もしも日本がこの主張を固持するならば韓国の国民感情を刺戟する結果となろう。いずれにせよ韓国は日本の主張を容認することはできない。日本は本当にこの財産を持帰る意向であるか。

(ハ)船舶問題については、日本は総司令部時代に相当数を引渡したと主張されるが、韓国の主張はＳＣＡＰＩＮに基くものでＳＣＡＰＩＮは日本側主張と異つている。韓国は如何なる船納をも受取つていない。
なお、以上の問題については部会をもつと頻繁に開くよう提議する。

六

これに対し久保田代表は、部会を頻繁に開くことは賛成である。金代表の発言の詳細については、これを部会に譲りたいが、重要な数点について一言述べたいと前提して

(イ)李ラインについては依然理解できない。領海拡張でないと否定されるが、トルーマン宣言には主権という語は用いてないのに、李宣言は主権という語を使用しており、かつ現に採つている措置を見れば領海拡張としか思われない。現に本月六日に支那海に出漁していた日本漁船がその帰途に李ラインに立入つて拿捕されており航行の自由も守られていない。紛争防止のためといつても、いずれにせよ話合の上で行うべきで一方的措置は遺憾である。

(ロ)請求権については、韓国の北鮮統一の要望は承知しているが、それにしても米軍政府が権力を行使していたのは南鮮である事実に変りはない。国連決議には、韓国にケチをつけるわけではないが、国連朝鮮委員会の監視の下に選挙が行われた地域における唯一の政府云々という言葉がある。また北鮮が韓国領土であるとしても、北鮮にあつた財産のことは別の問題

である。

その他の点については、部会で討議することにいたしたい。部会を頻繁に開くことには賛成であるが、事務的に制約があると思う。

七　金代表から更に、国連決議は朝鮮における唯一の合法政府である（only legal government in Korea）と認めているので北鮮は韓国の一部であると強調し、漁業水域については、トルーマン宣言にも二つの水域があり、一は協定を要し、一は一方的なものであるが、保存水域には一方的管轄権を主張している。韓国の主張はこの保存原則に従うものでトルーマン宣言と異なることはない。請求権に関しては、法令第三十三号はガイディング・プリンシプルである。米軍政府の管轄は三十八度線以南であつても命令は財産処理のガイディング・プリンシプルを示したものであるので、北鮮にあつた財産も同じように処理されるわけである。と答え

八　久保田代表から重ねて、韓国が唯一の合法政府であることに疑問はないが力の及ぶ範囲については国連の決議は、"having effective control and jurisdiction over that part of Korea where the Temporary Commission was able to observe ...."

と述べている。北鮮は韓国の実力の及ばなかつた範囲である。また、法令第三十三号は軍政府の権限外のことは述べていないと思われる。

李ラインはトルーマン宣言の保存措置と同じといわれるが、この措置は利害関係国のない場合のことで日本の場合は第二の項が適用されるべきである。

なお、韓国が現に李ラインで行つていることは領海でなければできないことではないか。詳しくは部会で討議したいと反駁したが、

九、金代表は、双方の意見には大きな差があるので、更に会合を重ねる必要あるとのみで多くを答えず、

十、久保田代表から、会合を増やすにも、要員と会議場の大きさに制約される事情を述べ、明後日（十五日）午前に請求権部会を、要すればその午後に船舶部会を開くことを約して散会した。

9. 訓令(　)號, 日本國と大韓民國との全面會談における, 1958. 4
日本外交文書 1536

1958년 4월 제4차 한일회담을 앞두고 일본 정부가 한일회담 수석대표에게 시달한 훈령이다.

이 훈령에서 일본 정부는 명분상으로는 전 한반도에 걸친 문제를 한국 정부와 교섭하는 것으로 하되, 대한민국 정부의 지배가 북한에 미치지 않는 현실을 고려, 한국 정부와 타결하는 제반 협정의 효력이 북한에 미치지 않을 수도 있다는 전제하에 한국과 교섭을 진행한다는 방침을 정하였다.

번역

훈령 제 호 일본국과 대한민국과의 전면회담의 훈령

일본 정부 수석대표 사와다 렌조

1. 1958년 4월 일부터 도쿄에서 개최되는 일한 전면회담에 관해, 귀 대표는 하기 방침을 가지고 교섭에 임하며, 본 건의 조기 타결을 도모하도록 노력하기 바람.

(1) 명분상으로는 전 한반도에 걸친 문제를 한국 정부와 교섭하는 것으로 하지만, 교섭에 임해서는 대한민국 정부의 지배가 북한에 미치지 않는 현실 사태를 감안, 우리나라가 한국 정부와 체결할 조약 가운데, 사항에 따라서는 혹은 전 한반도에 걸쳐 규정하는 것이 불가능 또는 부적절한 것이 있으므로, 또한 혹시 전 한반도에 걸쳐 규정하더라도 당장 현실에서는 북한에 적용하는 것이 불가능한 사항도 있을 수 있다는 점을 고려한다.

(2) 기본 관계 수립 문제

외교 관계 및 영사 관계 설정을 기타 약간의 필요 사항과 함께 간단한 조약으로 규정한다. 단, 교섭 모양에 따라서는 단순히 외교 관계 및 영사 관계의 설정에 관한 조약만 체결하고, 또한 시의에 따라 이것을 공문 교환 형식으로 합의하는 것도 괜찮다. 한편, 본 건의 조기 타결을 촉진하기 위해 독도 문제의 별도 해결을 도모한다.

(3) 재산청구권 문제

법률론은 극력 피하고, 한국의 대일청구 항목 가운데 특정의 것에 관해서는 기득권 존중의 원칙과 일한 양 국민감정 융화의 견지에서 우리 측이 나서서 지불하며, 기타 항목에 관해서도 협정을 체결함에 있어서는 가능한 한 일반 국제법의 원칙에 의한 것으로 한다. 본 건에 관한 '미국 정부의 견해 표명' 원용은 극력 피하는 것으로 한다. 한편, 본 건 청구권 문제와는 관계없이 정부 소유의 약간의 한국 관계 문화재를 한국에 인도한다.

(4) 어업 문제

이 라인에 관한 법률적 논쟁은 극력 피하고, 현실 문제의 해결에 주안점을 주면서 양국이 공통의 이해 관계를 가지는 어업 자원의 최대 지속적 생산성을 확보하기 위해 필요한 공동 조치를 취하는 것을 목적으로 한다. 합의해야 할 사항은, 일한 어업 문제의 처리에 관한 일반적 원칙을 규정하는 '협정'과 이 협정에 기초하여 유효한 조치가 강구될 때까지의 기간에 적용할 '잠정 협정'의 두 체제로 한다. 실제 후자의 '잠정 협정'으로 현실 문제의 해결에 중요한 역할을 하도록 한다. 단, 교섭 모양에 따라서는 이 '잠정 협정'만 체결하는 것으로 한다.

(5) 재일한인 국적 처우 문제

국적에 관해서는 재일한인이 대한민국 국민임을 취지로 하는 한국 국적법의 명분은 존중한다. 재일한인은 샌프란시스코 평화조약의 발효와 함께 일본 국적을 상실하였으므로 한국 국적법의 명분은 당연한 것으로 하지만, 한편으로는 재일 북한계 한인의 존재를 고려하여 이것을 정식 협정에는 명기하지 않는 방침을 취한다. 처우에 관해서는 우리 측의 자주권을 손상하지 않는 범위 내에서 가능한 한 한국 측 입장을 존중하지만, 재일 북한계 한인에 대해 별도의 처우를 부여할 수 있는 여지를 남길 수 있도록 가능한 한 배려한다. 한편, 한국 측으로부터 국적의 자유 선택을 인정하도록 하는 요구가 있는 경우에도 우리 측은 이것을 인정하지 않고, 종래와 같이 귀화에 의한 국적 취득에 의한다는 방침을 취하는 것으로 한다.

(6) 선박 문제

한국 경제의 재건, 특히 해운업의 발전에 기여하는 방향으로, 양국 관계의 전면적 조정과 우호적 발전을 촉진한다는 대국적 견지에서 법률적 논쟁은 극력 피하고 정부가 구입할 수 있는 선박의 수량을 한도로 하여 그 범위 내에서 이것을 한국에 증여함으로써 선박 문제의 최종적 해결을 도모한다.

2. 이상의 요령으로 교섭하고, 타결이 어려울 경우에는 그 후의 방침에 관해 청훈한다.

이상 훈령한다.

1958년 4월 일

외무대신 후지야마 아이이치로

訓令第　号

日本国と大韓民国との全面会談
における
日本政府首席代表　澤田廉三

一、昭和三十三年四月　日より東京において開催される
日韓全面会談に関し、貴代表は左記方針をもって
交渉に当られ、本件の早期妥結を図ることに努め
られたい。

外務省

(1) 建前としては全朝鮮にわたる問題を韓国政府と交渉することとするが、交渉に当っては、大韓民国政府の支配が北鮮に及んでいないという現実の事態に鑑み、わが国が韓国政府と結ぶ条約のうち、事項によっては、あるいは全朝鮮にわたって規定することが不可能または不適当なものがあり、また仮に全朝鮮にわたって規定しても、差当り現実には

外務省

北鮮には適用出来ない事項もあり得べきことを
考慮することとする。

(2) 基本関係樹立問題

外交関係及び領事関係の設定をその他若干の
必要事項とともに簡単な条約をもって規定する。
ただし、交渉の模様によっては、単に外交関係及び
領事関係の設定についてのみ条約を締結し、また、

外務省

時宜によりこれを公文交換の形式で合意することも差支えない。なお本件の早期妥結を促進するため竹島問題は別途解決を図ることとする。

(3) 財産請求権問題

法律論は極力避け、韓国の対日請求項目のうち、特定のものについては、既得権尊重の原則と日韓両国民感情融和の見地より、わが方から進んで

外務省

支払い、その他の項目についても、取極に当っては、
出来る限り一般国際法の原則によることとし本件
に関する「米国政府の見解の表明」の援用は極力
これを避けることとする。 なお、本件請求権問題
とは関係なく政府所有の若干の韓国関係文化財
を韓国に引渡すこととする。

(ハ) 漁業問題

外務省

李ラインに関する法律的論争は極力避け、現実
問題の解決に主眼を置き、両国が共通の利害
関係を有する漁業資源の最大の持続的生産性を
確保するため必要な共同措置をとることを目的と
する。取極めらるべき事項は日韓漁業問題の処理
についての一般的原則を規定する「協定」と、右協定
に基いて有効な措置が講ぜられるまでの期間の

外務省

「暫定的取極」の二本建とし、実際上後者の「暫定的取極」をもって現実問題の解決に重要な役割を果さしめるものとする。ただし、交渉の模様によっては右の「暫定的取極」のみを締結することとする。

(5) 在日韓人国籍処遇問題

国籍については、在日韓人が大韓民国国民たる

外務省

ことを趣旨とする韓国国籍法の建前はこれを尊重するも、在日韓人は桑港平和条約の発効にともない日本国籍を喪失したものであるから右韓国国籍法の建前は当然のこととし、かつ在日北鮮系韓人の存在をも考慮して、これを正式の協定には明記しない方針をとる。処遇については、わが方の自主権を損わぬ範囲内において出来るだけ韓国側の立場

外務省

を尊重するが、在日北鮮系韓人に対して別途の処

遇を与えおうる余地を残しうるよう出来る限り配慮

することとする。なお韓国側より国籍の自由選択を

認めるよう要求がある場合も、わが方はこれを認

めず、従来の如き帰化による国籍取得による方針

をとることとする。

(6) 船舶問題

外務省

韓国経済の再建、特にその海運業の発展に資し
もって両国関係の全面的調整と友好的発展を
促進するとの大局的見地より、法律的論争は
極力これを避け、政府が購入し得る船舶の数量を
限度として、その範囲内でこれを韓国に贈与すること
により、船舶問題の最終的解決をはかるものとする。

二、以上の要領をもって交渉し妥結し得ざる場合は

外務省

爾後の方針につき御請訓ありたい。

右訓令する。

昭和三十三年四月　日

外務大臣　藤山愛一郎

外務省

10. 日韓交涉のおける日本政府の立場に關する法律上の問題點, 1960. 12. 6

日本外交文書 1410 두 번째 문서

일본 정부가 제5차 한일회담이 진행 중이던 1960년 12월 6일 한반도에서의 남북한 법적지위와 북한지역의 청구권 문제 처리에 관해 수립한 입장이 담긴 문서다.

이 문서에서 일본 외무성은 한국이 처리할 수 있는 재산청구권의 대상은 남한 부분에 한정되어야 한다는 견해를 확실히 정하였다.

번역

일한 교섭에서의 일본 정부 입장에 관한 법률상의 문제점

조약국 법규과

1960. 12. 6

1. 한국의 지위(남북한의 관계)

가. 조약의 상대국으로서의 한국 정부의 지위는 1948년 유엔 결의 195(III)의 내용에 따라, 한반도에 성립되어 있는 유일한 합법 정부다. 관념적으로 그 실효적 지배와 관할은 남한의 부분에만 미치는 것으로 여긴다. (유엔 결의는 합법 정부 legal government라는 표현을 사용하며, 정통 정부라는 표현을 사용하지 않는다. 따라서 '합법 정부' 또는 '1948년 유엔 결의에 의해 인정받은 정통 정부'라는 표현을 사용하여 설명하는 것으로 한다.)

이 결의의 해석에는 한국 정부의 관할권을 법적으로나 실효적으로나 남한에 한정한다고 하는 해석과 실효적 관할은 남한에 한정되지만 실효를 동반하지 않는 추상적인 법적 관할권은 관념적으로는 한반도 전역에 미치는 것으로 하는 해석이 있다. 일본 정부로서는 후자의 해석을 취한다. (다만, 한국 및 국회 등에 대한 설명에서는, 법적 관할권의 범위 문제는 단순히 학술적인 문제라는 이유로 가능한 한 이것을 건드리지 않고, 유엔 결의의 자구를 반복하는 선에서 그치는 것이 현명하다.)

상기 해석을 취하는 경우, 베트남 지위와의 비교가 문제가 된다. 한국의 법적 관할권이 관념적으로는 북한에 미친다는 입장을 취하는 이상 순이론적인 것에 관해 계속 설명한다면 베트남과 같다고 이야기하지 않을 수 없을지도 모르겠지만, 이것을 정부 입장으로 명언하는 경우에는 아래 청구권, 재일한국인 처우 문제에 관해 한국이 한반도를 대표하는 입장에서 대응하도록 부추기는 것이 되어 현실의 교섭상 불리하게 될 우려가 있다고 생각된다. 따라서 국회에서 이러한 질문이 제기될 때는, 한국은 유엔 결의 취지 면이나, 그 성립의 경위(주) 면에서도 베트남의 경우와는 다른 성격이 있다, 특히 본 조약이 다루고자 하는 청구권 등의 문제는 지역적 연관성을 무시하고는 해결할 수 없는 문제이므로 조약의 제 규정은 베트남의 경우와 달리 현재 한국의 실효적 지배가 미치고 있는 범위에 관한 처리를 목적으로 하는 것이 된다는 취지의 설명을 한다.

(주) 베트남이 본래 하나의 국가로서 프랑스로부터 독립을 인정받고 남베트남 정부가 이것을 대표하는 것으로 해서 대일평화조약에 조인했음에 반해, 한반도는 제2차대전 후 미소 양국에 의해 분할 점령된 후, 한반도 전역에 걸쳐 자유 선거를 통해 통일 정부를 성립하고자 하는 유엔의 노력이 실패하고 남한에서만 자유 선거가 실시된 결과, 유엔에 의해 한반도에서 유일의 합법 정부로 인정받은 현재의 한국 정부가 성립하게 된 것이다.

나. 이상의 입장과 연관지어 문제가 되는 평화조약 제2조 (a) ---"일본국은, 한국의 독립을 승인하고 한국에 대한 모든 권리를 포기한다." (Japan recognizing the independence of Korea, renounces all right) --- 의 해석에 관해서는, 이 조약 당사국의 대부분이 유엔 가맹국으로 전기 1948년 유엔 결의를 승인하고 있는 사실에 입각하여 생각한다면, "일본은 평화조약 제2조에 의해 한반도에 합법적으로 성립한 신국가인 대한민국을 승인한 것이다"라고 하는 것이 동 조약 당사국의 일반적 이해라고 생각할 수 있다. 그 경우, 북한에 존재하는 민주주의 인민공화국 정부는 동 지역을 사실상 지배하고 있는 정권이라고 해석된다(한편, 1950년 6월의 유엔 안보리 결의는 북한을 사실상의 당국 authorities로 부르고 있다). 한편, 우리나라의 대한민국에 대한 법적 승인은 평화조약 발효와 동시에 행해진 것으로 해석해야 하나, 한국 측이 독립 승인의 효력을 평화조약 체결 이전으로 거슬러 올라가도록 해야 한다고 주장한 때에는, 1948년 8월 15일(미군 정부가 군정을 끝내고 한국이 독립을 선언한 날)까지 거슬러 올라가는 것을 인정하더라도 상기 유엔 결의의 취지에 반하지 않은 것이 되어 괜찮다.

다. 구 대한제국과 대한민국 간의 관계는 법적 계속성, 법적 승인 관계가 어떠한 것도 존재하지 않는다는 입장을 취한다. (계속성을 인정하는 경우에는 조선이 일본 영토였던 시대의 일본 정부의 행위를 전부 무효라고 주장하는 단서를 주는 것이 된다.)

2. 재산 및 청구권 문제

가. 재산 및 청구권 문제는 배상과 달리 본래 지역적 성격의 것이라는 입장에서 처리한다. 한편, 평화조약 제4조 (a)에 의하면 재산 및 청구권 처리는, 현재 제2조

에 규정된 지역의 시정을 행하고 있는 당국과의 사이의 특별협정을 주제로 하는 것이며, 대한민국 정부는 남한지역에 관해서는 이러한 당국에 해당하나, 북한지역에 관해서도 현재 시정을 행하고 있다고는 해석할 수 없다. 따라서 평화조약 제4조의 관점에서 볼 때도 한국이 처리할 수 있는 재산청구권의 대상은 남한 부분에 한한다.

나. 군령 제33호의 효력에 관해서는 1957년 12월 31일 자 구상서(비 공표)에 기술된 대로 미국 견해(비 공표)를 취하고, 이 군령에 의해 귀속된 것에 관해서는 일본은 청구권을 가지지 않으나, 이 재산이 귀속되었다고 하는 사실은 재산청구권 처리에 있어 고려해야 하는 것이라는 입장을 취한다. 다만, 군령 제33호의 효력은 9월 25일부터 남한에 대한 군정 종료의 날까지의 사이의 그 어느 시점에 남한에 있었고 동 군령에 기초하여 귀속된 것(단 9월 25일 이후 군령 발포일까지의 사이에 가지고 돌아온 것은 제외함)에 한한다. 따라서 이 기간을 통해 현실적으로 남한 이외에 있었던 것에 관해서는 그 효력은 미치지 않는다고 해석해야 한다.

3. 국적 처우 문제

가. 국적

재일 한인이 대한민국 국민이라는 것을 확인하는 것과 같은 조약상 규정은 두지 않는다. 일본으로서는 재일 한인으로 한국 국적을 부인하는 자에 대해서까지 적극적으로 조약상 한국 국적을 확인하는 것은 적당하지 않으며, 대한민국 정부에 의해 동국 국적을 가지는 의미의 증명이 부여된 개개의 한국인에 대해서는 일본 국내에서도 동국의 국적을 가지는 자로서 취급하는 의미의 절차적 규정을 두는 것이 타당하다.

한편, 일본 정부는 종래 평화조약 제2조 (a)에 기초하여 재일 구 조선적 인(일한 병합이 없었더라면 계속해서 구 대한제국의 국적을 보유하거나, 이것을 취득해야만 했던 사람)은 평화조약 체결일에 일본 국적을 상실했다는 해석을 취하고 있다.

나. 처우

재일한국인의 자손에게 영원토록 영주를 허가하는 것은 장래 출생하는 재일한국인의 자손을 외국인인 상태로 영주토록 하고, 또한 다른 외국인이 볼 때도 특권적인 지위(한국 측 주장에 의하면 거의 내국인과 같은 대우)를 부여하는 것을 의미하게 되므로, 이것은 소수민족의 처우로서도 매우 이례적인 조치라고 하지 않을 수 없다. 그렇지만 재일 한인의 대부분은 태평양전쟁이 끝날 때까지 일본에 와서 그 후에 일본에 생활의 본거지를 둔 사람이며, 평화조약의 발효에 의해 자기의 의지와 무관하게 일본 국적을 상실하여 외국인이 되었다고 하는 특수 사정에 비추어, 이들에게 외국인인 상태로 영주권을 부여하는 것은 반드시 비합리적이라고는 말할 수 없을 것이다.

다만, 이러한 처우가 이례적인 것인 이상 이러한 특별 처우을 받는 사람의 인적 범위 및 권리의 내용은 당연히 한정적인 것이 되어야 한다. 이러한 내용의 한정에 있어 발생하는 법률상 문제는 다음과 같다.

(1) 자손을 어느 범위까지로 할 것인가의 문제에 관해서는 최소한 평화조약 발효 이후에 태어난 자는 포함하지 않는 것으로 하는 것이, 이러한 특권을 부여하는 취지에서 말하더라도, 부모가 일본 국적을 상실하여 외국인이 된 시기부터 보더라도 적당하다.

(2) 일본이 조약상 이러한 영주권을 부여하는 의무를 부담하는 것은 재일한국인에 한하는 것이며, 한국에 대해 충성을 맹세하지 않는 북한계 사람에게까지 영주권을 부여하는 의무를 부담하는 것은 명분상으로도 이상하다. (따라서 한국 측이 발급하는 국적 증명 등에 의해 양자를 식별하는 방도를 강구해 둘 필요가 있다.)

(3) 재일한국인과 재일조선인에게 완전히 평등하게 동일한 내용의 영주권을 부여할 것인가 아닌가는 일본에서 장기적으로 소수민족 대책, 치안 문제 등을 고려하여 정책 결정을 해야 하는 문제다. 그러나 완전히 평등한 대우를 부여하는 정책을 취하는 경우에는 오히려 재일조선인에게 일률적으로 적용해야 하는 국내법으로 규정해야 하며, 이것을 한국과의 조약에 일본이 의무를 지는 것과 같은 형태로 하는 것은 적당하지 않다.

(4) 권리의 내용으로는 입관령상 영주허가(이것은 동령 제4조의 재류 자격에 있는 그 어느 활동도 가능하며 재류 기간의 갱신을 필요로 하지 않는 것에 그친다) 외에 기타 어느 정도까지 한국 측이 희망하고 있는 내국인 대우 및 강제 퇴거의

실질적 면제를 인정할 것인가의 문제가 있다.

4. 어업 및 이 라인 문제

가. 공해 어업은 본래 자유로운 것이며, 그 국제적 규제는 어업의 최대 지속적 생산성 유지를 위한 자원 보존의 필요가 과학적으로 입증되는 경우만 행한다는 것이다. 이것은 우리나라가 개개의 어업 조약 및 해양법 회의에서 취해 온 기본 입장으로, 명분에 있어 이 입장을 바꾸는 것은 불가능하다. 따라서 어업규제는 일한 공동위원회에 의한 과학적 자원조사에 기초한 것에 한해야 하며, 자원조사의 결론이 나올 때까지 잠정적 기간은 이 라인의 실질적인 철폐를 전제로 하여, 한국 연안의 공해 수역에 어업 종류별로 잠정적 성격의 어업 금지 구역, 제한 구역을 설정한다. (잠정 기간의 기한 및 구체적 규제 구역의 범위는 정책적 요소를 고려하여 결정해야 할 문제다.) 다만, 이 금지 구역 또는 제한 구역에서의 위반에 대한 처벌은 어선의 소유국만이 할 수 있도록 분명히 해 두지 않으면 안 된다.

나. 거안(距岸) 12해리까지의 범위에서 연안국의 배타적 어업권을 인정하도록 하는 생각(금년 봄의 제2차 해양법 회의에서 미·카 공동안의 라인)은, 우리나라는, 그 안으로 타협이 이루어진다는 조건으로 찬성한 적은 있으나, 아직 정식으로는 인정하지는 않았다. 그러나 한국 측이 그 선으로 타협을 희망하는 경우에 이것으로 할 것인가 말 것인가는 정책적 결정에 맡겨야 하는 문제다.

다. 이 라인을 방위적 성격의 것으로 해서 존속시킨다는 생각은 해양의 자유에 관한 우리나라의 기본적인 법적 입장에 반하는 것이며, 제3국과의 관계에서 우리나라가 종래 취해 온 입장을 (예를 들어 핵실험 등에 관해) 해할 우려가 매우 크므로 이것을 인정하지 않는 것으로 한다.

日韓交渉における日本政府の立場
に関する法律上の問題点

条　規
35/26

1　韓国の地位（南北鮮の関係）

(イ)　条約の相手国としての韓国政府の地位は1948年国連決議195(Ⅲ)の内容に従い、朝鮮半島に成立している唯一の合法政府であるが、その実効的支配と管轄は南鮮の部分にのみ及んでいるものと観念する。（国連決議は合法政府　lawful government なる表現を用い、正統政府なる表現を使用していない。従つて「合法政府」又は「1948年の国連決議により認められた正統政府」なる表現を用いて説明することとする。）

同決議の解釈には韓国政府の管轄権を法的にも実効的にも南鮮に限つたとする解釈と実効的管轄は南鮮に限られるが実効を伴わない抽象的な法的管轄権は観念的には全鮮に及ぶとの解釈がありうるが、日本政府としては後者の解釈をとる。（ただし、対韓国及び国会等における説明としては、法的管轄権の範囲の問題は単にアカデミックな問題であるとの理由で、できる限りこれに触れることを避け、国連決議の字句を繰り返すにとどめることが賢明である。）

上記の解釈をとる場合、ヴィエトナムの地位との比較が問題になる。韓国の法的管轄権が観念的には北鮮に及ぶとの立場をとる以上純理論的につきつめればヴィエトナムと同じといわざるをえないかもしれないが、これを政府の立場として明言する場合には、下記請求権、在日韓国人処遇問題に関し、韓国が全鮮を代表する立場でくるのをエンカレッジすることになり現実の交渉上不利となるおそれありと考えられる。したがって国会においてかかる質問が提起されたときは、韓国は国連決議の趣旨からみても、またその成立の経緯（注）からみてもヴィエトナムの場合とは自ら異なる性格を有するが、特に本条約が扱わんとしている請求権等の問題は地域的つながりを無視しては解決しえない問題であるので条約の諸規定はヴィエトナムの場合と異なり現に韓国の実効的支配が及んでいる範囲についての処理を目的とすることとなる旨説明することとする。

(注)ヴィエトナムが本来一つの国家としてフランスから独立を認められ、南ヴィエトナム政府がこれを代表するものとして対日平和条約に調印しているのに反し、朝鮮は第2次大戦後米ソ両国により分割占領せられた後、全鮮にわたる自由選挙を通じて統一政府を成立せしめんとする国連の努力が失敗して南鮮のみにおいての自由選挙が行なわれその結果、国連によつて朝鮮における唯一の合法政府と認められた現在の韓国政府が成立したものである。

(ハ) 以上の立場に関連して問題となる平和条約第2条(a)——「日本国は、朝鮮の独立を承認して、朝鮮に対するすべての権利を放棄する。」

(Japan recognizing the independence of Korea, renounces all right...)

——の解釈については、同条約当事国の大部分が、国連加盟国として前記1948年の国連決議を承認している事実から考えて、「日本は平和条約第2条によつて、朝鮮に合法的に成立した新国家たる大韓民国を承認したものである」というのが同条約当事国の一般的了解であると考えられる。その場合、北鮮に存在する民主主義人民共和国政府は同地域を事実上支配している政権と解する(なお、1950年6月　　の国連安保理事会決議は北鮮を事実上の　　　と呼んでいる)。 authorities

なお、わが国の大韓民国に対する法的承認は平和条約発効と同時に行なわれたものと解すべきであるが韓国側が独立承認の効果を平和条約締結以前にさかのぼらせることを主張したときには、これを1948年8月15日（米軍政府が軍政を終止して韓国が独立を宣言した日）までさかのぼることを認めることは上記国連決議の趣旨に反しないことでもありさしつかえない。

(い) 旧大韓帝国と大韓民国との間には法的継続性、法的承継関係がなんら存在しないとの立場をとる。（継続性を認める場合には朝鮮が日本領土であつた時代の日本政府の行為をすべて無効であると主張する手がかりを与えることになる。）

2　財産及び請求権問題

(イ)　財産及び請求権問題は賠償と異なり本来地域的性格のものである、との立場から処理を行なう。なお、平和条約第４条(a)によれば財産及び請求権の処理は、現に第２条に掲げる地域の施政を行なつている当局との間の特別取極の主題とせられているところ、大韓民国政府は南鮮地域に関しては、かかる当局に該当するが、北鮮地域に関しても現に施政を行なつているとは解しえない。したがつて平和条約第４条からみても韓国が処理しうる財産請求権の対象は南鮮部分に限るべきである。

(ロ)　軍令第３３号の効力に関しては、１９５７年１２月３１日付け口上書（非公表）に述べたとおり米国見解（非公表）をとり、この軍令により Vest されたものについては日本は請求権を有しないが、これらの財産が Vest されたという事実は財産請求権の処理に当たつて考慮さるべきものであるとの立場をとる。ただし、軍令第３３号の効力は９月２５日から南鮮に対する軍政終了の日までの間のいずれかの時期に南鮮にあり同軍令に基づき vest せられたもの（ただし9月25日以後軍令発布の日までの間に持ち帰つたものを除く）に限る。したがつて、この期間を通じ現実に南鮮以外にあつたものについてはその効力は及ばないと解すべきである。

3　国籍処遇問題

(イ)　国籍

在日朝鮮人が大韓民国国民であることを確認することとき条約上の規定はおかない。日本としては在日朝鮮人で韓国国籍を否認する者についてまで積極的に条約上韓国国籍を確認することは適当でないから大韓民国政府によつて同国の国籍を有する旨の証明が与えられた個々の韓国人については日本国内においても同国の国籍を有する者として扱う旨の手続的規定をおくのが妥当である。

なお日本政府は従来平和条約第2条(a)に基づき在日旧朝鮮籍人（日韓併合がなかつたならば引き続き旧大韓帝国の国籍を保有し、またはこれを取得すべきはずであつた者）は平和条約締結の日に日本国籍を喪失したものとの解釈をとつている。

(ロ)　処遇

在日韓国人の子孫に永劫に永住を許可す

ることは将来出生する在日韓国人の子孫を外国人のままで、永住せしめ、しかも他の外国人よりも特権的な地位（韓国側の主張によればほとんど内国民と同じ待遇）を与えることを意味し、これは少数民族の処遇としてもきわめて異例の措置といわねばならない。しかしながら在日朝鮮人の大部分は太平洋戦争終止の時までに来日しそれ以後日本に生活の本拠をおいたものであつて平和条約の発効により自己の意志によらずして日本国籍を喪失して外国人となつたという特殊事情にかんがみ、これに外国人のままで永住権を与えることは必らずしもアンリーズナブルとはいえないであろう。

ただし、かかる処遇が異例なものである以上かかる特別の処遇を受ける者の人的な範囲及び権利の内容は当然限定的のものであるべきである。かかる内容の限定に当たつて生ずべき法律上の問題点は次のとおり。

(り)　子孫をどの範囲まで許すかの問題につ

いては少なくとも平和条約発効時以後に生れた子は含まないとするのが、かかる特権を与える趣旨から言つても親が日本國籍を喪失して外国人となつた時期からみても適当である。

(2) 日本が条約上かかる永住権を与える義務を負うのは在日韓国人に限るべきであり、韓国に対し忠誠を誓わない北鮮系人にまで永住権を与える義務を負うのはたてまえとしておかしい。（したがつて韓国側の発出する国籍証明等により両者を識別する方途を講じておく必要がある。）

(3) 在日韓国人と在日北鮮人とに全く平等に同じ内容の永住権を与えるべきか否かは日本における長期的少数民族対策、治安問題等を考慮して政策決定さるべき問題である。しかし全く平等の待遇を与うべしとの政策をとる場合にはむしろ在日朝鮮人に一律に適用されるべき国内法で規定すべきであつて、これを韓国との条約中において日本が義務を負うような形とするのは適当でない。

(4) 権利の内容としては入管令上の永住許可（これは同令第4条の在留資格のいずれの活動もでき、在留期間の更新を必要としないというにとどまる）の他のどの程度まで韓国側が希望している内国民待遇及び強制退去の実質的免除を認めるかの問題がある。

4 漁業及び李ライン問題

(イ) 公海漁業は本来自由でありその国際的規制は、漁業の最大の持続的生産性維持のための資源保存の必要が科学的に立証される場合にのみ行なうというのが、わが国が個個の漁業条約及び海洋法会議においてとつてきた基本的立場であ りたてまえとしてはこの立場を変えることはできない。したがつて漁業規制は日韓共同委員会による科学的資源調査に基づいてのみなさるべきであるが、資源調査の結論が得られるまでの暫定的な期間は李ラインの実質的な撤廃を前提として、韓国沿岸の公海水域に漁業種類別に暫定的性格の漁業禁止区域、制限区域を設けることとする。（暫定期間の長さ及び具体的な規制区域の範囲は政策的要素をも考慮して決定さるべき問題である。）ただしかかる禁止区域又は制限区域における違反の処罰は漁船の所属国のみがなしうることは明らかにしておかねばならない。

(ロ) 距岸12カイリまでの範囲で沿岸国の排他的漁業権を認めようとする考え方（今年春の第2次海洋法会議における米加共同案のライン）は、わが国は、その案で妥協が成立するならばとの条件で賛成したことはあるが、まだ正式には認めたことがない。しかし韓国側がその線で妥結を希望する場合には、これによみ切るかどうかは政策的決定にまつべき問題である。

(ハ) 李ラインを防衛的性格のものとして存続せしめる考え方は、海洋の自由に関するわが国の基本的な法的立場に背馳し、第3国との関係でわが国が従来とつてきた立場を(たとえば核実験等に関し)害するおそれがきわめて大きいので、これを認めないこととする。

11. 일반청구권소위원회 제11차 회의 회의록, 1962. 3. 6
한국 외교문서 750, 제6차 한일회담 청구권위원회 회의록, 1-11차, 1961. 10. 27-62. 3. 6

제6차 한일회담 일반청구권소위원회 마지막 회의인 제11차 회의 회의록이다.

이 회의에서 일본 측으로부터 청구권 처리와 관련한 북한 문제, 대일강화조약 해석과 관련한 미국 각서의 relevant clause, 한국 측이 주장한 일본 엔 대 미불화 15:1의 환산율에 관한 일본 측 견해 표명이 있었다.

※ 문서 상태 불량으로 새로 타이핑한 내용을 다음 수록함.

일반청구권 위원회 제11차 회의 회의록

1. 개최 일시: 3. 2. 3. 6. 하오 3시-4시

2. 회의 장소: 외무성 회의실(77호)

3. 참석자: 한국 측 김윤근 수석위원

이상덕 위원

정태섭 〃

홍윤섭 〃

김정태 〃

오채기 〃

일본 측 요시오카 주사대리

우라베 보좌

사쿠라이 〃

가네코 〃

오기소 〃

야나기야 〃

와타나베 〃

4. 토의 내용

요시오카: 오늘은 청구권 처리에 관한 약간의 원칙 문제에 관하여 우리 측 견해를 말하겠다. 그 내용은 첫째는 남북한 문제이고, 둘째는 미국 측 각서의 relevant clause 문제이며, 셋째는 1원 대 1불의 환산율 문제이다. 그 외에 요강 6의 문제도 있으나 이 항목은 한국 측의 새로운 제안이고 또 그 다음 대단히 복잡한 문제이기 때문에 좀 더 검토한 후에 의견을 말하겠다. 이상 세 가지 문제에 대하여는 이미 과거 회의에서 약간의 의견을 말한 바 있으나 이 기회에 다시 한번 우리 측 견해를 말하겠다. (여기서 요시오카는 첫째는 남북한 문제인 데라고 전제한 다음 별첨 일본 측 발언 요지 그 제1항과 동일한 내용의 발언을 하다.)

김 대표: 지금 발언한 것을 문서로 써서 줄 수 없는가.

요시오카: 주겠다.

김 대표: 지금 일본 측은 한국의 대일청구권은 남한에 국한되는 것이라고 말하였으나 평화조약의 해석으로도 그런 결론은 나오지 않는다. 상세한 것은 문서를 본 후에 말하겠으나 한국의 주권은 남북한 전 영역에 미친다는 것을 주장해둔다.

우라베: 법정 체결문에 남북한 문제를 모나게 집어넣자는 이야기는 아니지만 실질적으로는 평화조약의 규정으로 보아 그렇게 생각할 수밖에 없다.

요시오카: (다음은 relevant clause 문제인데 하면서 별첨 발언 요지 2항과 동일 내용의 발언을 하다.)

우라베: 전에도 한미 재산양도협정에 의하여 미군으로부터 양도된 재산목록을 받고 싶다고 요망하였으나 아직 받지 못하였는데 재산목록은 국회 설명상 필요하므로 한국 측에서 제출해 줄 것을 거듭 요망한다.

김 대표: 이 문제에 대한 우리 측 견해는 종래와 변함이 없다. 배상의 성질을 가진 것은 지금까지 이 회의의 대상에서 제외하였으며 배상적인 것을 넣으면 대일청구는 막대한 것이 되나 배상적인 것은 넣지 않았다는 것을 강조한다.

요시오카: 한국 측은 relevant clause를 이미 고려하였다고 하지만 그러면 요강에 6항과는 어떠한 관계가 되는가.

김 대표: 6항은 새로운 제안이 아니고 당연한 것을 설명적 규정으로 넣을 것을 주장하는데 불과하다.

요시오카: 6항은 새로운 제안으로 생각되는데 그렇게 되면 relevant clause는 어디 갔는가 하는 감이 든다.

김 대표: 종래부터 가지고 있던 한국인의 청구권이 한일회담이 성립하였다고 해서 소멸된다면 불합리하므로 6항은 이러한 청구권을 설명적으로 넣어 두고자 하는 것이다. 일본 측은 한국이 재한일본인 재산을 취득하였으므로 대일재산청구에 있어서는 이점을 고려하여야 한다고 하지만 재한일본인 재산은 한국이 몰수하거나 귀속시킨 것이 아니며 미국이 몰수 또는 귀속시킨 것을 미국으로부터 양도받은 것이며 또 한국의 대일재산청구는 막대한 배상적인 성질의 청구를 제외한 것이다. 따라서 미국이 전쟁의 사후 처리로서 재한일본인 재산을 귀속시켰다고 하여 종전 전부터 한국인이 가지고 있던 청구권이 이로 인하여 소멸되거나 상쇄, 또는 영향을 받을 수는 없는 것이다.

요시오카: 그 점은 양측이 모두 미국 측의 해석을 기초로 하고 있다.

김 대표: 그러나 상호 간 배상적인 것이 있으면 상쇄하든가 고려한다든가 하는 문제가 나올 수도 있겠지만 예금과 같은 개인의 재산은 relevant clause와는 아무런 관계도 없는 것이므로 동 relevant clause의 영향을 받는 것이 아니고 또 본질적으로 상쇄될 성질의 것도 아니다.

우라베: 일본 측으로 본다면 전쟁과는 아무런 관계도 없는 개인의 사유재산이 몰수되어 한국 측에 넘어갔는데 회담 성립 후에도 한국 측의 청구권만이 그대로 남는다고 하면 이것은 대단히 곤란한 문제라고 본다.

김 대표: 그러나 동 6항은 당연한 규정이다. 예를 들면 종전 전부터 한국인이 미쓰비시은행에 예금하고 있는 것을 한일회담이 성립되었다고 하여 줄 수 없다고 한다는 것은 일본 국민들도 상상하지 못할 것이다.

우라베: 회담 성립 후에도 청구권이 남는다면 일본 측으로서는 역시 곤란하다.

이상덕 : 곤란하다고 하는데 어떤 점이 곤란한가.

우라베: 여러 가지 문제가 있다고 본다. 일한 관계는 법적으로 본다면 평화조약 제4조밖에 없는데 제4조에는 Resident, 즉 주민으로 되어 있고 National, 즉 국민으로는 되어 있지 않다. Resident라는 용어로 보더라도 문제가 있다고 본다. 그리고 미군으로부터 양도된 재산목록이 필요한데 줄 수 없는가.

김 대표: 재산목록은 없다. 협정에는 인도되지 않는 재산, 즉 소극적으로 제외한 재산만이 기재되어 있었을 뿐이다.

우라베: 양도된 재산은 매도하거나 불하 하였을 것이므로 그러한 기록은 있지 않은가.

김 대표: 현재 가지고 있는 것 또는 처분한 것은 기록이 있지만 인수한 기록은 없다.

우라베: 인계된 기록은 남아있는 것이 아닌가.

정태섭: 귀속된 일본인 재산은 재산목록에 의하여 인계된 것이 아니고 각 지방의 군정 당국이 직접 지방 관서에 사무인계식으로 인계한 것이기 때문에 그러한 기록은 없다.

우라베: 인계 방식은 실제 그랬을는지 모르나 시각적으로 본다면 그 내용은 알 수 있는 것이 아닌가. 인계된 것은 국유재산이 되었을 것이므로 대장이 있지 않은가.

정태섭: 국유재산과는 달리 귀속 재산으로 처리된 것인데 물론 그 기록은 있으나 중앙

의 대장이나 목록으로 가지고 있지는 않다.

우라베: 일본 측으로 보면 그 당시 재한일본인 재산은 방대한 금액인데 이러한 방대한 재산을 포기하면서 그 목록도 받지 못하였다고 하면 국회 대책 상 문제가 어려워지리라고 본다.

김 대표: 일본 측은 국회 국회 하지만 대일재산청구에는 배상적인 것이 들어있지 않기 때문에 일본 국민은 납득할 것이 아닌가.

요시오카: 일본은 배상을 지불할 입장에 있는 것이 아니고 청구권이 문제가 된다.

이상덕: 여하튼 협정에는 재산목록이 첨부되지 않았다.

우라베: 이것은 심각한 문제이므로 목록이 있으면 제출해 주었으면 좋겠다.

요시오카: (다음은 그 원래 1원대 1불의 환산율 문제인데 하면서 별첨 발언 요지 3항과 동일 내용의 발언을 하다.)

김 대표: 이 문제에 대해서도 우리 측 견해는 종래와 같다. 그리고 오늘은 7항과 8항을 설명하기로 되어 있으나 7, 8항을 설명하기 전에 과거 회의에서도 이야기하였지만 군정법령 33호 해석에 관한 일본 측 견해에 대하여 우리 측 견해를 다시 한번 말하겠다. 재일한국재산은 군정법령 제33호에 의하여 귀속되었기 때문에 청구하는 것이 아니고 본질적 이론, 즉 지점은 별개의 인격을 갖는 것이 아니라는 법 이론에 의하여 청구하는 것이다. 법령 제33호에 의하여 포기하는 지점의 권리는 본점 소재지에 있다는 전제하에 귀속한 것이다. 이 점은 일본 측에서도 인정하는 바이나 그럼에도 불구하고 그 주권의 귀속이 가문적이라고 하고 있는데 이와 같은 결론은 명문상으로나 타 법 이론에서도 나오지 않는다. 또 가령 그렇다 하더라도 권리의 소재가 어디 있었느냐가 문제인데 가령 등록 주체의 경우는 그것이 조선은행 도쿄지점의 명의로 등록되어 있었다 하더라도 지점은 본점과 동일 인격이므로 권리의 소재는 본점, 즉 권리자 주소에 있다고 우리는 주장하는 바이다. 이것은 비단 등록 국채뿐만 아니라 재일재산도 마찬가지다. 다음 은급과 사망자 및 부상자에 대한 보상 관계인데 일본 측은 일본 국적을 보유하고 있던 시기를 연도로 하여 고려된다는 견해이나 그 권리가 이미 종전 전에 탄생한 것이라는 것은 일본 측도 인정하는 것이며, 다만 일본 측은 일본 국적이 없어졌기 때문에 그 권리도 없어졌다고 생각하는 것 같으나 국적에 관한 규정은 기득권을 가진 개인이 그 권리의 상실을 감수하면서라도

국적을 버린다는 개인의 의사에 의하여 국적을 상실하는 경우를 말하는 법이니만큼 우리의 경우에는 적용될 수 없는 것이다. 그뿐 아니라 은급은 기금까지 거출된 사실을 알아야 할 것이다. 또 군인·군속의 사망자도 이미 사망과 동시에 권리가 발생한 것이므로 일본의 일방적인 입법 조치에 의하여 그들의 기득권이 영향을 받을 성질의 것이 아니며 또 사망해서도 일본인은 국가 보상을 받고 있다는 실정을 고려하여서 말한 것이다. 다음 전문위원회의 정식 보고는 받지 못하였지만 피징용 노무자 중 소재 불명자가 20만 명이나 된다고 하는데 이것은 세 사람 중 한 사람이 소재 불명이라는 계산이 되어 당시의 일본 경찰이나 관청의 능력으로 보나 도저히 납득할 수 없는 숫자이다. 그 외에도 몇 가지 의견을 말하고 싶은 것이 있으나 다음 기회에 미루고 제7항과 8항은 근간 열릴 정치회담의 귀추를 봐서 토의하겠다.

요시오카: 군정법령 제33호, 은급 및 사망자 보상금 등에 대한 우리 측 의견은 이미 말한 바 있으므로 여기서 다시 되풀이할 필요는 없다고 본다. 다만 피징용자 중 직장 이탈자가 22만 명이나 된다는 것은 이해할 수 없는 숫자라고 하지만 일본 측에서 조작한 숫자도 아니다. 이 숫자는 내무성 경무국의 숫자이므로 진정한 숫자라고 본다.

김 대표: 한국 내라면 친척들도 있으나 일본에서 세 사람 중 한 사람의 비율로 소재 불명되었다는 것은 이해할 수 없다.

우라베: 오늘 회의는 대체로 끝난 것 같은데 다음 회의는 어떻게 할 것인가. 정치회담의 귀추를 보아서 토의토록 하는 것이 어떤가.

김 대표: 그렇게 하는 것이 좋겠다.

우라베: 그리고 신문 발표는 relevant clause에 관하여 서로 의견을 교환하였다는 정도로 하자.

김 대표: 좋다.

끝.

일반청구권 위원회 제 [illegible] 차 회의

회 의 록

1. 회의 일시: [illegible]. [illegible]. [illegible]. 6. 오후 2시 - 4시

2. 회의 장소: 외무성 회의실 ([illegible])

3. 참석자:

한국측	김 윤 근	수석위원
이 상	이 상 덕	위원
	정 태 섭	위원
	홍 윤 섭	"
	김 정 태	"
	오 재 기	"
일본측	요.시오까	주.사대리
	오.나베	보좌
	사구라이	"
	가네꼬	"
	오.지소	"
	야나기야	"
	와다나베	"

4. 토의 내용:

요.시오가: 오늘은 청구권 처리에 관한 약간의 원칙문제에 관하여 우리측 견해를 말하겠다. 그 내용은 첫째는 나부란 문제이고 둘째는 미국측

과거의 relevant clause [illegible]이다. [illegible]

성질을 논의이다. 그러나 우리가 [illegible] 있으나 이 항목은 한국측의

제안은 아닙니고 또 그 [illegible] 간의 복잡한 문제이기 때문에 좀더

검토한후에 의견을 말하겠다. 이상 세가지 문제에 대하여는 이미

각각 회의에서 [illegible]의 의견을 표명한바 있으나 이 기회에 다시 간단

히 우리측 견해를 말하겠다.

(여기서 요시오까는 한국측 남북한 문제에 대하고 전적인 다음 별첨

일본측 발언요지 1 부와 동일한 내용의 발언을 하다.)

김 대표: 지금 발언한것을 문서로 써서 줄수 없는가.

요시오까: 주겠다.

김 대표: 지금 일본측은 한국의 대일 청구권은 남한에 국한되는 것이라고

말하였으나 평화조약의 해석으로도 그런 결론은 나오지 않는다. 상세한

것은 문서를 본 후에 말하겠으나 한국의 청구권은 남북한 전 영역에 미친

다는것을 주장해둔다.

우라베: 협정 체결문에 남북한 문제를 또나게 집어넣자는 이야기는 아니지만

실질적으로는 평화조약의 규정으로 보아 그렇게 생각할수 밖에 없다.

요시오까: (다음은 relevant clause 문제 인데 하면서 별첨 발언요지

2 부와 동일 내용의 발언을 하다)

우라베: 전에도 한때 재산양도 협정에 의하여 미군으로부터 양도된 재산

목록을 받고 싶다고 요망하였으나 아직 받지못하였는데 재산목록은 국회

설명상 필요하므로 한국측에서 작성해준것을 거듭 요망한다.

김 대표: 이 문제에 대한 우리측 견해는 종래와 변함이 없다. 배상의 성질을

[illegible]신것은 지금까지 [illegible] 상쇄된것을 넘으면 [illegible] 상쇄된 것은 넘지않아 하는것을 가하였다.

오시오가: 한국측은 relevant clause 를 이미 고려하였다고 하지만 그러면 오갑에 [illegible]라는 어떠한 관계가 되는가.

김대표: (8)항은 소유권 채권이 아니고 [illegible]한것은 선명적 규정으로 넘은 것을 [illegible]하는데 불과하다.

오시오가: (8)항은 세목을 채권으로 생각되는데 그렇게 되면 relevant clause 는 어데 갔는가 하는 감이 든다.

김대표: 종전부터 가지고있던 한국인의 청구권이 한일해방이 성립되었다고 해서 소멸된다면 불합리함으로 (8)항은 이러한 청구권을 선명적으로 넘어두고저 하는것이다. 일본측은 한국이 재한 일본인 재산을 취득하였으므로 대일 재산 청구에 있어서는 이점을 고려하여야 한다고 하지만 재한 일본인 재산은 한국이 몰수하거나 귀속시킨것이 아니며 미국이 몰수 또는 귀속시킨것을 미국으로부터 양도받은것이며 또 한국의 대일재산 청구는 막대한 배상적인 성질의 청구는 제외한것이다. 따라서 미국이 전쟁의 사후처리로서 재한 일본인 재산을 귀속시켰다고하여 종전 전부터 한국인이 가지고 있던 청구권이 이로 인하여 소멸되거나 상쇄, 또는 영향을 받을수는 없는것이다.

오시오가: 그점은 양측이 모두 미국측의 해석을 기초로하고 있다.

김대표: 그러나 상호간 배상적인것이 있으면 상쇄한다던가 고려한다던가 하는 문제가 나올수도 있겠지만 예금과 같은 개인의 재산은 relevant clause 와는 아무런 관계도 없는것이므로 동 relevant clause 의 적용을 받는것이 아니고 또 본질적으로 상쇄될 성질의 것도 아니다.

우야마: 일본측으로 본다면 전쟁과는 아무런 관계도 없는 개인의 사유재산이 몰수되어 한국측에 넘어가는데 회담 성립후에도 한국측의 청구권만이 그대로 남는다고 하면 이것은 대단히 곤난한 문제라고 본다.

김 대표: 그러나 동 6항은 당연한 규정이다. 예를 들면 종전 전부터 한국인이 미쓰비시를 상대로 청구하고 있는것을 한일회담이 성립되었다고 하여 할수없다고 한다는것은 일본 국민들도 상상하지 못할 것이다.

우야마: 회담 성립후에도 청구권이 남는다면 일본측으로서는 역시 곤난하다.

이상덕: 곤난하다고 하는데 어떠한 점이 곤난한가.

우야마: 여러가지 문제가 있다고 본다. 일한관계는 법적으로 본다면 평화조약 제4조 밖에 없는데 제4조에는 Resident 즉 주민으로 되어있고 National 즉 국민으로는 되어있지 않다. Resident 라는 용어로 보더라도 문제가 있다고 본다. 그리고 미군으로부터 양도된 재산목록이 있으면 한번 볼수없는가.

김 대표: 재산목록은 없다. 협정에는 인도되지 않는 재산 즉 소극적으로 제외한 재산만이 기재되어 있었을 뿐이다.

우야마: 양도된 재산은 매도하거나 불하하였을 것이므로 그러한 기록은 있지 않는가.

김 대표: 현재 가지고있는것 또는 매각한것은 기록이 있지만 인수한 기록은 없다.

우라베: 인계된 기록은 있어야 할 것이 아닌가.

엄탁섭: 귀속된 일본인 재산은 재산목록에 의하여 인계된것이 아니고 각 지방의 군정당국이 적산 관리방침에 의하여 인계식으로 인계한것이기 때문에 그러한 기록은 없다.

우라베: 인계방식은 어떠한지 모르나 시가적으로 본다면 그 내용은 알수있는것이 아닌가. 인계된 것은 국유재산이 되었을 것이므로 대장이 있지않은가.

엄대섭: 국유재산과는 달리 귀속재산으로 처리된것인데 물론 그 기록은 있으나 종합적 대장이나 목록으로 가지고있지는 않다.

우라베: 일본측으로 보면 그 당시 재한일본인 재산은 방대한 금액인데 이러한 방대한 재산을 포기하면서 그 목록도 받지못하였다고 하면 국회 대책상 문제가 어려워지리라고 본다.

김 대표: 일본측은 국회 국회하지만 개인재산 청구에는 배상적인 것이 들어 있지 않기 때문에 일본 국민은 납득할것이 아닌가.

요시오까: 일본은 재산을 지불할 입장에 있는것이 아니고 청구권이 문제가 된다.

이상덕: 여하튼 협정에는 재산목록이 첨부되지 않았다.

우라베: 이것은 심각한 문제이므로 목록이 있으면 제출해주었으면 좋겠다.

요시오까: (다음은 1항에 2항의 재산을 문제인데 하면서 별첨 발언요지 3항과 동일 내용의 발언을 하다)

김 대표: 이 문제에 대하여도 우리측 견해는 종래와 같다. 그리고 오늘은 7항과 8항을 설명하기로 되어있으나 7, 8 항을 설명하기 전에 과거 회의에서도 이야기하였지만 군정 법령 33호 해석에 관한 일본측 견해에 대하여

[illegible] 할 것은 [illegible] 수 없다. [illegible]

때에 상속되었기 때문에 없다는 것이 아니고 논리상 이론 즉 사람은 죽어서 법인은 같은 것이 아니라는 법 이론에 의하여 생각하는 것이다. 법률 [illegible] 의하여 보더라도 소유 권리는 본래 소유자에게 있다는 원칙에 귀착될 것이다. 이것은 일본측에서도 인정하는 바이나 그럼에도 불구하고 그 소유권의 귀속이 가능한 것이라고 하고 있는데 이와같은 견해는 법이론상으로나 [illegible] 어느 법이론에서도 나오지 않는다. 또 가령 그렇다 하더라도 권리의 소재가 어디 있느냐가 문제인데 가령 등록국에서 경우는 그것이 [illegible] 등록되어있었다 하더라도 지점은 본점과 동일 인격이므로 권리의 소재는 본점 즉 권리자 주소에 있다고 보아야 한다고 주장하는 바이다. 이것은 비단 등록국채뿐만 아니라 채권채무도 마찬가지이다. 다음 은급과 사망자 및 부상자에 대한 보상 관계인데 일본측은 일본 국적을 [illegible] 하고있던 시기를 [illegible] 그때 된다는 견해이나 그 권리가 이미 [illegible] 전에 발생한 것이라는 것은 일본측도 인정하는 것이며 다만 일본측은 일본 국적이 없어졌기 때문에 그 권리도 없어졌다고 생각하는것 같으나 국적에 관한 규정은 기득권을 가진 개인이 그 권리의 상실을 감수하면서라도 국적을 버린다는 개인의 의사에 의하여 국적을 상실하는 경우를 말하는 법이니 만큼 우리의 경우에는 적용될수 없는것이다. 그뿐 아니라 은급은 지금까지 거출된 사실을 알아야 할것이다. 또 군인 군속의 사망자로 이미 사망과 동시에 권리가 발생한 것이므로 일본의 일방적인 입법조치에 의하여 그들의 기득권이 상실을

없으 [illegible] 것이 사실이다. 지금으로서는 [illegible] 모두 [illegible]

없고 나라는 사정을 [illegible] 할것이다. [illegible] 일본에서의 [illegible]

[illegible]고는 없이 [illegible] 소재 불명이거나 , 분명 하나

없다고 하는데 이것은 소유자의 [illegible] 소유불명이라는 그 성이 되어

당시의 이름 [illegible] 관심이 [illegible] 보다 도저히 밝혀질수 없는

수자이다. 그외에도 문가의 의견은 반하고 싶은것이 있으나 마음

가지에 비하고 [illegible] 정서대의 귀속을 밝혀

보려 하였다.

오시오가: 관상감 문서, 문화재 및 사원 사찰들에 대한 우리측

의견은 이미 밝힌바 있으므로 여기서 다시 되풀이할 필요는 없다고 본다.

다만 개인소유자를 위한 이야기가 그만 뭐이나 한다는것은 이해할수 없는

수작이고 우리만 일본측에서 요구한 수자도 아니다. 이 수자는 내무성

경무국의 수자이므로 신빙한 수자라고 본다.

김 대표: 한국내에만 남아있으나 일본에서 세사람중 한사람의 비율로

소재불명되었다는것은 이해할수 없다.

오다까: 오늘 회의는 이것으로 끝는것 같은데 다음 회의는 어떻게 할

것인가. 정서대장의 귀속을 보아서 오의 하도록 하는것이 어떠한가.

김 대표: 그렇게 하는것이 좋겠다.

오다까: 그리고 신문발표는 relevant clause 에 관하여 서로

의견을 교환하였다는 정도로 하자.

김 대표: 좋다.

끝.

번역

제11차 청구권소위원회에서 일본 측 발언 요지

1962. 3. 6

청구권 문제 처리에 있어서 약간의 원칙 문제에 관한 우리 측의 견해를 말씀드리고자 한다. 내용은 (1) 남북한 문제, (2) 미국 해석과 한국 청구권과의 관계, (3) 청구 금액의 미화 환산 문제에 관한 제 점이다.

1. 남북한 문제

한국 측은 지금까지 대일청구권의 각 항목에 대한 설명에 있어서 한국 청구권의 범위에 북한지역에 관한 것이 포함되어 있다는 생각을 가지고 있는 것 같으나, 일본 측에서는 다음과 같은 이유로 한국의 대일청구권의 대상은 남한지역에 관한 것뿐이라고 생각한다. 즉 현재 진행되고 있는 일본과 한국 간의 청구권 협상은 평화조약 제4조의 규정에 근거한 것임은 말할 필요도 없지만, 동 조 a항의 규정에 따르면 일본과 특별협정을 체결하는 것은 '현재 해당[제2조] 지역의 시정을 실시하고 있는 당국'이며, 특별협정의 대상이 되는 것은 일본 측에 대해서는 '일본국 및 그 국민의 재산으로 해당 지역에 있는 것, 그리고 이들 지역의 시정을 실시하고 있는 당국 및 그 주민에 대한 일본국 및 그 국민의 청구권'이며, 다른 한편 상대국 당국 측에 대해서는 '일본국의 이들 당국 및 주민의 재산, 그리고 일본국 및 그 국민에 대한 이들 당국 및 그 주민의 청구권'이다. 따라서 한일 양국 간에 체결되어야 할 특별협정의 대상은 한국이 현재 시정을 하고 있는 지역인 남한 부분의 청구권 범위에 한정되는 것이 분명하다.

2. 미국 해석과 한국 청구권과의 관계

한국 측은 제5차 회담에서 8항목의 대일청구권은 이미 일본의 재한 재산이 소속이 변경되어 한국으로 이전된 것을 충분히 고려한 청구권이기 때문에 미국의 해석을 이유로 일본 측이 한국 측 8항목의 청구권 소멸이나 감액을 주장할 근거가 없다고 주장한 적이 있다. 우리 측에서는 그때에도 우리 측의 견해를 밝힌 바 있지만, 다시 한번 이 문제에 대한 우리 측의 견해를 분명히 밝히고자 한다.

평화조약 제4조의 해석에 관해서는 한일 양국 모두 합의의사록(1957년 12월 31일)에서 1957년 12월 31일 자 미 국무부 각서(이른바 미국 해석)에 제시된 견해와 일치한다는 것을 분명히 표명하고 있다. 그러나 위 '미국 해석'에는 "일본이 평화조약 제4조 b항에서 효력을 승인한 재한일본재산의 처리는 제4조 a항에 규정된 특별협정을 고려함에 있어 관련성이 있는 것"이며, 게다가 "한・일 간의 특별협정은 한국 내의 일본재산을 한국 정부가 인수하는 것에 의해 한국의 대일청구권이 어느 정도까지 소멸 또는 충족되었다고 인정하는 것에 관한 결정을 포함하게 된다"는 취지가 명시되어 있는 것이다.

한국은 일본에 대한 교전국이 아니며, 또한 평화조약 제14조를 원용하는 입장이 아님이 분명하므로, 원래 일본에 대해 배상청구권을 행사할 권리가 없다는 것은 이미 제5차 회담에서 일본 측이 밝힌 바 있으며, 따라서 '미국 해석'의 내용인 일본이 이 재한일본재산 처리의 효력을 승인함으로써 한국의 일본에 대한 법적 청구권이 어느 정도까지 소멸 또는 충족되었는지에 대해서는 한국 측이 일방적으로 결정해야 할 것이 아니라, 한일 간 협상을 통해 결정되어야 한다는 것은 의심의 여지가 없다.

즉 한국 측이 제시하고 있는 8개 항목의 청구권 중 법적 근거가 있다고 인정되는 항목에 대한 지급액 결정에 있어서는 당연히 이 점을 고려하여 그 구체적 적용에 대해 한·일 간에 협의해야 할 것으로 생각한다.

또한, 이와 관련하여, 그동안 일본 측이 한국 측에 제시를 요구해 온 1948년 '한·미 재정 및 재산에 관한 최초의 협정'에 의해 한국으로 이전된 재산의 목록을 제시할 것을 재차 요청한다.

3. 청구 금액의 미화 환산 문제

한국 측은 대일청구권 각 항목에서 제시한 엔화 표시 청구 금액에 대해 1945년 당시 일본엔 대 미 달러 환율로 환산한 금액을 청구한다고 주장하고 있으며, 구체적으로 15엔=1달러를 기준으로 할 것을 제안하고 있다.

그러나 한국 측이 일본에 대한 청구권으로 제시한 엔화 표시 청구권은 모두 법적으로 엔화 표시 금전 채권이며, 모두 달러 또는 금 약관이 첨부된 것이 아니다.

따라서 그 지급을 하는 경우에는 금전 채권에 관한 원칙에 비추어 보더라도 해당 청구권의 내용 자체에 따라 확정되어야 할 엔화 표시 금액 자체를 지급하면 충분하며, 이에 대해 한국 측이 말하는 바와 같이 환산을 해야 할 이유는 없다고 생각된다. 참고로, 실제로 우리나라의 각국에 대한 전후 동일한 청구권 처리에서도 한국이 주장하는 것과 같은 형태로 해결된 사례는 없다.

요컨대 한국 측의 주장은 우리 측으로서는 도저히 인정하기 어려운 것이다.

3月9日 摘要

第11回請求権小委員会における日本側発言要旨

37.3.6

請求権問題処理にかかる若干の原則問題に関するわが方の見解を申し述べることといたしたい。内容は、(1)南北鮮問題、(2)「米国解釈」と韓国請求権との関係、(3)請求金額の米ドル換算の問題についての諸点である。

1. 南北鮮問題

韓国側は、これまで対日請求権の各項目についての説明に当つて、韓国請求権の範囲に北鮮地域に関するものが含まれているという考え方を採つておられるようであるが、日本側としては以下述べるような理由によつて、韓国の対日請求権の対象となるのは南鮮地域に関するもののみであると考える。すなわち現在行なわれている日本と韓国との間の請求権交渉は、平和条約第4条の規定にもとづくものであることはいうまでもないが、同条a

項の規定によれば、日本と特別取極を行うのは「現に当該〔第2条〕地域の施政を行つている当局」であり、特別取極の対象となるのは、日本側については「日本国及びその国民の財産で当該地域にあるもの、ならびにこれらの地域の施政を行つている当局及びそこの住民に対する日本国及びその国民の請求権」であり、他方相手当局側については「日本国におけるこれらの当局及び住民の財産、ならびに日本国及びその国民に対するこれらの当局及びそこの住民の請求権」である。従つて日韓両国の間に締結されるべき特別取極の対象は、韓国が現に施政を行つている地域である南鮮部分の請求権の範囲に限られることは明らかである。

2. 「米国解釈」と韓国請求権との関係

韓国側は、第5次会談において8項目の対日請求はすでに日本の在韓財産が所属を変更され韓国に移転されたことを十分に考慮した上での請求であるから米国解釈を理由に重ねて日本側から韓国側8項目の請求の消滅ないし減額を云々される筋合ではないと主張されたことがある。わが方からはその際にも当方の見解を明らかにしたのであるが、今一度この問題についてのわが方の見解をはつきり述べておきたい。

平和条約第4条の解釈に関しては、日・韓両国とも合意議事録(1957年12月31日)で1957年12月31日付米国務省覚書(いわゆる「米国解釈」)に示された見解と同意見であることを明確に表明している。しかして上記「米国解釈」には、「日本が平和条約第4条b項において効力を承認した在韓日本財産の処理は、第4条a項に定められている特別取極を考慮するに当つて関連があるものであり」、しかも、「日・韓間の特別取極は、韓国内の日本資産を韓国政府が引取つたことにより、韓国の対日請求権がいかなる程度まで消滅され、又は満たされたと認めるかについての決定を含むこととなる」旨が明記されているのである。

韓国は日本に対する交戦国ではなく、また平和条約第14条を援用する立場にないことは明らかであるから、もともと日本に対して賠償的請求を行なう権利がないことは、すでに第5次会談で日本側から明らかにしたところであり、したがつて、「米国解釈」の内容とするところは、日本がこの在韓日本財産処理の効力を承認したことによりどの程度まで韓国の日本に対して有する法律上の請求権が消滅し又は満されたかについては、韓国側の一方的に決定すべきことではなく、日韓間の交渉において決定されるべきであることは疑いを容れない。

すなわち韓国側の提示している8項目の請求のうち法的根拠ありと認められるものに対する支払金額の決定にあたつては、当然この点を考慮し、その具体的適用について日・韓間で協議されるべきものと考える。

また、これに関連して、かねて日本側より韓国側に提示を求めておいた1948年の米韓の「財政及び財産に関する最初の取極」により韓国に移転された財産の目録を提示されるよう、重ねて要請する。

3. 請求金額の米ドル換算の問題

韓国側は、対日請求各項目において提示した円貨表示の請求額について、１９４５年当時の日本円対米ドルレートで換算した額を請求すると主張し、具体的には１５円＝１ドルによることを提案されている。

しかし、韓国側の日本に対する請求権として挙げられた円貨表示債権は、いずれも法的に円貨建金銭債権であり、いずれもドルあるいは金約款の付せられていたものではない。

従つてその支払を行う場合には、金銭債権に関する原則に照らしても、当該債権の内容そのものによつて確定すべき円貨表示金額自体を支払えば足りるのであつて、これに対して更に韓国側のいわれるごとき換算を行うべき筋合とは考えられない。ちなみに、現にわが国の各国に対する戦後の同種クレーム処理に当つても、韓国の主張するような形で解決された例はない。

これを要するに韓国側の主張はわが方としては到底認めがたいものである。

한일회담 자료총서 23

한일회담 청구권 교섭 핵심 자료집 V

청구권 문제 교섭과 과거사 현안

초판 1쇄 인쇄 2025년 12월 2일
초판 1쇄 발행 2025년 12월 12일

엮은이 동북아역사재단
해제·번역·감수 조윤수, 유의상
펴낸이 박지향
펴낸곳 동북아역사재단

등록 제312-2004-050호(2004년 10월 18일)
주소 서울시 서대문구 통일로 81 NH농협생명빌딩
전화 02-2012-6065
홈페이지 www.nahf.or.kr
제작·인쇄 역사공간

ISBN 979-11-7161-251-2 94910
979-11-7161-234-5 (세트)

• 이 책은 저작권법에 의해 보호를 받는 저작물이므로 어떤 형태나 어떤 방법으로도 무단전재와 무단복제를 금합니다.
• 책값은 뒤표지에 있습니다. 잘못된 책은 바꾸어 드립니다.